Diogenes Taschenbuch 228

W0229730

Das George Orwell Lesebuch

Essays, Reportagen,
Betrachtungen
Herausgegeben und
mit einem
Nachwort von
Fritz Senn
Aus dem
Englischen von
Tina Richter

R. Hempfling

1981

Diogenes

Diese Auswahl stützt sich auf die vier Bände von
»The Collected Essays, Journalism and Letters of George Orwell«,
herausgegeben von Sonia Orwell und Ian Angus, London,
Secker & Warburg, 1968.
Copyright © by Sonia Brownwell Orwell
»Warum ich schreibe«, »Einen Mann hängen« und »Einen Elefanten
erschießen« sind dem Band »Im Innern des Wals:
Ausgewählte Essays I«; »Rückblick auf den Spanischen Krieg«
und »Bekenntnisse eines Rezensenten« dem Band
»Rache ist sauer: Ausgewählte Essays II«,
beide Diogenes Verlag, Zürich, in der Übertragung
von Felix Gasbarra und für diese Ausgabe
revidiert, entnommen; »Erinnerung an
eine Buchhandlung« erschien
zuerst in »Das Tintenfaß«,
Diogenes Verlag, Zürich, 1974.
Alle übrigen Beiträge
erscheinen hier erstmals
in deutscher Sprache.
Nachweise finden
sich am Schluß
der einzelnen
Stücke.
Umschlagfoto von
Vernon Richards

Inhalt

Orwell über Orwell

Vorwort zur ukrainischen Ausgabe von
Farm der Tiere

Im März 1947 schrieb Orwell ein spezielles Vorwort für die ukraini-
sche Ausgabe von Animal Farm, *die im gleichen Jahr von einer*
ukrainischen Verschleppten-Organisation in München vertrieben
wurde. Man hat Orwells Originaltext nicht auffinden können, und
die hier wiedergegebene Version beruht auf einer Rückübertragung
der ukrainischen Übersetzung ins Englische.

Man hat mich um ein Vorwort zur ukrainischen Übersetzung
von *Animal Farm* gebeten. Ich bin mir bewußt, daß ich für
Leser schreibe, über die ich nichts weiß, außer daß auch sie
wahrscheinlich nie die geringste Gelegenheit gehabt haben,
irgend etwas über mich zu erfahren.

In diesem Vorwort werden sie höchstwahrscheinlich von
mir erwarten, daß ich etwas über die Entstehung von *Animal
Farm* sage, doch möchte ich zuerst etwas über mich selbst
sagen und die Erfahrungen, durch die ich zu meinem politischen Standpunkt gelangt bin.

Ich wurde 1903 in Indien geboren. Mein Vater war ein
Beamter in der dortigen englischen Administration, und
meine Familie war eine jener gewöhnlichen Mittelstandsfami-
lien von Soldaten, Geistlichen, Regierungsbeamten, Lehrern,
Anwälten, Ärzten usw. Meine Schulbildung erhielt ich in
Eton, der teuersten und snobistischsten aller englischen
Public Schools. Aber ich war nur durch ein Stipendium
hineingekommen; mein Vater hätte es sich sonst nicht leisten
können, mich auf eine solche Schule zu schicken.

Kurz nachdem ich die Schule verlassen hatte (damals war
ich noch nicht ganz zwanzig Jahre alt), ging ich nach Burma
und trat in die Kaiserlich Indische Polizeitruppe ein. Dies war

eine bewaffnete Polizeitruppe, eine Art *Gendarmerie*, die der spanischen *Guardia civil* oder der *Garde mobile* in Frankreich sehr ähnlich ist. Ich blieb fünf Jahre im Dienst. Er entsprach mir nicht und ließ mich den Imperialismus verabscheuen, obwohl nationalistische Gefühle zu dieser Zeit in Burma nicht sehr ausgeprägt und die Beziehungen zwischen den Engländern und den Burmesen auch nicht besonders schlecht waren. Als ich 1927 in England auf Urlaub war, quittierte ich den Dienst und beschloß, Schriftsteller zu werden: zunächst ohne besonderen Erfolg. 1928–9 lebte ich in Paris und schrieb Kurzgeschichten und Romane, die niemand drucken wollte (inzwischen habe ich sie alle vernichtet). In den folgenden Jahren lebte ich größtenteils von der Hand in den Mund und litt mehrere Male Hunger. Erst vom Jahre 1934 an war ich in der Lage, von dem zu leben, was ich mit Schreiben verdiente. In der Zwischenzeit lebte ich manchmal monatelang inmitten der armen und halbkriminellen Elemente, die in den schlimmsten Teilen der ärmeren Viertel wohnen oder auf die Straße gehen und sich auf Bettelei und Diebstahl verlegen. Damals schloß ich mich ihnen aus Geldmangel an, doch später interessierte mich ihr Leben sehr stark um seiner selbst willen. Ich verbrachte viele Monate (systematischer dieses Mal) damit, die Lebensbedingungen der Grubenarbeiter im Norden Englands zu beobachten. Bis zum Jahre 1930 betrachtete ich mich im großen und ganzen nicht als Sozialist. In der Tat hatte ich bis dahin keine klar definierten politischen Ansichten. Sozialist wurde ich mehr aus Abscheu vor der Art, wie der ärmere Teil der Industriearbeiter ausgebeutet und behandelt wurde, als aus irgendeiner theoretischen Bewunderung für eine gelenkte Gesellschaft.

1936 heiratete ich. Beinahe in derselben Woche brach der Bürgerkrieg in Spanien aus. Meine Frau und ich wollten beide nach Spanien gehen und für die spanische Regierung kämpfen. In sechs Monaten, sobald ich das Buch beendet hatte, an dem ich gerade schrieb, waren wir bereit. In Spanien verbrachte ich fast sechs Monate an der Front von Aragon, in

Huesca, bis ein faschistischer Scharfschütze mir durch die Kehle schoß.

In den Anfangsstadien des Krieges wußten die Ausländer im großen und ganzen nichts von den inneren Kämpfen zwischen den verschiedenen politischen Parteien, die die Regierung unterstützten. Durch eine Reihe von Zufällen schloß ich mich nicht der Internationalen Brigade an, wie es die Mehrzahl der Ausländer tat, sondern der POUM-Miliz – d. h. den spanischen Trotzkisten.

Und so befanden wir uns Mitte des Jahres 1937, als die Kommunisten die Herrschaft (oder teilweise die Herrschaft) über die spanische Regierung gewannen und anfingen, die Trotzkisten zur Strecke zu bringen, unter den Opfern. Wir hatten Glück, daß wir lebend aus Spanien herauskamen und nicht einmal verhaftet wurden. Viele von unseren Freunden wurden erschossen, und andere saßen lange im Gefängnis oder verschwanden einfach.

Diese Menschenjagden in Spanien ereigneten sich zur gleichen Zeit wie die großen Säuberungen in der UdSSR und waren eine Art Ergänzung dazu. In Spanien wie in Rußland war die Art der Beschuldigungen (nämlich Verschwörung mit den Faschisten) die gleiche, und was Spanien betraf, so hatte ich allen Grund, zu glauben, daß die Beschuldigungen falsch waren. Dies alles zu erleben war lehrreich: es lehrte mich, wie leicht totalitäre Propaganda die Meinung aufgeklärter Menschen in demokratischen Ländern beherrschen kann.

Sowohl meine Frau als auch ich sahen, wie unschuldige Menschen ins Gefängnis geworfen wurden, nur weil sie einer unorthodoxen Meinung verdächtigt wurden. Dennoch trafen wir bei unserer Rückkehr nach England zahlreiche vernünftige und gut informierte Beobachter, die die wildesten Berichte von Verschwörung, Verrat und Sabotage in der Presse über die Moskauer Prozesse glaubten.

Und so verstand ich deutlicher denn je den negativen Einfluß des sowjetischen Mythos auf die westliche sozialistische Bewegung.

Und hier muß ich innehalten, um meine Haltung dem sowjetischen Regime gegenüber zu schildern.

Ich habe Rußland nie besucht, und was ich von diesem Land weiß, besteht nur aus dem, was man durch Bücher und Zeitschriften erfahren kann. Selbst wenn ich die Macht dazu hätte, würde ich mich nicht in die inneren Angelegenheiten Rußlands einmischen wollen: ich würde Stalin und seine Verbündeten nicht bloß wegen ihrer barbarischen und undemokratischen Methoden verurteilen. Es ist durchaus möglich, daß sie, auch mit den besten Absichten, unter den dort herrschenden Verhältnissen nicht anders hätten handeln können.

Hingegen war es für mich von größter Bedeutung, daß die Leute in Westeuropa das sowjetische Regime so sehen sollten, wie es wirklich war. Seit 1930 hatte ich wenig Anzeichen dafür gesehen, daß sich die UdSSR auf etwas zubewegte, was wirklich als Sozialismus bezeichnet werden könnte. Im Gegenteil fielen mir die klaren Zeichen ihrer Umwandlung in eine hierarchische Gesellschaft auf, in der die Herrscher nicht mehr Grund haben, ihre Macht aufzugeben, als irgendeine andere herrschende Klasse. Außerdem können die Arbeiter und die Intelligenz in einem Land wie England nicht verstehen, daß die UdSSR von heute völlig verschieden ist von dem, was sie 1917 war. Dies liegt teilweise daran, daß sie nicht verstehen wollen (d. h. sie wollen glauben, daß, irgendwo, tatsächlich ein wirklich sozialistisches Land existiert), und teilweise daran, daß ihnen, da sie an eine relativ große Freiheit und an Mäßigung im öffentlichen Leben gewöhnt sind, der Totalitarismus völlig unbegreiflich ist.

Dennoch darf man nicht vergessen, daß England nicht völlig demokratisch ist. Es ist auch ein kapitalistisches Land mit großen Klassen-Privilegien und (selbst jetzt, nach dem Krieg, der dazu beigetragen hat, alle gleichzumachen) mit großen Vermögensunterschieden. Aber dennoch ist es ein Land, in dem Menschen mehrere hundert Jahre lang ohne einen Bürgerkrieg zusammen gelebt haben, in dem die Gesetze verhältnismäßig gerecht sind und man offiziellen Meldungen und Statistiken fast immer glauben kann, und nicht zuletzt ein Land, in dem es keine tödliche Gefahr darstellt, die Ansichten einer Minderheit zu vertreten und zu äußern. In einer solchen Atmosphäre hat der Mann auf der Straße kein wirkliches Verständnis für Dinge wie Konzentrationslager, Massendeportationen, Freiheitsentzug, Arrest, Verhaftungen ohne Gerichtsverfahren, Pressezensur usw. Alles, was er über ein Land wie die UdSSR liest, wird automatisch in englische Begriffe übersetzt, und er akzeptiert die Lügen der totalitären Propaganda ganz naiv. Bis 1939, und sogar später, war die Mehrzahl der Engländer nicht imstande, das wahre Wesen des Nazi-Regimes in Deutschland einzuschätzen, und jetzt, mit dem sowjetischen Regime, unterliegt sie in hohem Maße der gleichen Art von Illusion.

Dies hat der sozialistischen Bewegung in England sehr geschadet und hatte ernsthafte Konsequenzen für die englische Außenpolitik. Tatsächlich hat meiner Ansicht nach nichts so sehr zur Verfälschung der ursprünglichen Idee des Sozialismus beigetragen wie der Glaube, daß Rußland ein sozialistisches Land ist und daß jeder Akt seiner Herrscher entschuldigt, wenn nicht sogar imitiert werden müsse.

So bin ich denn die letzten zehn Jahre überzeugt gewesen, daß die Zerstörung des sowjetischen Mythos wesentlich ist, wenn wir die sozialistische Bewegung wiederaufleben lassen wollen.

Bei meiner Rückkehr von Spanien dachte ich daran, den sowjetischen Mythos in einer Geschichte zu entlarven, die von beinahe jedermann leicht verstanden und leicht in andere Sprachen übersetzt werden könnte. Die eigentlichen Details der Geschichte jedoch wollten mir ziemlich lange nicht in den Sinn kommen, bis ich eines Tages (damals lebte ich in einem kleinen Dorf) einen kleinen Jungen sah, vielleicht zehn Jahre alt, der ein riesiges Zugpferd einen schmalen Pfad entlang lenkte und es, jedesmal wenn es sich abzuwenden versuchte, peitschte. Es kam mir zum Bewußtsein, daß, wenn solche Tiere sich ihrer Kraft nur bewußt würden, wir keine Macht über sie hätten und daß die Menschen die Tiere in ziemlich derselben Weise ausbeuten wie die Reichen das Proletariat.

Ich machte mich daran, Marx' Theorie vom Standpunkt der Tiere aus zu analysieren. Für sie war klar, daß das Konzept des Klassenkampfes zwischen den Menschen eine reine Illusion war, da sich, jedesmal wenn es nötig war, Tiere auszubeuten, alle Menschen gegen sie verbündeten: der wahre Kampf findet zwischen Tieren und Menschen statt. Von diesem Gedanken ausgehend, war es ein leichtes, die Geschichte auszuarbeiten. Erst 1943 schrieb ich sie in ungekürzter Form nieder, da ich immer mit anderer Arbeit beschäftigt war, die mir keine Zeit ließ; und am Ende nahm ich einige Ereignisse, wie etwa die Konferenz von Teheran, darin auf, die stattfanden, während ich schrieb. Auf diese Weise waren die Grundzüge der Geschichte über sechs Jahre lang in meinem Kopf, bevor sie tatsächlich geschrieben wurde.

Ich möchte keinen Kommentar über das Werk machen; wenn es nicht für sich selbst spricht, ist es ein Mißerfolg. Aber ich möchte zwei Punkte hervorheben: erstens, daß die verschiedenen Episoden zwar der eigentlichen Geschichte der Russischen Revolution entnommen wurden, jedoch schematisch behandelt werden und ihre chronologische Reihenfolge geändert wurde; dies war notwendig, um die Symmetrie der Geschichte zu wahren. Den zweiten Punkt haben die meisten Kritiker nicht begriffen, und zwar möglicherweise deshalb, weil ich ihn nicht genügend betonte. Eine Reihe von Lesern mag das Buch mit dem Eindruck fertiglesen, daß es mit der völligen Versöhnung der Schweine und der Menschen endet. Das war nicht meine Absicht; im Gegenteil, ich wollte, daß es mit einem lauten Mißton endet, denn ich schrieb es unmittelbar nach der Konferenz von Teheran, von der jedermann dachte, daß sie die bestmöglichen Beziehungen zwischen der UdSSR und dem Westen hergestellt habe. Ich persönlich glaubte nicht, daß solche guten Beziehungen lange anhalten würden; und, wie die Ereignisse bewiesen haben, hatte ich da nicht so unrecht...   März, 1947

Werkstattnotizen zu 1984
aus Orwells Briefen

1944–49

17. Februar 1944. Diese Art von Buch [*Wir*, von Jewgenij Iwanowitsch Samjatin] interessiert mich, und ich mach mir sogar Notizen für eins, das früher oder später geschrieben werden wird. (an Gieb Struve)

23. Februar 1946. Ich laß jetzt dann den Journalismus etwa sechs Monate beiseite, von Ende April an, und will mit einem weiteren Buch vorankommen. Ich glaube nicht, daß ich in dieser Zeit damit zu Ende komme, aber ich möchte einen Einstieg machen. Es wird ein Roman sein, aber mehr kann ich zur Zeit darüber nicht verraten. (an Leonard Moore)

31. Mai 1947. Ich bin mit dem Buch recht gut vorangekommen und habe jetzt ungefähr ein Drittel im Rohentwurf. Ich bin nicht ganz so weit damit, wie ich gehofft hatte, weil es in diesem Jahr um meine Gesundheit recht elend steht (wiederum meine Brust), doch ich hoffe im Oktober den Entwurf abgeschlossen zu haben, wenigstens im großen und ganzen. Der erste Entwurf ist natürlich immer ein gräßliches Gewurstel und hat mit dem Endergebnis wenig zu tun. Wenn ich also den Rohentwurf bis Ende Oktober hinkriege, könnte das Buch Anfang 1948 geschrieben sein, wenn nicht wieder eine Krankheit dazwischenkommt. Ich rede nicht gern über Bücher, bevor sie geschrieben sind – doch es ist, in gewissem Sinn, eine Fantasie, aber in Form eines naturalistischen Romans. Das macht es schwierig – ein Buch von bloßen Zukunftsvorstellungen wäre natürlich viel einfacher zu schreiben. (an F. J. Warburg)

9. August 1947. Ich ringe noch mit diesem Buch, das ich

Anfang 1948 fertig haben will. Ich hoffe kaum noch, daß ich den Rohentwurf vor Ende Oktober abgeschlossen habe, dann muß ich etwa einen Monat nach London kommen, um einiges zu erledigen und auch ein paar versprochene Artikel zu schreiben, und dann mach ich mich an die Niederschrift, was voraussichtlich 4 bis 5 Monate dauern wird. Ein Buch schreiben geht bei mir immer höllisch lang, selbst wenn ich nichts anderes tue, und man kommt nicht durch, ohne gelegentlich einen Artikel zu schreiben, gewöhnlich für amerikanische Zeitschriften, da man ja zwischenhinein auch noch etwas Geld verdienen muß. (an George Woodcock)

2. Januar 1948. Es geht glaub ich etwas besser. Ich fühl mich nicht mehr ganz so wie der Tod & esse schon ein bißchen mehr . . . Ernste Arbeit kann ich hier nicht verrichten – im Bett kann ich das nie, selbst wenn ich gesund bin. Ich kann Dir den teilweise fertigen Roman nicht zeigen. Ich zeige so etwas nie jemandem, weil's noch immer ein heilloses Gewurstel ist & nicht viel mit dem endgültigen Entwurf zu tun hat. Ein Buch, sag ich immer, existiert erst, wenn es fertig ist. (an Julian Symons, aus dem Hairmyres Hospital)

4. Februar 1948. Bevor ich mich ins Bett legen mußte, schrieb ich den Rohentwurf meines Romans zu Ende bis auf die letzten paar hundert Wörter, und wenn ich gesund gewesen wäre, wäre ich bis ung. Mai fertig geworden. Wenn es mir gut geht und ich bis Ende Juni aus dem Krankenhaus bin, kann ich bis Ende Jahr damit fertig werden – ich weiß nicht. Im jetzigen Zustand ist er ein gräßliches Gewurstel, doch die Idee ist so gut, daß ich davon nicht ablassen kann. Falls mir etwas zustoßen sollte, habe ich Richard Rees, meinen Nachlaßverwalter, angewiesen, meine MS zu zerstören und sie niemandem zu zeigen, doch das ist unwahrscheinlich. Diese Krankheit ist in meinem Alter nicht gefährlich, und man sagt, die Heilung geht gut voran, wenn auch langsam. (an F. J. Warburg)

6. Mai 1948. Ich habe den Roman zu überarbeiten begonnen, aber ich bin am Tag höchstens eine Stunde dran.

Immerhin sollte ich in diesem Tempo verschiedene Kapitel erledigt haben, wenn ich aus dem Krankenhaus komme. Ich weiß noch immer nicht, wann dies sein wird. (an Roger Senhouse)

22. Oktober 1948. Ich bin nicht zufrieden mit dem Buch, aber auch nicht absolut unzufrieden. Der Gedanke ist mir zuerst 1943 gekommen. Ich glaube die Idee ist gut, doch die Ausführung wäre besser geworden, wenn ich nicht hätte mit TB schreiben müssen. Den Titel habe ich noch nicht festgelegt, ich schwanke zwischen »Neunzehnvierundachtzig« und »Der letzte Mann in Europa«. (an F. J. Warburg)

21. Dezember 1948. Ich bin froh, daß Dir das Buch gefällt. Bei diesem Buch würde ich nicht auf eine hohe Auflage wetten, aber ich nehme an, es könnten etwa 10 000 sein. (an F. J. Warburg)

26. Dezember 1948. Ich finde nicht, daß der Klappentext, dessen Entwurf Sie mir zugesandt haben, die Sache trifft. Er läßt das Buch als eine Mischung zwischen Thriller und Love story erscheinen, & das war nicht meine primäre Absicht. Was es bewirken soll, ist die Erörterung der Implikationen der Aufteilung der Welt in »Einflußzonen« (das fiel mir 1944 als Ergebnis der Konferenz von Teheran ein), & überdies der Implikationen des Totalitarismus – dies durch Parodieren. Es scheint mir immer, daß die Leute dies alles nicht erkannt haben & daß Ereignisse, wie z. B. die Verfolgung von Wissenschaftlern in den UdSSR, nur den Prozeß logisch fortsetzen, der schon vor 10–20 Jahren vorauszusehen war. (an Roger Senhouse)

28. Januar 1949. Die amerikanischen Verleger sind über das Buch begeistert und wollen die Korrekturfahnen von Warburg gar nicht erst abwarten. Das bedeutet, es sind 2 Garnituren Fahnen zu korrigieren. Es wird wohl nicht vorkommen, doch *wenn* ich mich krank & dazu nicht in der Lage fühlen sollte, würden Sie es wohl für mich besorgen? Da viele Neologismen vorkommen, sind dumme Druckfehler schwer zu vermeiden, & amerikanische Setzer können im Umgang

sehr lästig sein, da sie immer alles besser wissen als der Autor. Ich würde mich nicht auf Verleger oder Agenten verlassen. Andererseits können Sie sich auf das MS verlassen, das wohl kaum mehr als ein paar kleinere Versehen aufweist. Es ist in einem Buch dieser Art wichtig, daß keine Druckfehler stehenbleiben. (an Sir Richard Rees)

4. Februar 1949. Mein neues Buch ist eine Utopie in Form eines Romans. Ich habe es verpfuscht, teilweise wegen meiner Krankheit beim Niederschreiben, doch ein paar der Ideen werden Dich interessieren. Wir haben noch keinen endgültigen Titel dafür, doch wird es wahrscheinlich »Neunzehnvierundachtzig« sein. (an Julian Symons)

17. März 1949. Ich kann auf die vorgeschlagenen Änderungen und Kürzungen auf keinen Fall eingehen. Die würden den ganzen Ton des Buchs ändern und Wesentliches auslassen. Dadurch würde auch die ganze Geschichte unverständlich – selbst wenn die Juroren, die die auszulassenden Teile gelesen haben, dies nicht einsehen sollten. Es wäre auch schon etwas visuell falsch an der Struktur, wenn ein Viertel oder Fünftel weggeschnitten ist und das letzte Kapitel einem verkürzten Rumpf aufgesetzt wird. Ein Buch ist als ausgewogene Struktur aufgebaut, und da kann man nicht einfach beliebig Stücke da und dort entfernen, wenn man nicht das Ganze neu fügen will. Auf jeden Fall würden die Kürzung der Kapitel und die Zusammenfassung der Passagen des »Buchs im Buch« zu viel Umschreiben bedeuten, wozu ich mich zur Zeit nicht in der Lage sehe. (an Leonard Moore)

31. März 1949. Die Leute vom American Book of the Month Club zum Beispiel haben versprochen, mein Buch auszuwählen, wenn ich etwa um ein Viertel kürze. Das werde ich natürlich nicht tun, doch wäre ich etwa vor einer Woche gestorben, dann wären die amerikanischen Verleger mit Freude auf das Angebot eingegangen und hätten das Buch verschandelt. (an Sir Richard Rees)

22. Juni 1949. Ich habe große Aufregung gehabt mit *Life*, die mir Interviewer auf den Hals schicken wollten etc., doch

die hab ich abgewimmelt, weil mich das ganze zu sehr ermüdet. Leider haben einige amerikanische republikanische Blätter *1948* als Propaganda gegen die Labour Party hinzustellen gesucht, aber ich habe eine Art Dementi herausgegeben, das hoffentlich abgedruckt werden wird. (an Vernon Richards)

Warum ich schreibe

Schon sehr früh, als ich vielleicht fünf oder sechs war, wollte ich Schriftsteller werden, wenn ich einmal groß sein würde. Zwischen siebzehn und vierundzwanzig versuchte ich den Gedanken aufzugeben, tat dies aber im Bewußtsein, daß ich damit gegen meine innerste Natur verstoßen und früher oder später mich doch hinsetzen und Bücher schreiben würde.

Ich war das mittlere von drei Kindern, von meinen beiden Geschwistern trennten mich jeweils fünf Jahre, und meinen Vater bekam ich vor meinem achten Lebensjahr nur selten zu Gesicht. Aus diesen und andern Gründen war ich recht einsam und entwickelte bald höchst unangenehme Eigentümlichkeiten, die mich während meiner ganzen Schulzeit unbeliebt machten. Ich hatte die Gewohnheit, die man oft bei sich selbst überlassenen Kindern findet, mir Geschichten auszudenken und mich mit imaginären Personen zu unterhalten, und ich glaube, daß meine literarischen Versuche von Anfang an von dem Gefühl begleitet waren, von den andern getrennt und nicht genügend anerkannt zu sein. Ich wußte, daß es mir leicht fiel, mich gewandt auszudrücken, und daß ich die Fähigkeit hatte, mich mit unerfreulichen Tatsachen auseinanderzusetzen, und so schuf ich meine eigene Welt, in der ich mich für die Enttäuschungen im Alltag entschädigen konnte. Dennoch erreichte der Umfang ernsthafter, das heißt ernsthaft angelegter Arbeiten, die ich während meiner Kindheit und frühen Jugend produzierte, noch nicht einmal ein halbes Dutzend Seiten. Mein erstes Gedicht, von meiner Mutter nach Diktat niedergeschrieben, verfaßte ich mit vier oder fünf Jahren. Ich kann mich an keine Zeile mehr erinnern und weiß nur, daß es von einem Tiger handelte und daß der Tiger »Zähne wie Stuhlreihen« hatte, eine recht gelungene Metapher, aber ich glaube, das Ganze war ein Plagiat von Blakes *Tiger, Tiger*. Mit elf, bei Ausbruch des Krieges 1914–1918, schrieb ich ein patriotisches Gedicht, das in unserem Lokalblatt erschien, so wie ein zweites, zwei Jahre später, auf den Tod von Kitchener. Als ich schon etwas älter war, verfaßte ich ab und zu schlechte und gewöhnlich nie zu Ende gebrachte »Natur-Lyrik« im georgianischen Stil. Etwa zweimal versuchte ich mich auch an einer Kurzgeschichte, ein sagenhafter Mißerfolg; das war etwa alles an ernsthaften Bemühungen, was ich in der ganzen Zeit zu Papier brachte.

Immerhin habe ich in all diesen Jahren in gewissem Sinne doch eine literarische Tätigkeit ausgeübt. Da waren, um damit anzufangen, die bestellten Gelegenheitsarbeiten, die ich rasch, leicht und ohne große Befriedigung für mich selbst produzierte. Neben den Schularbeiten schrieb ich *vers d'occasion*, halb komische Gedichte, die ich mit einer, wie mir heute scheint, erstaunlichen Schnelligkeit hervorbrachte. Ich schrieb mit vierzehn in etwa einer Woche ein ganzes Theaterstück in Versen, in Anlehnung an Aristophanes, und war an der Herausgabe von Schülerzeitungen beteiligt, die teils gedruckt, teils als Manuskript erschienen. Diese Schülerzeitungen waren das Kläglichste und Komischste, was man sich vorstellen kann, und ich gab mir dabei weniger Mühe, als ich heute an die billigste journalistische Arbeit wenden würde. Aber gleichzeitig mit all dem führte ich fünfzehn Jahre oder länger eine literarische Vorübung ganz anderer Art durch: es war eine Konzeption einer fortlaufenden »Geschichte« über mich selbst, eine Art Tagebuch, das nur in meinem Kopf existierte. Ich glaube übrigens, daß es sich dabei um etwas handelt, was Kindern und Jugendlichen gemeinsam ist. Als ganz kleines Kind stellte ich mir schon vor, ich sei zum Beispiel Robin Hood, und ich sah mich als Helden erregender Abenteuer, aber bald drehte sich meine »Geschichte« nicht mehr ausschließlich in einer, grob gesagt, narzißtischen Weise um mich, sondern schilderte mehr und mehr all das, was ich tat und in meiner Umwelt sah. Minutenlang gingen mir Sätze wie diese durch den Kopf: »Er stieß die Tür auf und betrat den Raum. Ein gelber Sonnenstrahl drang durch die Mousselin-Vorhänge und fiel schräg auf den Tisch, wo eine halboffene Streichholzschachtel neben dem Tintenfaß lag. Die rechte Hand in der Tasche, durchquerte er den Raum bis zum Fenster. Unten auf der Straße haschte eine Schildpatt-Katze nach einem welken Blatt . . .« etc. etc. Diese Gewohnheit hielt etwa bis zu meinem fünfundzwanzigsten Lebensjahr an, also meine ganzen nicht-literarischen Jahre hindurch. Obwohl ich nach den richtigen Ausdrücken suchen mußte und auch suchte, unterzog ich mich der Mühe, alles genau zu schildern, fast gegen meinen Willen, wie unter einer Art von äußerem Zwang. In meiner »Geschichte« muß sich, wie ich annehme, der Stil der verschiedenen Autoren widergespiegelt haben, die ich je nach meinem Alter bewunderte, aber soweit ich mich erinnere, behielt ich meine peinlich genaue Milieuschilderung immer bei.

Mit etwa sechzehn Jahren entdeckte ich plötzlich die Freude am bloßen Wort, das heißt am Wortklang und der Assoziation von Worten. Die Zeilen in *Paradise Lost*:

> So hee with difficulty and labour hard
> Moved on: with difficulty and labour hee

> [Mühselig und mit Arbeit hart,
> bewegte er sich fort:
> Mühselig und mit Arbeit hart],

die mir heute nicht mehr ganz so hinreißend erscheinen, jagten mir einen Schauer nach dem andern über den Rücken, wobei die Schreibweise von »hee« statt »he« mich noch zusätzlich entzückte. Die Technik, etwas zu beschreiben, war mir hinlänglich vertraut. Es liegt also auf der Hand, welche Art von Büchern ich schreiben wollte, soweit man davon sprechen kann, daß ich zu jener Zeit überhaupt Bücher schreiben wollte. Ich wollte große naturalistische Romane

22

mit einem unglücklichen Ausgang machen, voll minuziöser Beschreibungen und überraschender Vergleiche und ebenso reich an gedrechselten Passagen, in denen Worte hauptsächlich ihres Klanges wegen verwendet wurden. Tatsächlich kam mein erstes abgeschlossenes Buch *Tage in Burma*, das ich im Alter von dreißig Jahren schrieb, aber schon lange vorher mit mir herumgetragen hatte, dieser Art von Büchern ziemlich nah.

Ich schildere meinen Werdegang deshalb so eingehend, weil ich glaube, daß man die Motive eines Schriftstellers besser versteht, wenn man etwas über die Anfänge seiner Entwicklung weiß. Seine Stoffwahl ist durch die Epoche bestimmt, in der er lebt – zumindest gilt dies für eine so aufgewühlte, revolutionäre Zeit wie die unsere –, bevor er jedoch überhaupt zu schreiben beginnt, wird er bereits eine emotionale Haltung haben, von der er sich nie ganz freimachen wird. Es gehört zweifelsohne zu seinem Beruf, sein Temperament zu disziplinieren und zu vermeiden, in einer Phase der Unreife oder Un-Natur steckenzubleiben. Löst er sich aber völlig von den Einflüssen seiner Frühzeit, tötet er damit den Impuls seines Schaffens überhaupt. Abgesehen von der Notwendigkeit, Geld zu verdienen, glaube ich, daß es vier Hauptmotive dafür gibt, daß man schreibt, zumindest Prosa. Sie finden sich graduell verschieden bei jedem Schriftsteller, und verschieden stark je nach der Atmosphäre, in der er lebt. Es sind:

1. Reiner Egoismus. Der Wunsch, überlegen zu erscheinen, jemand zu sein, über den man spricht und den man auch nach seinem Tod nicht vergißt; den Erwachsenen die Nichtachtung heimzuzahlen, die sie einen als Kind haben fühlen lassen etc. etc. Leugnen zu wollen, daß das ein Grund ist, und zwar ein sehr starker, ist einfach lächerlich. Schriftsteller teilen diesen Charakterzug mit Wissenschaftlern, Künstlern, Politikern, Rechtsanwälten, Soldaten, erfolgreichen Geschäftsleuten, kurz, mit der gesamten Obergarnitur der Menschheit. Die große Masse menschlicher Wesen ist nicht

so ausgesprochen ich-bezogen. Nach dreißig geben sie jeden individuellen Ehrgeiz auf – ja sie verlieren vielfach fast gänzlich das Gefühl für ihre eigene Persönlichkeit – und leben hauptsächlich für andere oder werden einfach in der Knochenmühle der Alltagsarbeit aufgerieben. Dagegen steht eine Minderheit von begabten, selbstbewußten Menschen, die entschlossen sind, ihr eigenes Leben bis zum Ende zu leben, und zu ihnen gehören die Schriftsteller. Ernstzunehmende Schriftsteller sind meiner Meinung nach im allgemeinen eitler und egozentrischer als Journalisten, dafür weniger an Geld interessiert.

2. Ästhetischer Enthusiasmus. Sinn für die Schönheit der Umwelt oder für Worte und ihre richtige Anordnung. Freude an der Wechselwirkung von Klängen, an der Geschlossenheit guter Prosa oder dem Rhythmus einer guten Erzählung. Der Wunsch, mit andern ein Erlebnis zu teilen, das man als wertvoll empfindet und nicht in Vergessenheit geraten lassen möchte. Das ästhetische Motiv ist bei vielen Schriftstellern nur in geringem Maße vorhanden, aber selbst ein Pamphletist oder ein Verfasser von Lehrbüchern wird eine Liebe zu bestimmten Wörtern und Ausdrücken haben, die nicht zweckhaft bestimmt ist, oder ein Gefühl für die Typographie, die Breite des Buchrandes etc. etc. Von Kursbüchern abgesehen, ist kein Buch ganz frei von ästhetischen Erwägungen.

3. Sinn für Geschichte. Der Wunsch, die Dinge zu sehen, wie sie sind, den Wahrheitsgehalt von Ereignissen herauszufinden und sie für die Nachwelt aufzuzeichnen.

4. Politisches Engagement – wobei ich das Wort »politisch« im weitesten Sinne benutze. Der Wunsch, der Welt eine bestimmte Richtung zu geben, die Anschauungen anderer über ein gesellschaftliches Ideal zu verändern. Jedenfalls ist kein Buch wirklich frei von politischen Elementen. Wenn man behauptet, Kunst sollte nichts mit Politik zu tun haben, so ist dieses selbst schon eine politische Haltung.

Man muß dabei feststellen, daß diese verschiedenen Beweggründe zwangsläufig miteinander im Streit liegen und sich je nach Person und Zeit ändern. Von Natur aus – Natur als der Zustand verstanden, den man als Erwachsener erreicht hat – gehöre ich zu den Schriftstellern, bei denen die drei ersten Motive das vierte überwiegen. In friedlichen Zeiten hätte ich vielleicht reich ausgeschmückte, oder auch rein beschreibende Bücher verfaßt, ohne mir überhaupt eines politischen Standpunktes bewußt zu werden. So wie die Dinge liegen, sah ich mich fast gezwungen, eine Art Pamphletist zu werden. Zunächst verbrachte ich fünf Jahre in einer Stellung, die nicht zu mir paßte (der Indian Imperial Police in Burma), und anschließend erfuhr ich, was Armut und Mißerfolg bedeutet. Das führte bei mir zu einem wachsenden Haß auf die Autorität und brachte mir zum erstenmal zum Bewußtsein, daß es eine arbeitende Klasse gab. Meine Tätigkeit in Burma hatte mir Einsicht in das Wesen des Imperialismus verschafft; aber meine Erfahrungen reichten nicht zu einer klaren politischen Ausrichtung. Dann kamen Hitler, der Spanische Bürgerkrieg etc. etc. Ende 1935 war ich noch immer unentschlossen. Ich erinnere mich an ein kleines Gedicht, das ich um diese Zeit verfaßte und das mein Dilemma ausdrückte:

> A happy vicar I might have been
> Two hundred years ago,
> To preach upon eternal doom,
> And watch my walnuts grow.
>
> But born, alas, in an evil time,
> I missed that pleasant haven,
> For the hair has grown on my upper lip
> And the clergy are all clean-shaven.
>
> And later still the times were good,
> We were so easy to please,
> We rocked our troubled thoughts to sleep
> On the bosoms of the trees.

All ignorant we dared to own
The joys we now dissemble;
The greenfinch on the apple bough
Could make my enemies tremble.

But girls' bellies and apricots
Roach in a shaded stream,
Horses, ducks in flight at dawn,
All these are a dream.

It is forbidden to dream again;
We maim our joys or hide them;
Horses are made of chromium steel
And little fat men shall ride them.

I am the worm who never turned,
The eunuch without a harem;
Between the priest and the commissar
I walk like Eugene Aram;

And the commissar is telling my fortune
While the radio plays,
But the priest has promised an Austin Seven
For Duggie always pays.

I dreamed I dwelt in marble halls,
And woke to find it true;
I wasn't born for an age like this;
Was Smith? Was Jones? Were you?

[Vor zweihundert Jahren wäre ich vielleicht ein glücklicher
Pfarrer gewesen, hätte über die ewige Verdammnis gepredigt
und meine Walnüsse wachsen sehen./ Aber leider in schlechten Zeiten geboren, verfehlte ich diesen schönen Hafen, denn
auf meiner Oberlippe sprießen die Haare, während die
Geistlichen alle rasiert sind./ Auch später noch waren die

Zeiten gut, wir waren so schnell zufrieden, wir wiegten unsre wirren Gedanken an der Brust der Bäume in Schlaf./ Ganz unwissend wagten wir das Glück zu besitzen, das wir uns heute verhehlen; ein Grünspecht auf dem Apfelast konnte meine Feinde zittern machen./ Aber Mädchenbäuche, Aprikosen, Plötzen im schattigen Fluß, Pferde, Enten im Flug in der Dämmerung: alle sind sie ein Traum./ Es ist verboten, noch einmal zu träumen; wir verstümmeln oder verstecken unsere Freuden; unsere Pferde sind jetzt aus Chromstahl, und kleine Fettwänste werden sie reiten./ Ich bin der Wurm, der sich niemals gekrümmt hat, der Eunuch ohne Harem; zwischen Priester und Kommissar gehe ich wie Eugene Aram;/ und der Kommissar weissagt mein Geschick, während das Radio spielt, aber der Priester hat einen Austin Sieben versprochen, denn Duggie zahlt immer./ Mir träumte, ich wohne in Marmorhallen, und so war's auch, als ich erwachte; ich bin nicht geschaffen für ein Zeitalter wie dieses; ist es Smith? Ist es Jones? Oder du?]

Der Spanische Bürgerkrieg und andere Ereignisse in den Jahren 1936–37 bewirkten den Umschwung. Ich wußte nun, wo ich stand. Jede Zeile der wesentlichen Arbeiten, die ich seit 1936 geschrieben habe, ist direkt oder indirekt *gegen* den Totalitarismus und *für* den demokratischen Sozialismus, wie ich ihn auffasse. Ich halte es in einer Epoche wie der unsrigen für sinnlos, sich einzubilden, daß man als Schriftsteller politische Probleme umgehen kann. Jeder behandelt sie in der einen oder anderen Form. Die Frage ist nur, auf welcher Seite man steht und wie man sie anpackt. Und je klarer man sich der eigenen politischen Voreingenommenheit bewußt ist, desto größer ist die Chance, politisch zu wirken, ohne seine ästhetische und geistige Integrität zu opfern.

Während der letzten zehn Jahre habe ich mich immer am meisten darauf konzentriert, in künstlerischer Form politisch zu schreiben. Mein Ausgangspunkt ist ein Gefühl von Parteilichkeit, ein Gespür für Ungerechtigkeit. Wenn ich anfange, ein Buch zu schreiben, sage ich mir nicht: »Jetzt werde ich ein Kunstwerk schaffen.« Ich schreibe es, weil ich eine Lüge entdeckt habe, die ich aufzeigen will, irgend etwas, worauf ich die Aufmerksamkeit lenken möchte. Meine erste Sorge ist, gehört zu werden. Aber ich könnte weder ein Buch noch einen längeren Artikel für eine Zeitschrift schreiben, wenn es nicht auch ein künstlerisches Erlebnis wäre. Wer sich die Mühe macht, sich mit meinen Arbeiten zu beschäftigen, wird finden, daß sie, selbst wo es sich um reine Propaganda handelt, viel enthalten, was ein Berufspolitiker für überflüssig erklären würde. Ich wäre nicht imstande, und ich habe auch nicht die Absicht, die Weltanschauung aufzugeben, die ich seit meiner Kindheit habe. Solange ich lebe und gesund bin, wird mir gute Prosa immer wichtig sein, werde ich immer das Antlitz der Erde lieben und meine Freude an handfesten Themen und Schnipseln von unnützer Information haben. Es hätte keinen Zweck zu versuchen, diese Seite meines Ichs zu unterdrücken. Es handelt sich darum, meine ureigensten persönlichen Neigungen und Abneigungen mit einer im wesentlichen öffentlichen, auf allgemeine, nicht individuelle Fragen gerichteten Arbeit zu verschmelzen, wie sie unsere Epoche jedem von uns aufzwingt.

Das ist nicht einfach, es wirft Probleme des inneren Aufbaus und der Sprache auf, und auf neue Weise das Problem der Wahrhaftigkeit. Ich möchte als Beispiel für eine der größeren Schwierigkeiten dieser Art mein Buch über den Spanischen Bürgerkrieg, *Mein Katalonien*, heranziehen, ein eindeutig politisches Buch, das ich jedoch mit einer gewissen Distanz und Rücksicht auf die literarische Form verfaßt habe. Ich habe schwer darum gekämpft, die ganze Wahrheit zu sagen, ohne meinen künstlerischen Instinkten Gewalt anzu-tun. Unter anderm enthält es jedoch ein langes Kapitel, das nur aus Zeitungsmeldungen und dergleichen besteht, in dem ich für die Trotzkisten eintrete, die man beschuldigte, mit Franco unter einer Decke zu stecken. Es ist klar, daß ein derartiges Kapitel, das nach einem oder zwei Jahren keinen

Leser mehr interessiert, das Buch kaputtmachen mußte. Ein Kritiker, den ich schätze, erklärte mir sein Mißfallen folgendermaßen: »Warum haben Sie dieses ganze Zeug in das Buch aufgenommen? Es hätte ein guter Roman werden können, aber Sie haben Journalismus draus gemacht.« Was er sagte, war vollkommen richtig, doch ich hätte nicht anders handeln können. Mir war zufällig bekannt, was nur wenigen Menschen in England nicht verborgen blieb, daß nämlich Unschuldige das Opfer einer falschen Anklage waren. Wenn mich das nicht grenzenlos empört hätte, hätte ich das ganze Buch überhaupt nicht geschrieben.

In der einen oder andern Form taucht das gleiche Problem wieder auf. Das sprachliche Problem ist komplizierter und würde hier zu weit führen. Ich möchte nur sagen, daß ich in den letzten Jahren versucht habe, weniger bilderreich, dafür präziser zu schreiben. Auf jeden Fall habe ich die Beobachtung gemacht, daß man über jeden Stil, sobald man ihn bis zur Vollkommenheit entwickelt hat, schon wieder hinausgewachsen ist. *Farm der Tiere* war das erste Buch, in dem ich in vollem Bewußtsein dessen, was ich tat, versuchte, das Politische und das Künstlerische zu einem Ganzen zu verschmelzen. Seit sieben Jahren habe ich kein Buch mehr geschrieben, aber ich hoffe, es bald wieder zu tun. Es wird bestimmt ein Mißerfolg, jedes Buch ist ein Mißerfolg. Aber ich bin mir ziemlich klar darüber, was für ein Buch ich schreiben möchte.

Beim Durchlesen der letzten ein oder zwei Seiten fällt mir auf, daß sie den Eindruck hervorrufen könnten, die Gründe meines Schreibens seien ausschließlich gesellschaftlicher Natur. Ich möchte nicht, daß das der letzte Eindruck des Lesers ist. Alle Schriftsteller sind eitel, egozentrisch und faul, und der tiefste Grund ihres Schaffens liegt in geheimnisvollem Dunkel. Ein Buch zu schreiben ist ein grausamer, aufreibender Kampf, wie eine lange schmerzhafte Krankheit. Man würde es auch niemals tun, wenn man nicht von einem Dämon getrieben würde, der stärker ist als man selbst und einem unverständlich bleibt. Man weiß nur, daß dieser Dämon identisch ist mit dem Instinkt eines Babys, das durch Schreien die Aufmerksamkeit auf sich lenkt. Aber ebenso wahr ist, daß man nichts Lesbares schreiben kann, wenn man nicht fortgesetzt gegen seine eigene Persönlichkeit kämpft. Gute Prosa ist wie eine Fensterscheibe. Ich kann nicht mit Sicherheit sagen, welcher meiner Gründe am stärksten ist, dagegen weiß ich genau, welchem zu folgen sich lohnt. Bei einem Rückblick auf mein Werk stelle ich fest, daß meine Bücher immer dann leblos geworden sind, wenn ihnen eine *politische* Absicht fehlte und ich mich in gedrechselte Passagen, nichtssagende Sentenzen, schmückende Beiworte und ganz allgemein in Geschwafel verlor.

Gangrel No. 4, Sommer 1946

Warum ich Mitglied
der Independent Labour Party wurde

Vielleicht ist es am aufrichtigsten, diese Frage zunächst einmal vom persönlichen Standpunkt aus anzugehen.

Ich bin Schriftsteller. Jeder Schriftsteller hat den Impuls, »sich aus der Politik herauszuhalten«. Was er will, ist, in Ruhe gelassen zu werden, damit er ungestört fortfahren kann, Bücher zu schreiben. Aber leider wird es immer offensichtlicher, daß dieses Ideal nicht durchführbarer ist als das des kleinen Ladenbesitzers, der angesichts der Bedrohung durch Warenhäuser seine Selbständigkeit zu bewahren hofft.

Erstens einmal geht die Ära der freien Meinungsäußerung zu Ende. Die Pressefreiheit in Großbritannien war schon immer so etwas wie ein Schwindel, weil letzten Endes das Geld die öffentliche Meinung beherrscht; und doch, solange das gesetzliche Recht existiert, zu sagen, was man will, gibt es immer ein Hintertürchen für einen unorthodoxen Schriftsteller. Seit einigen Jahren habe ich die kapitalistische Klasse dazu bringen können, mir mehrere Pfund pro Woche dafür zu bezahlen, daß ich Bücher gegen den Kapitalismus schreibe. Aber ich gebe mich nicht der Illusion hin, daß diese Sachlage ewig dauern wird. Wir haben gesehen, was mit der Pressefreiheit in Italien und Deutschland passiert ist, und das gleiche wird auch hier früher oder später passieren. Die Zeit wird kommen – nicht nächstes Jahr, vielleicht erst in zehn oder zwanzig Jahren, aber sie wird kommen –, da jeder Schriftsteller die Wahl haben wird, entweder gänzlich zum Schweigen gebracht zu werden oder die Droge zu produzieren, die eine privilegierte Minderheit fordert.

Ich muß dagegen kämpfen, so wie ich auch gegen Rizinusöl, Gummiknüppel und Konzentrationslager kämpfen muß. Und das einzige Regime, das es, auf die Dauer, wagen wird, die Redefreiheit zu dulden, ist ein sozialistisches Regime. Wenn der Faschismus siegt, bin ich als Schriftsteller erledigt – das heißt, erledigt in meiner einzigen wirksamen Eigenschaft. Das allein wäre schon Grund genug, Mitglied einer sozialistischen Partei zu werden.

Ich habe den persönlichen Aspekt an erste Stelle gesetzt, aber es ist klar, daß er nicht der einzige ist.

Kein denkender Mensch kann in einer Gesellschaft wie der unseren leben, ohne sie verändern zu wollen. Seit ungefähr zehn Jahren habe ich eine Vorstellung vom wahren Wesen der kapitalistischen Gesellschaft. Ich habe den britischen Imperialismus in Burma am Werk gesehen, und ich habe etwas von den Auswirkungen der Armut und der Arbeitslosigkeit in Großbritannien gesehen. Sofern ich gegen das System gekämpft habe, tat ich es hauptsächlich durch das Schreiben von Büchern, von denen ich hoffte, daß sie die Leser beeinflussen würden. Ich werde das natürlich weiterhin tun, aber zu einem Zeitpunkt wie dem jetzigen ist das Schreiben von Büchern nicht genug. Die Ereignisse folgen immer schneller aufeinander; die Gefahren, die einst eine Generation entfernt schienen, stehen uns jetzt drohend vor Augen. Man muß aktiv Sozialist sein, nicht bloß mit dem Sozialismus sympathisieren, sonst spielt man unseren stets aktiven Feinden in die Hände.

Warum die ILP eher als eine andere?

Weil die ILP die einzige britische Partei ist – zumindest die einzige, die groß genug ist, um in Betracht zu kommen –, die auf irgend etwas hinzielt, das ich als Sozialismus betrachten würde.

Ich meine damit nicht, daß ich jeden Glauben an die Labour Party verloren habe. Ich hoffe wirklich aufrichtig, daß die Labour Party bei den nächsten allgemeinen Wahlen eine eindeutige Mehrheit gewinnen wird. Aber wir kennen die Geschichte der Labour Party, und wir kennen die schreckliche Versuchung des jetzigen Augenblicks – die

Versuchung, jedes Prinzip über Bord zu werfen, um für einen imperialistischen Krieg zu rüsten. Es ist unbedingt notwendig, daß ein Gremium von Leuten existiert, bei denen man sich, sogar angesichts von Verfolgungen, darauf verlassen kann, daß sie ihre sozialistischen Prinzipien nicht aufs Spiel setzen.

Ich glaube, daß die ILP die einzige Partei ist, die, als Partei, aller Wahrscheinlichkeit nach den richtigen Weg gegen den imperialistischen Krieg oder gegen den Faschismus einschlagen wird, wenn dieser in seiner britischen Form auftritt. Und unterdessen wird die ILP von keinem Angehörigen der Finanzwelt unterstützt und wird systematisch von verschiedenen Seiten verleumdet. Sie braucht ganz offensichtlich jede Hilfe, die sie bekommen kann, einschließlich jeder Hilfe, die ich selbst ihr bieten kann.

Und schließlich war ich mit dem ILP-Kontingent in Spanien. Ich habe niemals vorgegeben, weder damals noch später, in allen Einzelheiten mit der Politik, die die POUM[1] vertrat und die die ILP unterstützte, einverstanden zu sein, aber der allgemeine Gang der Ereignisse hat sie bestätigt. Was ich in Spanien sah, brachte mir die tödliche Gefahr eines rein negativen »Anti-Faschismus« zum Bewußtsein. Sobald ich einmal das Wesentliche der Situation in Spanien begriffen hatte, wurde mir klar, daß die ILP die einzige britische Partei war, der beizutreten ich bereit war – und auch die einzige Partei, der ich zumindest mit der Sicherheit beitreten konnte, daß ich niemals im Namen der kapitalistischen Demokratie aufs Glatteis geführt werden würde.

New Leader (London), 24. Juni 1938

---

[1] Partido Obrero de Unificación Marxista, s. S. 11.

Auszüge aus einem
handschriftlichen Notizbuch

Während des letzten Jahres seines Lebens führte Orwell ein handschriftliches Notizbuch, in dem er Notizen für eine lange Kurzgeschichte, »A Smoking Room Story« (Eine Rauchsalon-Geschichte), und für Essays über Joseph Conrad und Evelyn Waugh machte. Er verwendete es auch für gelegentlich notierte Bemerkungen, denen die folgende Auswahl entnommen ist. Vor dem 21. März 1949 ist keine der Eintragungen datiert.

Wahrscheinlich war etwas Wahres an Pétains Bemerkung, zu der Zeit, als er Herrscher von Frankreich wurde, daß die französische Niederlage teilweise durch die niedrige Geburtenziffer bedingt gewesen sei. Wo die Familien klein sind, kann die Zivilbevölkerung das Morden ihrer Söhne nicht mit Gleichgültigkeit betrachten, die Haltung des Soldaten selbst ist wahrscheinlich davon beeinflußt, daß er gelernt hat, sich mehr für ein Individuum und für wichtiger zu halten, als wenn er sich in einer hungrigen Bauernfamilie von fünf oder zehn Kindern um sein Überleben hätte schlagen müssen.

Ein großer Unterschied zwischen den Viktorianern & uns selbst war, daß sie den Erwachsenen für wichtiger erachteten als das Kind. In einer Familie von zehn oder zwölf war es fast unvermeidlich, daß ein oder zwei im Kindesalter starben, & obwohl diese Todesfälle natürlich traurig waren, wurden sie doch bald vergessen, da immer noch mehr Kinder unterwegs waren. In der St. John's Kirche, in der Nähe von Lord's Kricketplatz, gibt es viele Gedenktafeln der ostindischen Nabobs usw. mit der üblichen Kolumne von Lügen zum Lob des toten Mannes, dann ein oder zwei Zeilen über »Sarah,

Witwe des Obigen«, und dann vielleicht noch eine Zeile darüber, daß ein männliches & zwei weibliche Kinder, bzw. Worte dieses Inhalts, in derselben Gruft begraben sind. Keine Namen, & in einem Fall lautet die Inschrift »zwei *oder* drei Kinder«. Bis der Grabstein aufgestellt worden war, hatte man vergessen, wie viele gestorben waren.

Heutzutage ist der Tod eines Kindes das Schlimmste, was sich die meisten Leute vorstellen können. Wenn man nur *ein* Kind hat, wäre es fast unmöglich, sich von seinem Verlust zu erholen. Es würde die Welt für immer verfinstern. Ich bezweifle, ob sogar vor zwei Generationen die Leute dieses Gefühl hatten. Vgl. die groteske Episode in *Jude the Obscure [Jude der Unbekannte]* von Thomas Hardy, wo das älteste Kind die beiden jüngeren & dann sich selbst erhängt. Jude & Sue sind natürlich unglücklich, doch sie scheinen nicht zu empfinden, daß nach einem solchen Ereignis ihr eigenes Leben enden muß. Sue (ich glaube, Hardy ahnt, daß sie eine unausstehliche Figur ist, aber ich glaube nicht, daß er's an dieser Stelle ironisch meint) sagt nach einer Weile, daß sie einsieht, warum die Kinder sterben mußten: nämlich um sie zu einer besseren Frau zu machen & ihr zu helfen, ihr Leben neu zu beginnen. Es kommt ihr nicht in den Sinn, daß die Kinder wichtigere Wesen waren als sie selbst & daß im Vergleich zu ihrem Tod nichts, was ihr jetzt zustoßen könnte, von Belang ist.

Kürzlich las ich in einer Zeitung, daß in Schanghai (jetzt voller Flüchtlinge) ausgesetzte Kinder auf dem Bürgersteig so alltäglich werden, daß man sie nicht länger bemerkt. Zum Schluß, nehme ich an, ist der Körper eines Kindes nur noch ein Stück Abfall, über das man tritt. Dennoch hegten alle diese Kinder anfangs die Erwartung, geliebt & beschützt zu werden, & die Überzeugung, die man sogar bei einem sehr jungen Kind sehen kann, daß die Welt ein wunderbarer Ort ist & sehr viel Spaß auf einen wartet.

Frage, ist man je wieder derselbe, wenn man auf dem Heimweg über die Körper ausgesetzter Kinder getreten &

nicht einmal einem von ihnen zu Hilfe gekommen ist? (Selbst darauf zu achten, nicht auf sie zu treten, ist eine Art Heuchelei.) Malcolm Muggeridge sagt, daß jeder, der in Asien gelebt hat, praktisch so etwas schon getan hat. Vielleicht nicht ganz zutreffend, angesichts der Tatsache, daß wir, als er & ich in Asien lebten, junge Männer waren, die Säuglinge wohl kaum bemerken würden.

Es ist jetzt (1949) 16 Jahre her, seit mein erstes Buch veröffentlicht wurde, & ungefähr 21, seit ich anfing, Artikel in Zeitschriften zu veröffentlichen. Während dieser ganzen Zeit hat es buchstäblich keinen Tag gegeben, an dem ich nicht gefühlt hätte, daß ich herumtrödelte, ich mit der laufenden Arbeit im Rückstand war & daß mein gesamter Arbeitsertrag jämmerlich klein war. Selbst zu jenen Zeiten, da ich 10 Stunden pro Tag an einem Buch arbeitete, oder 4 bis 5 Artikel in der Woche herausbrachte, bin ich nie fähig gewesen, von diesem neurotischen Gefühl loszukommen, daß ich meine Zeit vergeudete. Ich kann niemals das Gefühl, etwas geleistet zu haben, aus der Arbeit, die momentan im Werden begriffen ist, herausholen, weil sie immer langsamer vorangeht, als ich es will, & ich habe sowieso das Gefühl, daß ein Buch oder sogar ein Artikel erst dann existieren, wenn sie abgeschlossen sind. Aber sobald ein Buch abgeschlossen ist, beginne ich, sogar schon vom nächsten Tag an, mir Gedanken zu machen, weil das nächste noch nicht angefangen ist, & werde von der Angst verfolgt, daß es nie ein nächstes geben wird – daß meine Treibkraft für immer & ewig erschöpft ist. Wenn ich zurückblicke & die eigentliche Menge, die ich geschrieben habe, zusammenzähle, sehe ich, daß mein Arbeitsertrag beachtlich gewesen ist: aber dies beruhigt mich nicht, weil es mir lediglich das Gefühl gibt, daß ich früher einmal einen Fleiß & eine Produktivität hatte, die ich jetzt verloren habe.

Kürzlich las ich irgendwo von einem italienischen Raritätenhändler, der ein Kruzifix des 17. Jahrhunderts an J. P. Morgan zu verkaufen versuchte. Es war auf den ersten Blick kein besonders interessantes Kunstwerk. Aber es stellte sich heraus, daß es darum ging, daß das Kruzifix auseinandergenommen werden konnte & drinnen ein Stilett versteckt war. Welch ein vollendetes Symbol der christlichen Religion.

Für & wider Romane in der ersten Person.

Einen Roman in der ersten Person zu schreiben, ist eigentlich, wie wenn man sich irgendeine stimulierende, aber sehr schädliche & sehr suchterzeugende Droge verabreicht. Die Versuchung, es zu tun, ist sehr groß, aber man weiß die ganze Zeit ganz genau, daß man etwas Falsches & Dummes tut. Es gibt jedoch zwei große Vorteile:

1. In der ersten Person schafft man es immer, das Buch auch wirklich zu schreiben, & das ziemlich schnell, da die Verwendung des »Ich« die Scheu & das Gefühl der Hilflosigkeit zu beseitigen scheint, die einen oft daran hindern, richtig in Gang zu kommen. In der ersten Person kann man immer etwa annähernd an das Konzept, das man anfangs hat, herankommen.

2. In der ersten Person kann man *alles* glaubwürdig tönen lassen. Dies ist in erster Linie deshalb der Fall, weil dem Autor alles, was er schreibt, glaubwürdig erscheint, denn man kann in Tagträumen von *sich selbst* alles tun, während Abenteuer in der dritten Person vergleichsweise wahrscheinlich sein müssen. Der Leser, wiederum, findet alles, was in der ersten Person erzählt wird, glaubwürdig, und zwar entweder, weil er sich mit dem »Ich« der Geschichte identifiziert oder weil ein »Ich« zu ihm spricht, es als wirkliche Person akzeptiert.

Nachteile:

1. Der Erzähler ist nie wirklich vom Autor zu trennen. Man kann unmöglich vermeiden, ihm gelegentlich seine eigenen Gedanken zuzuschreiben, &, da selbst in einem Roman der Autor ab und zu Kommentare geben muß, werden unsere eigenen Kommentare zwangsläufig zu denje-

nigen des Erzählers (was bei einem Roman in der dritten Person nicht der Fall wäre). Zum mindesten muß der Erzähler den Prosastil des Autors haben (Beispiel: *Great Expectations,* das sonst kein sehr autobiographisches Werk ist).

2. Wenn man sich streng an die Vereinbarung hält, werden die Ereignisse der Geschichte nur durch das Bewußtsein einer Person gesehen. Allein schon, um herauszufinden, was vor sich geht, verwickelt das den Erzähler in heimliches Horchen & dilettantische Detektivarbeit, oder erfordert, daß Leute Dinge öffentlich tun, die sie im wirklichen Leben nur allein tun würden. Wenn die Gedanken der anderen Figuren enthüllt werden sollen, dann müssen sie dazu gebracht werden, offener zu reden, als jede wirkliche Person es täte, oder sonst muß der Erzähler etwas sagen, was auf »Ich konnte sehen, was er gerade dachte, nämlich«, usw. usw. hinausläuft. (Vgl. die fürchterliche Szene in E. Waughs *Brideshead Revisited.*) Aber im allgemeinen ist ein »Ich«-Roman einfach die Geschichte einer Person – einer dreidimensionalen Figur inmitten von Karikaturen – & kann daher kein echter Roman sein.

3. Gefühlsbereich sehr begrenzt, da es viele Arten der Bitte gibt, die man im Namen von anderen machen kann, aber nicht für sich selbst.

Für einen Artikel über E. Waugh

Die Vorteile davon, nicht der modernen Strömung anzugehören, ungeachtet dessen, ob die moderne Strömung in die richtige Richtung zielt oder nicht.

Aber Nachteile durch das Vertreten falscher (unhaltbarer) Meinungen.

Die moderne Strömung (Auden, etc.)

W.s treibende Kräfte. Snobismus. Katholizismus.

Festhalten, daß selbst die frühen Bücher nicht antireligiös oder nachweisbar antimoralisch. Aber die hartnäckige Versnobtheit erwähnen, die mit der gesellschaftlichen Stufe

steigt, aber immer um den Gedanken an Kontinuität/Aristo-
kratie/ein Landhaus kreist. Festhalten, daß jedermann ver-
snobt ist, daß Waughs Loyalität jedoch einer Gesellschaftsform gilt, die nicht länger lebensfähig ist, was ihm bewußt
sein muß.

Unhaltbare Ansichten vgl. Poe.

Katholizismus. Festhalten, daß ein katholischer Schriftstel-
ler nicht konservativ im politischen Sinne sein muß. Den
Unterschied zu G. Greene herausstellen. Vorteil, den ein
Romanschreiber davon hat, katholisch zu sein – Thema des
Konfliktes zwischen zwei Arten des Guten.

Brideshead Revisited analysieren. (Fehler aufzeigen, die
dadurch entstanden sind, daß es in der ersten Person geschrieben ist.) Eifrig bemüht um losgelöste Haltung. Nicht puri-
tanisch. Priester nicht übermenschlich. Wirkliches Thema –
Sebastians Trunksucht, & Unwilligkeit der Familie, diese zu
heilen, um den Preis, eine Sünde zu begehen. Festhalten, daß
dies eine wirkliche Abweichung von der humanistischen
Haltung ist, mit der kein Kompromiß möglich ist.

Aber. Letzte Szene, wo der bewußtlose Mann das Zeichen
des Kreuzes macht. Festhalten, daß die Tünche früher oder
später Risse bekommen muß. Man kann nicht wirklich
katholisch & erwachsen sein.

Schließen. Waugh ist als Schriftsteller ungefähr so gut, wie
ein Schriftsteller nur sein kann (d. h. wie Romanschreiber
heutzutage nun einmal sind), der unhaltbare Meinungen
vertritt.

21. März 1949

Der Tagesablauf ist hier (Cranham Sanatorium) ganz anders
als im Hairmyres Hospital. Obwohl jedermann in Hairmyres
äußerst liebenswürdig & rücksichtsvoll zu mir war – ja in
ganz erstaunlichem Maße sogar –, kann man nicht anders, als
in jedem Moment den Unterschied in der *Beschaffenheit* des
Lebens zu spüren, wenn man seinen eigenen Unterhalt
bezahlt.

Der auffälligste Unterschied hier ist, daß es viel ruhiger ist als im Krankenhaus, & daß alles in einer gemächlicheren Weise gemacht wird. Ich lebe in einem sogenannten Chalet, einer in einer Reihe von aneinandergebauten Holzhütten, mit Glastüren, jedes Chalet ungefähr 15 auf 12 Fuß groß. Es gibt Warmwasserleitungen, ein Waschbecken, eine Kommode & einen Kleiderschrank, neben den üblichen Nachttischen, usw. Draußen ist eine Veranda mit Glasdach. Alles wird mit der Hand gebracht – keine jener scheußlichen ratternden Karren, deren Geräusch man in einem Krankenhaus nirgends entgehen kann. Auch nicht viel Radiolärm – alle Patienten haben Kopfhörer. (Hier sind sie ständig auf den ›Home Service‹[1] eingestellt. In Hairmyres gewöhnlich auf ›The Light‹.[2]) Das anhaltendste Geräusch ist der Gesang der Vögel.

Im Jahre 1943, als ich für die BBC arbeitete, war eines der wöchentlichen »Nachrichtenschreiben«, für die ich verantwortlich war, die Marathi-Sendung. Dieses Nachrichtenschreiben – eigentlich Nachrichtenkommentare, die ein oder zweimal die Woche in unbedeutenden Sprachen ausgestrahlt wurden, in denen man nicht täglich senden konnte – wurde von jemandem bei der BBC verfaßt, dann von einem Sprecher dieser Sprache übersetzt & von ihm im Rundfunk vorgetragen, unter der Aufsicht eines Zensors, der in der Regel auch ein Angestellter der BBC war.
Wir hatten immer Mühe mit dem Marathi-Nachrichtenschreiben, da, anscheinend, Inder dieser Rasse, wenn sie in England leben, bald die Beherrschung ihrer Muttersprache verlieren. Obwohl es eine Reihe von Marathi-Studenten in England gab, gab es also nicht viele, die sich als Rundfunksprecher eigneten. 1943 wurde die Arbeit von einem kleinen Mann namens Kothari erledigt, der fast völlig kugelförmig war. Er war glaube ich ein Kommunist & sicherlich ein

---

[1] BBC-Programm mit Hörspielen, Nachrichten, leichter Musik, usw.
[2] BBC-Unterhaltungsprogramm.

extremer Nationalist gewesen, war aber ziemlich zuverlässig, weil er aufrichtig gegen die Nazis & für die Alliierten war. Plötzlich kam das sogenannte »College«, das mysteriöse Gremium (eigentlich der MI. 5[3], glaube ich), das alle Rundfunksprecher billigen mußte, hinter die Tatsache, daß Kothari im Gefängnis gewesen war – wegen irgendeines politischen Vergehens, als er Student war, glaube ich. Sofort verbot man Kothari, im Rundfunk zu sprechen, mit der Begründung, daß niemand, der im Gefängnis gewesen war, im Rundfunk auftreten durfte. Mit einiger Mühe kriegten wir einen anderen jungen Mann namens Jatha, & eine Zeitlang lief alles gut. Dann, nachdem dies einige Monate fortgedauert hatte, kam meine marathische Assistentin, Miss Chitale, zu mir & enthüllte plötzlich mit großer Verstohlenheit, daß in Wirklichkeit Jatha die Rundfunkprogramme nicht selber schrieb. Er hatte seine eigene Sprache teilweise vergessen, & obwohl er das Nachrichtenschreiben im Rundfunk vortragen konnte, wenn es einmal geschrieben worden war, konnte er es nicht übersetzen. Kothari machte eigentlich die Übersetzungen & er & Jatha teilten sich das Honorar. Ich empfand es als meine Pflicht, meinem Vorgesetzten, Dr. Rushbrook-Williams, davon zu erzählen. Da es sehr schwierig sein würde, falls überhaupt möglich, einen anderen marathischen Rundfunksprecher zu finden, beschloß er, daß wir eben bei der ganzen Angelegenheit ein Auge zudrücken müßten. So bestand die Vereinbarung weiter, & wir wußten offiziell nichts davon.

Es schien mir, als sei dies ein kleines Stückchen Indien, das man nach Großbritannien verpflanzt hatte. Aber die *absolut* indische Note verlieh Miss Chitale dem Ganzen, die ihre Information mehrere Monate lang zurückbehielt, bevor sie sie enthüllte.

Ein Großteil der Kritik sowohl der USA als auch der UdSSR äußerst ungerecht & irreführend, wegen Nichtberücksichti-

---

[3] Military Intelligence (Nachrichten- und Sicherheitsdienst).

gung der *Größe* dieser Länder. Offensichtliche Unsinnigkeit des Vergleichs zwischen einer kleinen homogenen Bevölkerung, z. B. von Großbritannien, die eng zusammengepfercht auf einem kleinen Gebiet lebt, und einem multirassischen Staat, der sich wuchernd über einen Kontinent ausbreitet. Es ist klar, daß es absurd ist, die Verhältnisse in Großbritannien mit jenen in, sagen wir, Sibirien zu vergleichen. Man könnte unter Umständen Sibirien mit Kanada, oder Turkestan mit Nordindien, oder Leningrad mit Edinburgh vergleichen. Desgleichen mit den USA. Menschen in Großbritannien sehr hochgesinnt, was die amerikanische Behandlung der Neger betrifft, doch vgl. Verhältnisse in Südafrika. Gewiß haben wir, in Großbritannien, keine Macht über Südafrika, doch ebensowenig haben die Leute in den Nordstaaten viel Macht über das, was in Alabama passiert. Unterdessen profitieren wir indirekt von dem, was in Südafrika, in Jamaika, im Malaiischen Bund, usw. geschieht. Aber von diesen Orten sind wir *durch Wasser* getrennt. Auf dieser letzten Tatsache beruht die wesentliche Heuchelei der britischen Arbeiterbewegung.

17. April 1949

Seltsame Wirkung, hier im Sanatorium, am Ostersonntag, wenn die Leute in diesem (dem teuersten) Block von »Chalets« hauptsächlich Besuch haben, die das Hören vieler englischer Stimmen der Oberschicht auf mich hat. Ich war zwei Jahre lang fast außer Hörweite von ihnen, hörte höchstens ein oder zwei von ihnen auf einmal, und meine Ohren gewöhnten sich immer mehr an die Stimmen der schottischen Arbeiterklasse oder unteren Mittelschicht. Im Krankenhaus in Hairmyres zum Beispiel hörte ich buchstäblich nie eine »kultivierte« Aussprache, außer wenn ich Besuch hatte. Es ist, als ob ich diese Stimmen zum ersten Mal hörte. Und was für Stimmen! Eine Art Überfüttertheit, eine einfältige Selbstsicherheit, ein ständiges bähendes Gelächter über nichts, vor allem eine Art Schwerfälligkeit & Fülle kombiniert mit einem grundsätzlichen Groll – Leute, die, so fühlt man instinktiv, die Feinde alles Intelligenten oder Empfindlichen oder Schönen sind, ohne daß sie überhaupt imstande wären, es zu sehen. Kein Wunder, daß jedermann uns derart haßt.

Die großen kannibalischen Kritiker, die in den tieferen Gewässern von amerikanischen Vierteljahresschriften lauern.

Der größte aller Nachteile, unter denen die Bewegung der Linken leidet: daß sie, als Neuling in der politischen Szene, & weil sie sich aus dem Nichts aufbauen mußte, eine Anhängerschaft schaffen mußte, indem sie Lügen erzählte. Für eine linke Partei an der Macht ist der gefährlichste Gegner immer ihre eigene Propaganda.

Größere und immerfort zunehmende Verweichlichung & Luxuriösität des modernen Lebens. Höheres Maß an körperlicher Kühnheit, bessere Gesundheit & Konstitution, ständige Ablösung sportlicher Rekorde.
Frage, wie ist das in Einklang zu bringen?

Mit 50 hat jeder das Gesicht, das er verdient.

Die Engländer

Lehrreicher Vorfall an Bord
eines Schiffes

Vor fast einem Vierteljahrhundert reiste ich auf einem Passagierdampfer nach Burma. Obwohl kein großes Schiff, war es doch komfortabel und sogar luxuriös, und wenn man nicht gerade schlief oder Bordspiele spielte, schien man meistens am Essen zu sein. Die Mahlzeiten waren von jener gewaltigen Sorte, um deren Herstellung die Dampfschiff-Gesellschaften miteinander zu wetteifern pflegten, und zwischen den Mahlzeiten gab es kleine Imbisse wie Äpfel, Eis, Kekse und eine Tasse Suppe, damit nicht plötzlich jemand vor lauter Hunger zusammensank. Überdies machten die Bars um zehn Uhr morgens auf, und da wir auf See waren, war Alkohol relativ billig.

Die Schiffe dieser Linie waren hauptsächlich mit Indern bemannt, doch abgesehen von den Offizieren und den Proviantmeistern führten sie vier europäische Quartiermeister mit sich, deren Aufgabe es war, am Steuer zu sein. Einer dieser Quartiermeister war, obschon vermutlich nicht viel älter als vierzig, einer jener alten Seemänner, auf deren Rücken man beinahe Rankenfußkrebse wachsen zu sehen erwartet. Er war ein kleiner, kräftiger, etwas affenartiger Mann, mit riesigen, von einem Geflecht goldener Haare bedeckten Unterarmen. Ein blonder Schnurrbart, der Karl dem Großen gut angestanden hätte, versteckte seinen Mund völlig. Ich war erst zwanzig Jahre alt und mir meiner parasitären Stellung als bloßer Passagier sehr bewußt, und ich blickte zu den Quartiermeistern, besonders zum blonden, wie zu göttlichen Wesen auf gleicher Stufe mit den Offizieren hinauf. Es wäre mir nicht eingefallen, mit einem von ihnen zu sprechen, ohne zuerst angesprochen zu werden.

Eines Tages kam ich aus irgendeinem Grund frühzeitig vom Mittagessen herauf. Das Deck war leer bis auf den blonden Quartiermeister, der, mit irgend etwas, das er teilweise in seinen riesenhaften Händen verbarg, wie eine Ratte an der Seite der Deckhäuser entlanghuschte. Ich hatte gerade Zeit genug, um zu sehen, was es war, bevor er an mir vorbeijagte und in einem Türeingang verschwand. Es war eine Auflaufform, die eine halbgegessene gebackene Eierkrem enthielt.

Mit einem Blick erfaßte ich die Sachlage – die schuldige Miene des Mannes machte sie geradezu unmißverständlich. Die Krem war ein Überrest von einem der Passagiertische. Sie war ihm unerlaubterweise von einem Proviantmeister gegeben worden, und er schaffte sie zu der Unterkunft der Seeleute, um sie in Ruhe zu verzehren. Nach über zwanzig Jahren kann ich noch immer schwach den Schock des Erstaunens von damals empfinden. Es dauerte eine Weile, bis ich den Vorfall in seiner ganzen Tragweite verstehen konnte: aber kommt es Ihnen übertrieben vor, wenn ich sage, daß diese plötzliche Offenbarung der Kluft zwischen Funktion und Belohnung – die Offenbarung, daß ein äußerst geschickter Handwerker, der im wahrsten Sinne des Wortes unser aller Leben in der Hand halten könnte, froh war, Speisereste von unserem Tisch zu stehlen – mich mehr lehrte, als mir ein halbes Dutzend sozialistischer Pamphlete hätte beibringen können?

»As I Please«, *Tribune*, 3. Januar 1947

Die Freiheit des Parks

Vor einigen Wochen wurden fünf Leute, die außerhalb des Hyde Parks Zeitungen verkauften, wegen Behinderung von der Polizei festgenommen. Als sie vor den Richter gebracht wurden, wurden sie alle für schuldig befunden, wobei vier von ihnen eine Bewährungsfrist von sechs Monaten erhielten und der andere zu einer Geldstrafe von vierzig Schillingen oder einem Monat Gefängnis verurteilt wurde. Er zog es vor, seine Freiheitsstrafe abzusitzen, und so nehme ich an, daß er in diesem Augenblick immer noch im Gefängnis hockt.

Die Zeitungen, die diese Leute verkauften, waren *Peace News, Forward* und *Freedom*, neben anderen ähnlichen Druckschriften. *Peace News* ist das Organ der Peace Pledge Union (Friedensgesellschaft), *Freedom* (bis vor kurzem *War Commentary* genannt) ist das der Anarchisten: was *Forward* betrifft, so läßt sich ihre Politik nicht definieren, doch ist sie auf jeden Fall stark links. Der Richter erklärte beim Urteil, daß er nicht von der Art der Druckschriften beeinflußt sei: er beschäftige sich lediglich mit der Tatsache der Behinderung und daß dieses Vergehen technisch gesehen begangen worden sei.

Dies wirft verschiedene wichtige Fragen auf. Zunächst einmal, was sagt das Gesetz dazu? Soweit ich entdecken kann, *ist* das Verkaufen von Zeitungen auf der Straße technisch gesehen eine Behinderung, zumindest, wenn man nicht weitergeht, wenn die Polizei dazu auffordert. Also könnte von Gesetzes wegen jeder Polizist, der dazu Lust hätte, jeden Zeitungsjungen verhaften, weil er die *Evening News* verkauft. Dies geschieht ganz offensichtlich nicht, so daß die Vollstreckung des Gesetzes vom Ermessen der Polizei abhängt.

Und was läßt die Polizei beschließen, den einen Menschen festzunehmen und den anderen nicht? Wie immer es sich auch mit dem Richter verhalten haben mag, fällt es mir doch schwer, zu glauben, daß die Polizei in diesem Fall nicht von politischen Erwägungen beeinflußt war. Es ist ein etwas zu großer Zufall, daß sie ausgerechnet Leute herausgegriffen hat, die diese Zeitungen verkauften. Wenn sie auch jemanden verhaftet hätte, der *Truth*, oder *Tablet*, oder den *Spectator*, oder sogar die *Church Times* verkaufte, könnte man eher an ihre Unparteilichkeit glauben.

Die britische Polizei ist nicht wie eine *Gendarmerie* oder Gestapo auf dem Festland, doch glaube ich nicht, daß man sie verleumdet, wenn man sagt, daß sie in der Vergangenheit linken Aktivitäten gegenüber unfreundlich gewesen ist. Sie hat allgemein eine Tendenz gezeigt, sich auf die Seite derjenigen zu stellen, die sie für die Verteidiger des Privateigentums hielt. Es gab einige skandalöse Fälle zur Zeit der Mosley-Unruhen. An der einzigen Mosley-Versammlung, die ich je besuchte, arbeitete die Polizei zur »Wahrung der Ordnung« mit den Faschisten zusammen, und zwar in einer Weise, in der sie sicherlich nicht mit Sozialisten oder Kommunisten zusammengearbeitet hätte. Bis vor ziemlich kurzer Zeit war »Rot« fast gleichbedeutend mit »Illegal«, und es war immer der Verkäufer von Zeitungen wie dem *Daily Worker*, nie der Verkäufer von Zeitungen wie dem *Daily Telegraph*, der vorwärtsgetrieben und ständig belästigt wurde. Offensichtlich kann es unter einer Labour-Regierung, zumindest zeitweise, genauso sein.

Etwas, das ich gerne wissen möchte – etwas, von dem wir sehr wenig hören – ist, welche Veränderungen im Verwaltungspersonal vorgenommen werden, wenn ein Regierungswechsel stattgefunden hat. Macht der Polizeibeamte, der eine vage Vorstellung hat, daß »Sozialismus« etwas Gesetzwidriges ist, genauso weiter, wenn die Regierung selbst sozialistisch ist? Es ist ein vernünftiges Prinzip, daß der Beamte keiner Partei angehören, aufeinanderfolgenden Regierungen treu dienen und nicht seiner politischen Ansichten wegen bestraft werden sollte. Und doch kann keine Regierung es sich leisten, ihre Feinde in Schlüsselpositionen zu lassen, und wenn die Labour Party zum ersten Mal unbestritten an der Macht ist – und sie daher eine von den Konservativen gebildete Regierung übernimmt –, muß sie zweifellos genügend Änderungen vornehmen, um Sabotage zu verhindern. Der Beamte ist sich, auch wenn er der an der Macht befindlichen Regierung freundlich gesinnt ist, nur allzu bewußt, daß er etwas Dauerhaftes ist, und er kann die kurzlebigen Minister hemmen, denen er eigentlich dienen sollte.

Wenn die Labour Party die Regierung übernimmt, frage ich mich, was mit dem Staatssicherheitsdienst passiert? Mit dem militärischen Nachrichtendienst? Mit dem Konsulatsdienst? Mit den verschiedenen Kolonialregierungen – und so weiter und so fort? Es wird uns nicht gesagt, doch den vorhandenen Anzeichen nach zu urteilen, scheint keine sehr umfassende Umbildung stattzufinden. Wir werden im Ausland immer noch von den gleichen Botschaftern vertreten, und die BBC-Zensur scheint die gleiche subtil reaktionäre Färbung zu haben, die sie schon immer gehabt hat. Natürlich erhebt die BBC den Anspruch, sowohl unabhängig als auch unpolitisch zu sein. Es wurde mir einmal gesagt, daß ihre »Linie«, falls sie überhaupt eine hat, die sei, den linken Flügel der an der Macht befindlichen Regierung zu vertreten. Aber das war zur Zeit der Churchill-Regierung. Wenn sie den linken Flügel der jetzigen Regierung vertritt, so habe ich das noch nicht bemerkt.

Der springende Punkt dieser Episode jedoch ist, daß man die Verkäufer von Zeitungen und Flugschriften überhaupt stört. Welche besondere Minderheit ausgewählt wird – ob Pazifisten, Kommunisten, Anarchisten, Zeugen Jehovas oder die Legion of Christian Reformers, die kürzlich erklärten, Hitler sei Jesus Christus –, ist Nebensache. Es ist bezeichnend, daß diese Leute an diesem bestimmten Punkt verhaftet worden sind. Es ist nicht gestattet, Druckschriften innerhalb des Hyde Parks zu verkaufen, doch ist es seit vielen Jahren bei den Zeitungsverkäufern üblich geworden, sich gerade vor den Toren aufzustellen und Druckschriften zu verteilen, die mit den hundert Metern entfernten Versammlungen im Freien zusammenhängen. Jede Art von Schrift ist dort ohne Störung verkauft worden.

Was die Versammlungen innerhalb des Parks betrifft, so gehören sie zu den kleineren Weltwundern. Ich habe dort zu verschiedenen Zeitpunkten indische Nationalisten, Abstinenzler, Kommunisten, Trotzkisten, die SPGB[1], die Catholic Evidence Society, Freidenker, Vegetarier, Mormonen, die Heilsarmee, die Church Army und eine Reihe von offensichtlich Wahnsinnigen gehört, die alle in gesitteter Manier auf die Rednerbühne stiegen, wenn sie an die Reihe kamen, und mit ziemlicher Gutmütigkeit von der Menge angehört wurden. Angenommen, der Hyde Park sei ein besonderes Gebiet, eine Art Elsaß, wo verpönte Meinungen umgehen dürfen – so gibt es doch sehr wenige Länder auf der Welt, wo man ein ähnliches Schauspiel sehen kann. Ich habe Kontinentaleuropäer gekannt, die, lange vor Hitlers Machtergreifung, erstaunt und sogar verwirrt über die Dinge, die sie indische oder irische Nationalisten über das Britische Reich sagen hörten, den Hyde Park verließen.

Das Maß an Pressefreiheit, das in diesem Land herrscht, wird oft überschätzt. Theoretisch besteht eine große Freiheit, doch die Tatsache, daß der größte Teil der Presse im Besitz weniger Leute ist, wirkt sich ziemlich ähnlich aus wie eine staatliche Zensur. Hingegen ist die Redefreiheit echt. Auf der Rednertribüne oder auf bestimmten anerkannten Plätzen im Freien wie dem Hyde Park kann man fast alles sagen; und, was vielleicht bedeutsamer ist, niemand hat Angst, seine wahren Ansichten in Pubs, oben auf Bussen, und so fort zu äußern.

Die Sache ist die, daß die relative Freiheit, die wir genießen,

[1] Socialist Party of Great Britain, eine marxistische Organisation, die keine Verbindung zur Labour Party hat.

von der öffentlichen Meinung abhängt. Das Gesetz ist kein Schutz. Regierungen machen Gesetze, doch ob sie eingehalten werden und wie sich die Polizei verhält, hängt von der allgemeinen Stimmung des Landes ab. Wenn eine große Anzahl von Leuten an der Redefreiheit interessiert ist, wird es die Redefreiheit geben, auch wenn das Gesetz sie verbietet; wenn die öffentliche Meinung träge ist, werden unbequeme Minderheiten verfolgt werden, auch wenn Gesetze bestehen, um sie zu schützen. Der Wunsch nach geistiger Freiheit hat nicht so scharf abgenommen, wie ich es vor sechs Jahren, als der Krieg begann, vorausgesagt hätte, aber dennoch hat er abgenommen. Die Vorstellung, daß es nicht ungefährlich ist, bestimmte Meinungen anzuhören, nimmt zu. Sie wird von Intellektuellen in Umlauf gesetzt, die den Sachverhalt verwirren, indem sie nicht zwischen demokratischer Opposition und offener Rebellion unterscheiden, und sie spiegelt sich in unserer zunehmenden Gleichgültigkeit gegenüber der Tyrannei und Ungerechtigkeit im Ausland wider. Und sogar diejenigen, die sich zur Redefreiheit bekennen, lassen im allgemeinen ihre Forderung fallen, wenn es ihre eigenen Gegner sind, die verfolgt werden.

Ich will damit nicht sagen, daß die Verhaftung von fünf Leuten wegen des Verkaufs harmloser Zeitungen eine Katastrophe ist. Wenn man sieht, was in der Welt heutzutage geschieht, scheint es einem kaum wert, sich über solch einen winzigen Vorfall aufzuhalten. Gleichwohl ist es kein gutes Zeichen, daß solche Dinge geschehen, wo der Krieg doch schon lange vorbei ist, und ich wäre glücklicher, wenn das, und die lange Kette ähnlicher Episoden, die dem vorangegangen sind, imstande wäre, einen wahren Volksprotest hervorzurufen und nicht bloß schwaches Aufsehen in Teilen der Minderheiten-Presse.

Tribune, 7. Dezember 1945

Landbesitz und Diebstahl

Im Anschluß an meine Bemerkungen über die Geländer um die öffentlichen Plätze Londons schreibt ein Leser:

> Sind die öffentlichen Plätze, auf die Sie sich beziehen, öffentliches oder privates Eigentum? Wenn privat, dann bedeutet das meiner Ansicht nach nichts anderes, als daß Ihre Kommentare im Klartext den Diebstahl befürworten und als solche angesehen werden sollten.

Wenn es Diebstahl ist, das Land Englands dem Volke Englands zurückzugeben, dann ist es mir ganz recht, dies als Diebstahl zu bezeichnen. Vor lauter Eifer, das Privateigentum zu verteidigen, vergißt mein Briefpartner, darüber nachzudenken, wie die sogenannten Eigentümer des Landes es in die Hand bekamen. Sie rissen es einfach mit Gewalt an sich und stellten nachher einen Anwalt an, der sie mit der Eigentumsurkunde ausstattete. Im Falle der Umzäunung der Gemeindegüter, die von etwa 1600 bis 1850 vor sich ging, hatten die Landgierigen nicht einmal die Entschuldigung, fremde Eroberer zu sein; sie nahmen ganz offen den Grundbesitz ihrer eigenen Landsleute, ohne jeden Vorwand, außer daß sie die Macht dazu hatten.

Bis auf die wenigen übrigbleibenden Allmenden, die Hauptstraßen, die Ländereien des National Trust, eine bestimmte Anzahl Parks und die Meeresküste unterhalb der höchsten Flutwasserstandsmarke ist jeder Quadratzentimeter Englands das »Eigentum« einiger tausend Familien. Diese Leute sind ungefähr so nützlich wie Bandwürmer. Es ist durchaus wünschenswert, daß die Leute ihr eigenes Wohnhaus besitzen, und es ist wahrscheinlich auch wünschenwert, daß ein Bauer so viel Land besitzt, wie er bebauen kann. Aber in einer Stadtgegend hat der Grundeigentümer keine Funktion und keine Daseinsberechtigung. Er ist lediglich jemand, der eine Möglichkeit entdeckt hat, wie er das Volk melken kann, ohne Gegenleistung. Er verursacht höhere Mieten, er erschwert die Städteplanung und er schließt die Kinder von den Grünflächen aus: das ist buchstäblich alles, was er macht, außer, daß er sein Einkommen bezieht. Das Entfernen der Geländer von den öffentlichen Plätzen war ein erster Schritt gegen ihn. Es war ein sehr kleiner Schritt, und doch ein nennenswerter, wie die gegenwärtige Maßnahme zur Wiederherstellung der Geländer zeigt. Ungefähr drei Jahre waren die Plätze frei zugänglich, und ihr heiliger Rasen wurde von den Füßen von Arbeiterkindern beschritten, ein Anblick, der Dividenden-Zieher mit ihren falschen Zähnen knirschen läßt. Wenn das Diebstahl ist, dann kann ich nur sagen: um so besser für den Diebstahl.

»As I Please«, *Tribune*, 18. August 1944

Bombenunterschied

Die V2[1] (dem Vernehmen nach darf man jetzt darüber berichten, vorausgesetzt, man nennt sie V2 und beschreibt sie nicht zu anschaulich) liefert ein weiteres Beispiel für die Wunderlichkeit der menschlichen Natur. Die Leute klagen über den plötzlichen, unerwarteten Bums, mit dem die Dinger losgehen. »Es wär ja nicht so schlimm, wenn man wenigstens vorher gewarnt würde«, hört man jetzt oft. Es besteht sogar die Neigung, mit Wehmut an die Tage der V1 zu erinnern. »Die gute alte ›Doodlebug‹-Rakete gab einem immerhin genügend Zeit, noch unter den Tisch zu kriechen«, usw., usw. Während man sich in Wirklichkeit natürlich damals, als die V1-Raketen noch runterfielen, über ihre unbehaglich lange Wartezeit beschwerte, bis sie dann endlich losgingen. Es gibt Leute, die sind eben nie zufrieden. Ich selbst bin ja kein Anhänger der V2, besonders in diesem Augenblick, wo das Haus nach der jüngsten Detonation noch immer zu wackeln scheint, doch was mich dabei bedrückt, ist, wie die Leute dazu gebracht werden, schon vom nächsten Krieg zu sprechen. Jedesmal, wenn eine losgeht, höre ich düstere Hinweise auf »das nächste Mal« und die Überlegung: »Bis dann wird man die Dinger wohl über den Atlantik schießen können.« Wenn man fragt, wer dann wohl gegen wen kämpfen wird, kommt keine klare Antwort. Es ist einfach Krieg, abstrakt – die Vorstellung, daß sich menschliche Wesen auch einmal mit Vernunft aufführen könnten, ist offenbar im Gedächtnis vieler Leute verblichen.

»As I Please«, *Tribune*, 1. Dezember 1944

---

[1] Die V2 war die Raketenbombe, die von den Deutschen nach der V1 eingesetzt wurde, Hitlers »Vergeltungswaffen«. Die V2 war leise im Anflug, aber vor dem Einschlag unvermittelt geräuschvoll.

Geschichte und Wahrheit

Als Sir Walter Raleigh im Tower von London eingesperrt war, beschäftigte er sich damit, eine Weltgeschichte zu schreiben. Er hatte den ersten Band beendet und arbeitete gerade am zweiten, als es unter dem Fenster seiner Zelle zu einer Rauferei zwischen einigen Arbeitern kam und einer der Männer getötet wurde. Trotz sorgfältiger Nachforschungen und obgleich er den Vorfall selbst gesehen hatte, gelang es Sir Walter nie zu entdecken, worum es bei dem Streit ging: worauf er, so heißt es – und wenn die Geschichte nicht wahr ist, so sollte sie es jedenfalls sein –, verbrannte, was er geschrieben hatte, und seinen Plan aufgab.

Diese Anekdote ist mir während der letzten zehn Jahre ich weiß nicht wie viele Male in den Sinn gekommen, aber immer mit der Überlegung, daß Raleigh wahrscheinlich unrecht hatte. Unter Berücksichtigung all der Schwierigkeiten, die zu jenem Zeitpunkt mit der Forschung verbunden waren, und insbesondere der Schwierigkeit, im Gefängnis Forschungen anzustellen, hätte er wahrscheinlich eine Weltgeschichte schaffen können, die eine gewisse Ähnlichkeit mit dem wirklichen Gang der Ereignisse gehabt hätte. Bis vor relativ kurzer Zeit fanden die in den Geschichtsbüchern aufgezeichneten großen Ereignisse wahrscheinlich statt. Es stimmt wahrscheinlich, daß die Schlacht bei Hastings 1066 ausgetragen wurde, daß Columbus Amerika entdeckte, daß Heinrich VIII. sechs Frauen hatte; und so weiter. Ein gewisses Maß an Wahrhaftigkeit war möglich, solange anerkannt wurde, daß eine Tatsache auch dann wahr sein kann, wenn man sie nicht mag. Noch während des letzten Krieges konnte die *Encyclopaedia Britannica* zum Beispiel ihre Artikel über die verschiedenen Feldzüge teilweise aus deutschen Quellen zusammenstellen. Einige der Tatsachen – die Zahl der Opfer, zum

Beispiel – wurden als neutral betrachtet und im wesentlichen von jedermann akzeptiert. So etwas wäre heute nicht möglich. Eine Nazi- und eine Nicht-Nazi-Version des gegenwärtigen Krieges hätten keinerlei Ähnlichkeit miteinander, und welche von beiden schließlich in die Geschichtsbücher gelangt, wird nicht durch beweiskräftige Methoden, sondern auf dem Schlachtfeld entschieden werden.

Während des Spanischen Bürgerkrieges entdeckte ich bei mir die Überzeugung, daß eine wahre Geschichte dieses Krieges nie geschrieben werden würde oder könnte. Exakte Zahlen, objektive Berichte von dem, was passierte, existierten einfach nicht. Und wenn ich davon sogar schon im Jahre 1937 überzeugt war, als die spanische Regierung noch bestand und die Lügen, die die verschiedenen republikanischen Faktionen sich übereinander und über den Feind erzählten, relativ kleine Lügen waren, wie liegt der Fall heute? Selbst wenn Franco gestürzt wird, was für Zeugnisse wird der zukünftige Geschichtsschreiber haben, an die er sich halten kann? Und wenn Franco oder irgend jemand, der mit ihm auch nur die geringste Ähnlichkeit hat, an der Macht bleibt, wird die Geschichte des Krieges zu einem ziemlich großen Teil aus »Tatsachen« bestehen, von denen Millionen von heute lebenden Menschen wissen, daß sie Lügen sind. Eine dieser »Tatsachen« ist zum Beispiel, daß es in Spanien eine bedeutende russische Armee gegeben hat. Es bestehen mehr als genug Beweise, daß es keine solche Armee gegeben hat. Aber wenn Franco an der Macht bleibt und wenn der Faschismus im allgemeinen überlebt, wird jene russische Armee in die Geschichtsbücher eingehen und zukünftige Schulkinder werden an sie glauben. Und so wird die Lüge aus praktischen Gründen zur Wahrheit.

Solche Dinge kommen ständig vor. Aus den Millionen von Beispielen, die es zweifellos gibt, werde ich eines auswählen, das zufälligerweise auch verifizierbar ist. Zu bestimmten Zeiten der Jahre 1941 und 1942, als die deutsche Luftwaffe in Rußland zu tun hatte, beglückte das deutsche Radio seine

Zuhörer zu Hause mit Geschichten von verheerenden Luftangriffen auf London. Heute wissen wir, daß jene Angriffe nicht stattgefunden haben. Aber was würde uns unser Wissen nützen, wenn die Deutschen Großbritannien besiegten? Für den zukünftigen Geschichtsschreiber stellt sich die Frage: Haben diese Angriffe stattgefunden, oder haben sie nicht stattgefunden? Die Antwort lautet: Wenn Hitler überlebt, haben sie stattgefunden, und wenn er gestürzt wird, haben sie nicht stattgefunden. Dasselbe gilt für unzählige andere Ereignisse der vergangenen zehn oder zwanzig Jahre. Sind die »Protokolle der Weisen von Zion« ein authentisches Dokument? Hat Trotzki gemeinsame Sache mit den Nazis gemacht? Wie viele deutsche Flugzeuge wurden in der ›Battle of Britain‹ abgeschossen? Begrüßt Europa die Neue Ordnung? In keinem Fall bekommt man eine Antwort, die weltweit anerkannt wird, weil sie wahr ist: in jedem Fall bekommt man eine Reihe von völlig unvereinbaren Antworten, von denen schließlich eine infolge eines physischen Kampfes angenommen wird. Die Geschichte wird von den Gewinnern geschrieben.

Letzten Endes besteht unser einziger Anspruch auf den Sieg darin, daß wir, wenn wir den Krieg gewinnen, weniger Lügen über ihn erzählen werden als unsere Gegner. Das wirklich Erschreckende am Totalitarismus ist nicht, daß er »Greueltaten« begeht, sondern, daß er das Konzept der objektiven Wahrheit angreift: er erhebt den Anspruch, sowohl die Vergangenheit als auch die Zukunft zu bestimmen. Trotz aller Lügen und Selbstgerechtigkeit, zu denen der Krieg ermutigt, glaube ich nicht ernsthaft, daß man sagen kann, daß jene Geisteshaltung in Großbritannien am Zunehmen ist. Im großen und ganzen würde ich sagen, daß die Presse ein wenig freier ist, als sie es vor dem Krieg war. Ich weiß aus eigener Erfahrung, daß man heute Dinge drucken kann, die man vor zehn Jahren nicht drucken konnte. Kriegsverweigerer sind in diesem Krieg wahrscheinlich weniger schlecht behandelt worden als im letzten, und es ist zweifellos weniger gefährlich, unbeliebte Meinungen in der Öffentlichkeit zu äußern. Es bestehen daher Hoffnungen, daß die liberale Geisteshaltung überleben wird, die die Wahrheit für etwas hält, das außerhalb von einem selbst liegt, für etwas, das entdeckt werden muß, und nicht für etwas, das man nach Belieben erfinden kann. Dennoch beneide ich den zukünftigen Geschichtsschreiber nicht um seine Aufgabe. Ist es nicht merkwürdig, daß wir von unserer Zeit sagen müssen, daß nicht einmal die Zahl der Opfer innerhalb mehrerer Millionen geschätzt werden kann?

»As I Please«, *Tribune*, 4. Februar 1944

Reportagen

Einen Mann hängen

Es war in Burma an einem trüben Tag in der Regenzeit. Ein mattes Licht, gelb wie Stanniol, fiel schräg über die hohen Mauern in den Gefängnishof. Wir warteten vor den Todeszellen, einer Reihe von Verschlägen, an der Vorderseite mit doppelten Eisengittern abgeschlossen wie kleine Tierkäfige. Sie maßen etwa zehn Fuß im Geviert und enthielten nichts außer einer Pritsche und einem Krug mit Trinkwasser. In einigen hockten braunhäutige stumme Gestalten am Gitter, das weiße Bettuch um ihren Körper geschlungen. Es waren die zum Tode Verurteilten, die in ein oder zwei Wochen gehängt werden sollten.

Einen von ihnen hatte man aus seiner Zelle herausgeführt. Es war ein Hindu, ein kleiner, schmächtiger Mann mit rasiertem Schädel und wäßrig verschwimmenden Augen. Er hatte einen mächtigen, buschigen Schnurrbart, der in grotesker Weise viel zu groß für seine Figur war und eher zu einem Filmkomiker gepaßt hätte. Sechs hochgewachsene indische Wärter bewachten ihn und bereiteten ihn für den Galgen vor. Zwei standen mit Gewehren und aufgepflanztem Bajonett in Bereitschaft, während die andern ihm Handschellen anlegten. Durch die Handschellen zogen sie eine Kette, die sie an ihre Gürtel anschlossen, dann schnürten sie ihm die Arme eng an den Leib. Sie standen dicht um ihn herum und machten sich die ganze Zeit vorsichtig und besorgt an seinem Körper zu schaffen, als wollten sie sich vergewissern, daß er noch da sei – wie man einen lebenden Fisch festhält, der einem jeden Augenblick entschlüpfen und ins Wasser zurückgleiten könnte. Dabei verhielt sich der Gefangene vollkommen ruhig, ohne den geringsten Widerstand, und überließ seine Arme den Stricken, als bemerke er kaum, was vor sich ging.

Es schlug acht Uhr. Ein Trompetensignal, dünn und

trostlos verloren in der regenschweren Luft, tönte von den fernen Baracken herüber. Bei diesem Signal hob der Gefängnisdirektor, der abseits von uns andern stand und nachdenklich mit seinem Stock auf dem Boden herumstocherte, den Kopf. Er war Militärarzt, ein Mann mit einem grauen Zahnbürsten-Schnurrbart und einer rauhen Stimme.

»Um Gottes willen, beeil dich, Francis«, sagte er gereizt. »Der Mann sollte in diesem Augenblick schon tot sein. Bist du noch nicht bereit?«

Francis, der Oberaufseher, ein dicker Drawidiah, der in einer weißen Drillichuniform steckte und eine goldene Brille trug, winkte mit seiner schwarzen Hand.

»Aber ja, Sir, aber ja, Sir!« blubberte er. »Iss alles schon gutt vorbereitet. Der Henker iss schon da. Kann losgehen.«

»Schön. Dann aber Eilschritt! Das Frühstück kann erst ausgegeben werden, wenn das hier erledigt ist.«

Wir setzten uns in Marsch in Richtung Galgen. Rechts und links neben dem Gefangenen gingen die zwei bewaffneten Wärter, das Gewehr umgehängt; zwei andere hielten ihn an Armen und Schultern gepackt, wie um ihn vorwärts zu stoßen und zugleich zu stützen. Der Rest von uns, Gerichtsbeamte und dergleichen bildeten den Schluß. Nach etwa zehn Yards geriet der Zug plötzlich ins Stocken, ohne einen Befehl oder eine Warnung. Etwas Schreckliches war geschehen. Ein Hund war, Gott weiß woher, im Hof aufgetaucht und nach ein paar Sätzen mitten unter uns. Dabei stieß er ein lautes Gebell aus, offenbar aus Freude, soviel Menschen auf einmal beisammen zu sehen. Es war ein großer, zottiger Hund, halb Airedale, halb Paria. Ein paar Augenblicke tanzte er, immer bellend, um uns herum, und dann war er, ohne daß es jemand hindern konnte, bei dem Gefangenen, sprang an ihm hoch und versuchte, ihm das Gesicht zu lecken. Wir standen wie versteinert, zu verblüfft, um auch nur den Versuch zu machen, ihn zu ergreifen.

»Wer hat dies verdammte Vieh hier hereingelassen?« fragte der Direktor erbost. »So fangt ihn doch!«

Einer der Wärter trat aus der Reihe und machte einen plumpen Versuch, aber der Hund tanzte und hüpfte aus seiner Reichweite, für ihn gehörte das alles zum Spiel. Ein junger eurasischer Wärter raffte eine Handvoll Kies auf und warf nach ihm, um ihn zu verscheuchen. Mit einem Seitensprung wich der Hund aus und kam wieder hinter uns her. Sein Bellen hallte von den Gefängnismauern wider. Der Gefangene blickte teilnahmslos vor sich hin, als sei auch dies eine Formalität, die zur Hinrichtung gehöre. Erst nach mehreren Minuten gelang es jemandem, den Hund zu fassen. Wir zogen mein Taschentuch durch sein Halsband und setzten uns wieder in Bewegung, mit dem Hund, der winselte und sich loszumachen versuchte.

Bis zum Galgen waren es noch etwa vierzig Yards. Ich hatte den nackten, braunen Rücken des Gefangenen direkt vor mir. Er ging schwerfällig mit seinen gefesselten Armen, aber dennoch stetig und mit dem federnden Schritt der Inder, die niemals die Knie durchdrücken. Bei jedem Schritt strafften und entspannten sich die Muskeln, die Haarlocke auf seinem Schädel wippte auf und nieder, seine Füße drückten sich in dem feuchten Boden ein. Einmal trat er, obwohl die beiden Wärter ihn fest gepackt hielten, geschmeidig beiseite, um nicht in eine Pfütze zu treten.

Seltsam, aber bis zu diesem Augenblick war mir nicht bewußt geworden, was es bedeutet, einen gesunden, denkenden Menschen zu töten. Als ich den Gefangenen beiseite treten sah, um der Pfütze auszuweichen, erkannte ich das Geheimnis, sah, welch ungeheuerliches Unrecht es ist, einem Leben gewaltsam ein Ende zu setzen, das in voller Blüte ist. Dieser Mann lag nicht im Sterben, er lebte wie wir, all seine Organe arbeiteten – die Därme verdauten Nahrung, die Haut erneuerte sich, die Nägel wuchsen, das Gewebe bildete sich –, alles arbeitete weiter in feierlicher Torheit. Seine Nägel würden noch wachsen, wenn er schon auf dem Fallbrett stand, wenn er ins Leere fiel und nur noch eine Zehntel-Sekunde zu leben hatte. Seine Augen nahmen den gelben Kies und die grauen Mauern wahr, sein Hirn war noch imstande, sich zu erinnern, vorauszusehen, achtzugeben – selbst auf eine Pfütze. Er und wir waren Menschen, die gemeinsam einen Weg zurücklegten, welche die gleiche Welt erblickten, hörten, fühlten, begriffen, und in zwei Minuten, mit einem plötzlichen Knack, würde einer von uns nicht mehr da sein, ein menschliches Wesen weniger, eine Welt weniger.

Der Galgen stand in einem kleinen, von hohem stachligen Gras überwucherten Hof hinter dem Hauptkomplex der Gefängnisgebäude. Er bestand aus drei Ziegelwänden, wie bei einem Schuppen, und einem Holzpodest. Zwei Pfähle und eine waagerechte eiserne Schiene, von der ein Strick herabhing, bildeten den eigentlichen Galgen. Der Henker, ein weißhaariger Gefangener in weißer Sträflingskleidung, stand bereits neben dem Apparat. Bei unserem Erscheinen grüßte er mit einer devoten Verbeugung. Auf einen Zuruf von Francis packten die beiden Wärter den Verurteilten noch fester, führten ihn, halb schiebend, halb ihn stützend, zum Galgen und halfen ihm umständlich die Leiter hinauf. Nach ihm kletterte der Henker nach oben und legte ihm den Strick um den Hals.

Wir warteten unten in einer Entfernung von etwa fünf Yards. Die Wärter umstanden das Podest in einem unregelmäßigen Kreis. Und dann, als die Schlinge geknüpft war, begann der Gefangene laut seinen Gott anzurufen. Mit hoher, gleichförmiger Stimme wiederholte er in einem fort monoton eine Silbe: »Rem – Rem – Rem – Rem . . .«, nicht drängend und ängstlich wie ein Gebet oder ein Hilferuf, sondern gleichförmig und regelmäßig wie das Läuten einer Glocke. Der Hund antwortete mit Gewinsel. Der Henker, der noch immer oben auf der Plattform stand, zog einen kleinen Baumwollsack hervor, einem Mehlsack ähnlich, und zog ihn dem Verurteilten über den Kopf. Aber das Rufen hielt an, jetzt etwas durch den Stoff gedämpft: »Rem – Rem – Rem – Rem . . .« gleichmäßig, unaufhörlich.

Der Henker kletterte herunter und stand, die Hand am Mechanismus, bereit. Es schien Minuten zu dauern. Das

66

einförmige Rufen des Gefangenen ging ohne Unterbrechung weiter, immer gleichbleibend fest und laut. Der Direktor, das Kinn auf die Brust gesenkt, stocherte mit seinem Stock im Sand. Vielleicht zählte er mit, hatte dem Gefangenen bis zu einer bestimmten Zahl, etwa fünfzig oder hundert, eine Frist gesetzt. Wir alle hatten die Gesichtsfarbe gewechselt. Die Inder sahen grau aus wie abgestandener Kaffee, und die Spitzen von einem oder zwei Bajonetten begannen zu zittern. Wir starrten auf den gefesselten Mann mit der Haube über dem Kopf und lauschten auf seine Rufe, von denen jeder eine weitere Sekunde Leben bedeutete. Wir alle hatten nur den einen Gedanken: Tötet ihn schnell – macht rasch – macht diesen entsetzlichen Rufen ein Ende!

Plötzlich erwachte der Direktor aus seiner Erstarrung. Mit einem Ruck hob er den Kopf, schwang den Stock in die Höhe und rief fast zornig: »Chalo!«

Ein klirrendes Geräusch, dann Totenstille. Der Gehängte war verschwunden. Nur der Strick drehte sich um sich selbst. Ich ließ den Hund los. Er lief sofort zur Hinterseite des Galgenbaues, machte aber, kaum dort angelangt, jäh halt, bellte und zog sich dann in die äußerste Ecke des Hofes zurück, wo er in dem hohen Gras stehen blieb und furchtsam zu uns herüberblickte. Wir gingen um den Galgen herum, um den Gehängten zu sehen. Er hing in der Schlinge, die Zehen nach unten gerichtet, leicht schaukelnd und tot wie ein Stein.

Der Direktor hob seinen Stock und stieß damit den nackten Körper an, er pendelte leicht. »Er ist in Ordnung«, sagte der Direktor. Er trat rückwärts unter dem Galgen ins Freie und atmete tief aus. Sein diskreter Blick war mit einemmal verflogen. Er schaute auf die Armbanduhr: »Acht Minuten nach acht. Das wär's für heute vormittag, Gott sei's gedankt.«

Die Wärter nahmen die Bajonette von ihren Gewehren und marschierten ab. Der Hund, der sich beruhigt hatte und wohl spürte, daß er sich schlecht benommen hatte, lief hinter ihnen her. Wir verließen den Galgenhof, kamen wieder an den

Zellen der wartenden Verurteilten vorbei und begaben uns zum großen Innenhof des Gefängnisses. Unter Aufsicht von Wärtern, die mit Lahtis bewaffnet waren, wurde bereits das Frühstück an die Gefangenen ausgegeben. Sie hockten in langen Reihen am Boden, jeder mit einem Blechnapf in der Hand. Zwei Wärter mit Eimern machten die Runde und teilten Reis aus. Nach der Hinrichtung kam einem die Szene beinahe häuslich, vergnügt vor. Wir alle empfanden eine ungeheure Erleichterung, jetzt, wo die Sache hinter uns lag. Man hatte geradezu Lust, zu lachen, zu laufen, irgendwelchen Unsinn zu machen, und wirklich fingen alle mit einem Male an, laut durcheinanderzuschwatzen.

Der junge Eurasier, der neben mir ging, machte mit dem Kopf eine Bewegung in die Richtung, aus der wir gekommen waren, und sagte mit einem wissenden Lächeln: »Sir, wußten Sie, daß unser Freund (er meinte den Gehängten) den Fußboden in seiner Zelle vollgepißt hat, als er hörte, daß seine Berufung abgelehnt worden ist? Aus Angst. – Bitte nehmen Sie doch eine von meinen Zigaretten, Sir. Finden Sie mein neues silbernes Zigarettenetui nicht auch schön? Vom Bazar – zwei Rupien acht Anas. Klassischer europäischer Stil.«

Einige lachten – worüber schien niemand zu wissen. Francis ging laut schwatzend neben dem Direktor. »Also, Sir, es ist doch alles zur äußersten Befriedigung gutgegangen. Ganz schnell Schluß – schnapp und aus –, ja so. Iss nicht immer so, o nein, ich habe schon erlebt, daß der Doktor unter den Galgen kriechen mußte und den Gefangenen an den Beinen ziehen, um ganz sicher zu sein, daß er tot war. Widerlich, so was!«

»Zappeln noch herum – ja, das ist scheußlich«, sagte der Direktor.

»Ach, Sir, es gibt Schlimmeres – zum Beispiel, wenn sie sich wehren. Ich erinnere mich an einen, der sich an den Gitterstäben festhielt, als wir kamen, um ihn zu holen. Ob sie es glauben oder nicht, Sir, aber es waren sechs Wärter nötig, um ihn loszureißen. Drei an jedem Bein. Wir redeten ihm gut zu: ›Alter Freund, denk doch an die viele Mühe und die Umstände, die du uns machst‹, sagten wir zu ihm. Aber er wollte nicht hören. Ach, es war schrecklich mühsam!«

Ich merkte, daß ich lachte. Alle lachten. Selbst der Direktor grinste nachsichtig. »Es wäre gut«, sagte er ganz jovial, »wenn wir alle hinausgingen zu einem Drink. Ich habe eine Flasche Whisky in meinem Wagen, die könnten wir leermachen.«

Wir verließen das Gefängnis durch das schwere Tor mit dem Doppelgitter und traten auf die Straße. »Einen an den Beinen zu ziehen . . .« prustete ein burmesischer Gerichtsbeamter plötzlich los und verfiel in ein lautes Glucksen. Auch wir andern begannen wieder zu lachen. In diesem Moment schien uns Francis' Anekdote ausgesprochen lustig. Wir hatten einen Drink zusammen, Eingeborene und Europäer, in aller Freundschaft. Der Tote war hundert Yards weit weg.

Adelphi, August 1931

Einen Elefanten erschießen

In Moulmein (Nieder-Burma) verfolgte mich fast die gesamte Bevölkerung mit ihrem Haß, etwas, wofür ich nur dies eine Mal im Leben genügend Bedeutung besessen habe. Ich bekleidete damals die Stellung eines Polizeioffiziers in einem der Stadtbezirke, und in seiner ziellosen, engstirnigen Art war dieser Haß gegen die Europäer auf die Dauer schwer erträglich. Den Mut, sich offen aufzulehnen, hatte keiner, aber wenn eine Europäerin allein über den Basar ging, konnte man sicher sein, daß irgend jemand ihr seinen Betelsaft aufs Kleid spuckte. Als Polizeioffizier war ich natürlich ein besonders lohnendes Objekt. Bei jeder Gelegenheit wurde ich angepöbelt, wenn keine Gefahr damit verbunden war. Stellte mir zum Beispiel einer der kleinen, behenden Burmesen auf dem Fußballplatz ein Bein, während der Schiedsrichter (gleichfalls ein Burmese) zufällig gerade in die entgegengesetzte Richtung sah, brach die Menge vor Vergnügen in ein widerlich johlendes Gelächter aus. Dergleichen ereignete sich in einem fort. Am Ende gingen mir die grinsenden gelben Fratzen der Halbwüchsigen und die Schimpfworte, die sie mir aus sicherer Entfernung nachriefen, furchtbar auf die Nerven. Am schlimmsten waren die jungen Buddhistenpriester, von denen es einige Tausend in der Stadt gab, und keiner von ihnen schien etwas anderes zu tun zu haben, als an den Straßenecken zu stehen und hinter jedem Europäer herzufeixen.

Das Ganze war unangenehm und entnervend. Zu jener Zeit war ich mir bereits im klaren darüber, was für eine schmutzige Sache der Imperialismus ist und daß es für mich das Beste wäre, so schnell wie möglich den Dienst zu quittieren und meine Koffer zu packen. Theoretisch – und im geheimen, natürlich – stand ich auf Seiten der Burmesen und war in jeder Hinsicht gegen ihre Unterdrücker, die Engländer. Meinen Dienst haßte ich mehr, als ich zu sagen vermag. In einer solchen Stellung lernt man die häßliche Kehrseite des Empire aus nächster Nähe kennen. Das Elend der Gefangenen, die in stinkenden Käfigen zusammengepfercht hocken, die grauen, ausgemergelten Gesichter der zu langen Freiheitsstrafen Verurteilten, die blutunterlaufenen Hintern derer, die mit Bambusstöcken gezüchtigt worden waren – das alles belastete mich mit einem unerträglichen Gefühl von Mitschuld. Ich konnte zu nichts in ein richtiges Verhältnis kommen. Ich war jung, hatte keine gute Erziehung genossen und mußte mit allen meinen Problemen allein fertig werden, gebunden an die Schweigepflicht, die jedem Engländer im Osten auferlegt ist. Ich wußte nicht einmal, daß das britische Imperium bereits in Auflösung begriffen war, und noch weniger, daß es um vieles besser war als die neuen Staatsgebilde, die nach ihm kamen. Das einzige, was ich wußte, war, daß ich hin- und hergerissen wurde zwischen dem Haß auf das Empire, dem ich diente, und dem Haß auf das bösartige kleine Gesindel, das sich alle Mühe gab, mir meine Aufgabe unmöglich zu machen. Einerseits erschien mir die Tyrannei der englischen Radschahs als ein nicht abzuschüttelndes Joch, das den unterworfenen Völkern *in saecula saeculorum* auferlegt war, andrerseits hätte es für mich nichts Schöneres geben können, als einem Buddhistenpriester ein Bajonett in den Bauch zu rennen. Solche Gefühle sind normale Nebenerscheinungen des Imperialismus. Man braucht nur irgendeinen anglo-indischen Beamten zu fragen, wenn man außerhalb seines Dienstes unter vier Augen mit ihm reden kann.

Eines Tages ereignete sich ein Vorfall, der im Ganzen höchst aufschlußreich für mich war. An sich hatte er keine große Bedeutung, aber er verschaffte mir eine tiefere Einsicht in die wahre Natur des Imperialismus, als ich bisher gehabt hatte – in die wirklichen Motive, nach denen despotische Regierungen handeln. Eines Tages rief mich der Unterinspektor einer Polizeistation am andern Ende der Stadt frühmorgens an und sagte, ein Elefant sei im Begriff, den Basar zu verwüsten. Ob ich nicht hingehen und etwas dagegen unternehmen könnte? Ich wußte zwar nicht, was ich dagegen unternehmen sollte, aber ich wollte sehen, was los war, und so nahm ich mir ein Pony und ritt los. Ich hatte mein Gewehr bei mir, eine alte Winchester 44, die viel zu schwach war, um damit etwas gegen einen Elefanten auszurichten, aber ich dachte, der Knall würde ihn vielleicht einschüchtern. Auf dem Weg zum Basar hielten mich mehrere Burmesen an, um mir zu berichten, was der Elefant trieb. Es war natürlich kein wilder, sondern ein zahmer Elefant, der brünstig geworden war. Er war wie alle zahmen Elefanten in diesem Zustand die Nacht vorher an die Kette gelegt worden, hatte sich jedoch losgerissen und war ausgerückt. Sein Mahoud, der einzige, der imstande war, unter diesen Umständen mit ihm fertig zu werden, hatte sich sofort an seine Verfolgung gemacht, aber die falsche Richtung eingeschlagen, und mußte im Augenblick so weit fort sein, daß er vor zwölf Stunden nicht wieder zurückerwartet werden konnte. Der Elefant war bei Tagesanbruch unvermutet wieder in der Stadt aufgetaucht. Die Burmesen hatten keine Waffen und waren gegen das Tier vollkommen machtlos. Es hatte bereits mehrere Bambushütten umgerissen, eine Kuh getötet und verschiedene Obststände überfallen und niedergetrampelt. Dann war es auf den Wagen der städtischen Müllabfuhr losgegangen und hatte ihn, nachdem der Fahrer abgesprungen war und sich aus dem Staub gemacht hatte, umgeworfen und schwer beschädigt.

Der burmesische Unterinspektor und mehrere indische Polizisten warteten auf mich in dem Viertel, in dem der Elefant zuletzt gesehen worden war. Es war ein ärmliches Viertel, ein Labyrinth elender, mit Palmblättern gedeckter Bambushütten, die sich an einem steilen Hang hinzogen. Ich erinnere mich, daß es ein trüber, erstickend heißer Tag zu Beginn der Regenzeit war. Wir fragten zunächst die Bewohner, wohin sich der Elefant gewandt hätte, bekamen aber wie gewöhnlich keine genaue Auskunft. Im Osten ist das nie anders. Aus der Entfernung erscheint ein Vorfall immer völlig klar. Je näher man aber dem Schauplatz kommt, desto verworrener werden die Angaben. Die einen behaupteten, der Elefant sei in diese, die andern, er sei in die entgegengesetzte Richtung gelaufen. Wieder andere erklärten, sie hätten überhaupt nichts von einem Elefanten gehört. Ich war schon beinahe geneigt zu glauben, das Ganze sei ein einziger Schwindel, als wir aus geringer Entfernung schreien hörten. Es war ein lauter, empörter Schrei: »Weg da, Kinder! Wollt ihr wohl sofort da weggehen!«, und eine alte Frau kam hinter einer Hütte zum Vorschein, eine Schar nackter Kinder mit einer Art Besen vor sich hertreibend. Schwatzend und schreiend folgten ihr andere Frauen. Offenbar gab es da etwas, das die Kinder nicht sehen sollten. Ich lief um die Hütte und erblickte am Boden die Leiche eines Mannes. Es war ein Inder, ein schwarzer Drawidischer Kuli, fast nackt, und er konnte erst wenige Minuten tot sein. Die Leute erzählten, der Elefant sei plötzlich hinter einer Hütte hervorgebrochen, habe den Mann angefallen, ihn mit dem Rüssel gepackt, zu Boden geschleudert und dann totgetrampelt. Es war Regenzeit, die Erde aufgeweicht, und der Kopf des Mannes hatte eine fußtiefe Spur von einigen Yards Länge hinterlassen. Er lag auf dem Bauch, beide Arme weit ausgebreitet, mit seitlich scharf abgeknicktem Kopf. Das Gesicht war schlammbedeckt, die Augen offen, die Zähne entblößt, grinsend mit einem Ausdruck unbeschreiblicher Angst. (Nebenbei: niemand soll mir erzählen, daß Tote friedlich aussehen. Die meisten, die ich gesehen habe, sahen teuflisch aus.) Der Elefant hatte ihm mit seinem Riesenfuß die ganze Haut vom Rücken gerissen. Man hätte ein Kaninchen nicht sauberer abziehen können. Als ich den Toten gesehen hatte, schickte ich einen Polizisten zu einem in der Nähe wohnenden Freund mit der Bitte, mir seine Elefantenbüchse zu leihen. Das Pony hatte ich bereits zurückgeschickt, weil ich fürchtete, es könnte wild werden, wenn es den Elefanten witterte, und mich abwerfen.

Kurze Zeit später erschien der Polizist mit der Büchse und fünf Patronen. Von einigen Burmesen hatte ich inzwischen erfahren, daß der Elefant am Fuße des Abhangs in einem Reisfeld war, nur ein paar hundert Yards entfernt. Als ich mich auf den Weg machte, hatten fast die gesamten Bewohner des Viertels ihre Hütten verlassen und folgten mir. Sie hatten die Elefantenbüchse bemerkt und schrien aufgeregt durcheinander, daß ich den Elefanten erschießen wollte. Solange er nur ihre Hütten verwüstet hatte, hatten sie sich nicht weiter um ihn gekümmert. Jetzt, wo er erschossen werden sollte, sah es anders aus. Jetzt war es für sie eine Belustigung, wie es das auch für eine Volksmenge in England gewesen wäre. Außerdem wollten sie das Fleisch haben. Mir war äußerst unbehaglich zumute. Ich hatte gar nicht die Absicht, den Elefanten zu töten – nach dem Gewehr hatte ich nur geschickt, um mich notfalls verteidigen zu können – und es machte mich nervös, daß die Menschenmenge mir folgte. Ich ging den Hügel hinunter, sah wie ein Narr aus und fühlte mich auch so, mit meinem Gewehr über der Schulter und einer ständig wachsenden Armee von Leuten an meinen Fersen. Hinter den letzten Hütten führte eine geschotterte Straße am Fuß des Abhangs entlang. Jenseits der Straße dehnte sich verschlammtes Ackerland, ein noch unbebautes Reisfeld voller Unkraut, etwa tausend Yards im Quadrat, dessen Boden durch die ersten Regenfälle völlig aufgeweicht war. Der Elefant stand achtzig Yards unterhalb der Straße und kehrte uns seine linke Flanke zu. Von der herannahenden Menschenmenge nahm er auch nicht die geringste Notiz. Mit dem Rüssel riß er Grasbüschel aus, schlug sie gegen seine Knie, um sie von Erde zu säubern, und stopfte sie sich ins Maul.

Auf der Straße machte ich halt. Sobald ich den Elefanten erblickt hatte, wußte ich mit absoluter Gewißheit, daß ich nicht zu töten brauchte. Es ist eine ernste Sache, einen Arbeitselefanten zu töten – vergleichbar etwa mit der Zerstörung einer großen, wertvollen Maschine. Wenn es sich irgendwie vermeiden ließ, verzichtete man besser darauf. Aus der Nähe sah der friedlich grasende Elefant nicht gefährlicher aus als eine Kuh. Ich war überzeugt – und glaube es auch heute noch –, daß sich seine Brunst gelegt hatte. Dann würde er höchstens noch eine Weile umherwandern, ohne Schaden anzurichten, bis sein Mahoud zurückkam und ihn wieder einfing. Ich hatte nicht die geringste Lust, ihn zu erschießen. Ich beschloß, ihn noch eine Weile zu beobachten, um sicher zu sein, daß er kein weiteres Unheil anrichtete, und dann nach Hause zurückzukehren.

Aber in diesem Augenblick fiel mein Blick auf die Menge, die mir gefolgt war. Sie war unheimlich angewachsen, bis auf ungefähr zweitausend Menschen, und nahm noch immer mit jeder Minute zu. So weit man sehen konnte, war die Straße nach beiden Seiten versperrt. Ich blickte auf dieses Meer von gelben Gesichtern über grell-bunten Kleidern, alle freudig erregt, glücklich über die willkommene kleine Belustigung. Keiner zweifelte daran, daß ich den Elefanten erschießen würde. Sie sahen mir zu wie einem Zauberkünstler, der im Begriffe ist, einen schwierigen Trick vorzuführen. Sie mochten mich nicht, aber in diesem Augenblick, mit dem magischen Gewehr in der Hand, lohnte es sich, mir zuzusehen. Mit einem Schlage wurde mir klar, daß ich trotz aller Bedenken den Elefanten würde erschießen müssen. Die Menge erwartete es von mir, mir blieb gar keine andere Wahl. Ich fühlte den Willen der Zweitausend, der mich dazu antrieb, förmlich unwiderstehlich. Genau in dieser Minute, als ich mit der Büchse in der Hand dastand, wurde mir zum ersten Mal die ganze Brüchigkeit und Hohlheit der Herrschaft des weißen Mannes im Osten bewußt. Hier stand ich, der weiße Mann mit seinem Gewehr, einer Masse unbewaffneter Eingeborenen gegenüber, scheinbar der Held des Stückes, in Wirklichkeit eine Marionette, deren Bewegungen vom Willen der Gelbgesichter hinter mir bestimmt wurden. In dieser Minute wurde mir klar, daß der weiße Mann, wenn er zum Tyrannen wird, seine eigene Freiheit zerstört. Er wird zu einer hohlen, posierenden Puppe, zur konventionellen Figur des »Sahib«. Das Gesetz, nach dem er angetreten ist, zwingt ihn, sein Leben lang Eindruck auf die Eingeborenen zu machen, und in jeder kritischen Lage muß er das tun, was die Eingeborenen von ihm erwarten. Er trägt eine Maske, und sein Gesicht paßt sich ihr an. Ich mußte den Elefanten erschießen, ich hatte mich dazu verpflichtet, als ich nach dem Gewehr schickte. Ein Sahib hat die Pflicht, wie ein Sahib zu handeln. Er muß entschlossen erscheinen, er muß wissen, was er will, und dementsprechend vorgehen. Den ganzen langen Weg machen, ein Gewehr in der Hand und zweitausend Leute an den Fersen, und sich dann drücken, ohne etwas unternommen zu haben – nein, das war unmöglich. Die Menge hätte mich einfach ausgelacht – wo mein Leben und das jedes Weißen im Osten nichts anderes war als ein dauernder Kampf, nicht ausgelacht zu werden.

Aber ich wollte den Elefanten nicht erschießen. Ich sah ihm zu, wie er die Grasbüschel an seinem Knie ausklopfte, auf die bedächtige, großmütterliche Art, die Elefanten eigen ist. Ich wußte, daß es reiner Mord war, ihn abzuschießen. In meinem damaligen Alter machte ich mir kein Gewissen daraus, ein Tier zu töten, aber ich hatte noch nie einen Elefanten erlegt und auch nie den Wunsch gehabt. (Irgendwie kommt es einem ja immer verwerflicher vor, ein *großes* Tier zu töten.) Nebenbei mußte man auch den Eigentümer des Tieres in Betracht ziehen. Lebend war der Elefant wenigstens hundert Pfund wert, tot höchstens so viel wie die Stoßzähne, das heißt, vielleicht fünf Pfund. Aber ich mußte schnell handeln. Ich wandte mich an ein paar Burmesen, die einen erfahrenen Eindruck machten. Sie waren schon am Platz gewesen, als wir ankamen. Ich fragte sie, wie sich der Elefant die ganze Zeit über verhalten habe. Sie meinten übereinstimmend, daß er sich um niemanden kümmern würde, solange man ihn in Ruhe ließe, aber zum Angriff übergehen könne, wenn man ihm zu nahe käme.

Mir war völlig klar, was ich hätte tun müssen – auf ihn zugehen bis auf, sagen wir, fünfundzwanzig Yards, um zu sehen, was er machen würde. Griff er mich an, mußte ich schießen, nahm er keine Notiz von mir, war das Beste, ihn sich selbst zu überlassen, bis der Mahoud zurückkommen würde. Gleichzeitig wußte ich, daß ich das nicht tun würde. Ich war ein schlechter Gewehrschütze, und der Boden so schlammig, daß ich bei jedem Schritt einsinken würde. Falls er mich angriff und ich ihn verfehlte, hatte ich soviel Aussicht, lebend davonzukommen, wie eine Kröte unter einer Dampfwalze. Dabei war es nicht einmal so sehr die Sorge um meine eigene Haut, die mich beunruhigte, als die erwartungsvollen gelben Gesichter hinter mir. Sonderbarerweise hatte ich mit der Menge in meinem Rücken weniger Angst, als wenn ich allein gewesen wäre. Ein Weißer darf »Eingeborenen« gegenüber keine Angst haben, und infolgedessen hat er im allgemeinen auch keine. Mein einziger Gedanke war, wenn etwas schiefging, würde ich vor den Augen dieser zweitausend Burmesen von dem Elefanten angegriffen, gepackt, zertreten und in einen grinsenden Leichnam verwandelt, wie jener Inder oben am Hügel. Einige würden, falls es dazu kommen sollte, wahrscheinlich in Lachen ausbrechen. Das durfte nie und nimmer geschehen. Also blieb nur der andere Weg. Ich schob die Patronen in das Magazin und legte mich der Länge nach auf die Straße, um zielsicher schießen zu können.

Mit einem Schlag wurde die Menge totenstill, nur ein tiefes, erleichtertes, befriedigtes Aufseufzen kam aus unzähligen Kehlen, wie im Theater, wenn endlich der Vorhang aufgeht. Sie würden also zum Schluß ihren Spaß bekommen. Die Büchse war eine wundervolle deutsche Waffe mit einem Fadenkreuz im Zielfernrohr. Ich wußte damals noch nicht, daß man sich eine Linie von einem Ohrloch zum andern denken und darauf halten muß, um einen Elefanten tödlich zu treffen. Da das Tier mir die Flanke zuwandte, hätte ich also genau auf das Ohrloch zielen müssen. Statt dessen zielte ich auf eine Stelle mehrere Inches weiter vorn, weil ich annahm, daß sich ungefähr dort das Gehirn befinden müsse.

Als ich abzog, hörte ich, wie immer, wenn ein Schuß sitzt,

weder den Knall, noch spürte ich den Rückschlag. Dagegen hörte ich den diabolischen Jubelschrei der Menge. Fast in der gleichen Sekunde oder doch so kurz danach, daß man sich kaum vorstellen konnte, daß die Kugel bereits ihr Ziel erreicht hatte, ging eine schreckliche, geradezu unheimliche Veränderung mit dem Elefanten vor. Er fiel nicht, er schwankte nicht einmal, aber die ganzen Konturen seines Leibes hatten sich verändert. Er sah plötzlich verfallen aus, in sich zusammengesunken, uralt, als habe der furchtbare Einschlag der Kugel ihn gelähmt, ohne ihn niederzuwerfen. Nach einer Zeit, die mir unendlich lang vorkam – in Wirklichkeit mögen es nur ein paar Sekunden gewesen sein –, sackte er schlapp in die Knie. Aus dem Maul troff schleimiger Speichel. Eine grenzenlose Schwäche schien ihn befallen zu haben. Man hätte glauben können, er sei tausend Jahre alt. Ich feuerte einen weiteren Schuß auf die gleiche Stelle ab. Auch nach diesem zweiten Schuß brach er nicht zusammen, im Gegenteil, er erhob sich mit entsetzlicher Langsamkeit und kam wieder auf die Beine. Aber sie zitterten, und er ließ den Kopf sinken. Ich schoß ein drittes Mal. Diesmal war es das Ende. Man sah, wie der Todeskampf den ganzen Körper schüttelte, der letzte, klägliche Rest von Kraft schwand aus seinen Beinen. Noch im Fallen schien er sich für einen Moment zu erheben: während die Hinterbeine unter ihm nachgaben, bäumte er sich auf wie ein riesiger stürzender Felsblock, der aufschnellt. Sein Rüssel reckte sich wie ein Baum zum Himmel. Zum ersten und einzigen Mal stieß er ein lautes Trompeten aus. Dann fiel er um, mir den Bauch zukehrend, mit einem Aufprall, der den Boden bis zu der Stelle, an der ich lag, beben ließ.

Ich stand auf. Die Burmesen rannten bereits an mir vorbei über das Schlammfeld. Es war offensichtlich, daß sich der Elefant nicht wieder erheben würde, aber er war noch nicht tot. Er atmete stöhnend, in langen, regelmäßigen Abständen, die eine Flanke seines Riesenleibes hob und senkte sich mühsam und qualvoll. Das Maul stand weit offen, so daß ich tief in die Höhlung seines blaß-rosa Schlundes sehen konnte. Ich wartete lange, in der Hoffnung, er würde sterben, aber das regelmäßige Atmen hielt an. Schließlich feuerte ich meine beiden letzten Patronen auf eine Stelle ab, wo ich das Herz vermutete. Ein dicker Blutstrahl, rot wie purpurner Samt, schoß aus der Wunde, aber er war noch immer nicht tot. Sein Leib zuckte nicht einmal unter den Schüssen zusammen, ohne Unterbrechung dauerte das qualvolle Atmen an. Er lag im Sterben, aber es ging sehr langsam, der Todeskampf schien sich in einer andern Welt, weitab von der unseren, abzuspielen, in der ihm nicht einmal meine Schüsse etwas anhaben konnten. Ich fühlte, daß ich diesem entsetzlichen Stöhnen ein Ende machen mußte. Es war mir furchtbar, das gewaltige Tier hilflos daliegen zu sehen, unfähig, sich zu rühren, und unfähig zu sterben. Ich ließ mir mein kleines Gewehr geben und feuerte Schuß auf Schuß auf sein Herz und in seinen Rachen. Sie schienen ihn nicht zu beeindrucken. Das qualvolle Keuchen ging weiter, regelmäßig wie das Ticken einer Uhr.

Ich hielt es schließlich nicht länger aus und ging. Später hörte ich, daß es noch eine halbe Stunde gedauert hatte, bis der Elefant starb. Noch bevor ich verschwunden war, rückten die Burmesen mit Beilen und Buschmessern an. Bis zum Nachmittag hatten sie, wie man mir erzählte, das Tier bis auf die Knochen ausgeweidet.

Später gab es natürlich endlose Debatten über den Abschuß des Elefanten. Der Eigentümer war außer sich vor Wut, aber er war nur ein Inder und konnte nichts tun. Nach den gesetzlichen Bestimmungen hatte ich richtig gehandelt, denn ein wild gewordener Elefant muß wie ein tollwütiger Hund erschossen werden, wenn der Eigentümer ihn nicht unter Kontrolle hat. Unter den Europäern waren die Meinungen geteilt. Die Älteren vertraten die Ansicht, ich hätte richtig gehandelt, die Jüngeren sagten, es sei eine verdammte Schande, einen Arbeitselefanten zu erschießen, nur weil er einen von diesen verdammten Coringhee-Kulis getötet hatte, der nicht soviel wert war wie ein Elefant. Nachträglich war ich ganz froh, daß er den Kuli getötet hatte; das lieferte mir die gesetzliche Rechtfertigung und einen hinreichenden Vorwand dafür, den Elefanten umgebracht zu haben. Ich habe mich oft gewundert, daß keiner den eigentlichen Grund erriet, warum ich es getan hatte – nämlich aus Angst, mich lächerlich zu machen.

New Writing No. 2, Herbst 1936

Auszüge aus dem Tagebuch zu
The Road to Wigan Pier

Aus einem maschinengeschriebenen Tagebuch, das sich mit anderen Notizen in Orwells Nachlaß fand; es bildet eine Grundlage für The Road to Wigan Pier.

6.–10. Februar 1936
Wohne bei den Meades, an der Brynton Road 49, Longsight, Manchester. Brynton Rd. ist eine der neuen Wohnsiedlungen. Sehr anständige Häuser mit Badezimmern und elektrischem Licht. Miete vermutlich ungefähr 12–14 Schillinge. Meade ist irgendein Gewerkschaftsbeamter und wirkt irgendwie bei der Herausgabe von der *Labour's Northern Voice* mit – dies sind die Leute, die sich um die Veröffentlichung vom *Adelphi* kümmern. Die Meades sind sehr nett zu mir gewesen. Beide gehören zur Arbeiterklasse, sprechen mit einem Lancashire-Akzent und haben in ihrer Kindheit Holzschuhe getragen, doch herrscht hier eine völlig bürgerliche Atmosphäre. Die Ms waren beide leicht schockiert, als sie hörten, daß ich in Manchester im städtischen Fremdenheim übernachtet hatte. Abermals fällt mir auf, daß ein Arbeiter – ob er es will oder nicht – bourgeois wird, sobald er einen offiziellen Posten in der Gewerkschaft bekommt oder sich in der Labour Partei engagiert, d. h. indem er gegen die Bourgeoisie kämpft, wird er bourgeois. Tatsache ist, daß jeder unweigerlich die Lebensweise und die Ideologie entwickelt, die seinem Einkommen (in Ms Fall vermutlich um die £ 4 pro Woche) entspricht. Das einzige, was ich an den Ms auszusetzen habe, ist, daß sie mich »Genosse« nennen. Frau M. versteht, wie gewöhnlich, nicht viel von Politik, sondern hat

die Ansichten ihres Mannes übernommen, wie es sich für eine Frau gehört; sie spricht das Wort »Genosse« mit sichtlichem Unbehagen aus. Bin erstaunt, wie verschieden die Umgangsformen hier so weit nördlich schon sind. Frau M. ist überrascht und findet es nicht ganz richtig, daß ich aufstehe, wenn sie das Zimmer betritt, ihr meine Hilfe beim Abwaschen anbiete, usw. Sie meint: »Hier im Norden erwarten die Burschen, daß man sie bedient.«

M. schickte mich hinüber nach Wigan, um Joe Kennan, einen Elektriker, der in der sozialistischen Bewegung eine führende Rolle spielt, kennenzulernen. Kennan wohnt auch in einem anständigen Haus des sozialen Wohnungsbaus (Beech Hill Building Estate), ist jedoch eindeutiger ein Arbeiter. Ein sehr kleiner, stämmiger, mächtiger Mann mit einer außergewöhnlich sanften, aufgeschlossenen Art und sehr hilfsbereit. Sein ältestes Kind war oben im Bett (scharlachverdächtigt), das jüngere spielte auf dem Boden mit Soldaten und einer Spielzeugkanone. Kennan lächelt und meint: »Sehen Sie – und ich soll ein Pazifist sein.« Er schickte mich zum NUWM[1]-Quartier mit einem Brief an den Sekretär, in dem er ihn bat, mir eine Unterkunft in Wigan zu besorgen. Das Quartier ist ein fürchterlicher baufälliger kleiner Schuppen, aber ein Geschenk des Himmels für diese arbeitslosen Männer, da es dort warm ist und Zeitungen gibt. Der Sekretär, Paddy Grady, ist ein arbeitsloser Grubenarbeiter. Ein großer magerer Mann von ungefähr 35, intelligent und gut informiert und sehr hilfsbereit. Er ist ein Junggeselle, der 17 Schillinge pro Woche bekommt, und ist durch Jahre der Unterernährung und Arbeitslosigkeit in einem schrecklichen körperlichen Zustand. Seine Vorderzähne sind fast vollständig verfault. Die Männer vom NUWM sind alle sehr freundlich und gaben sich alle Mühe, mir Informationen zu liefern, sobald sie hörten, daß ich ein Schriftsteller bin und Fakten über die

[1] National Unemployed Workers' Movement: Nationale Bewegung der Arbeitslosen

Lebensbedingungen der Arbeiterklasse sammele. Ich kann sie jedoch nicht dazu bringen, mich genau wie ihresgleichen zu behandeln. Sie nennen mich entweder »Sir« oder »Genosse«.

11. Februar

Wohne an der Warrington Lane, Wigan. Kost und Logis 25 Schillinge die Woche. Teile das Zimmer mit einem anderen Untermieter (arbeitsloser Eisenbahnarbeiter), Mahlzeiten in der Küche und Waschen am Spülbecken. Essen in Ordnung, aber schwerverdaulich und in ungeheuren Mengen. Die Art, wie man hier in Lancashire Kutteln ißt (kalt mit Essig), ist schrecklich.

Die Familie. Herr H., 39, hat in der Grube gearbeitet, seit er 13 war. Jetzt seit neun Monaten arbeitslos. Ein ziemlich großer, blonder, langsamer, sehr sanfter Mann mit angenehmen Umgangsformen, der sorgfältig überlegt, bevor er auf eine Frage antwortet, und mit »Meiner Ansicht nach« beginnt. Hat keinen starken Akzent. Vor zehn Jahren bekam er Kohlenstaub ins linke Auge und verlor praktisch die Sehkraft auf diesem Auge. Man ließ ihn eine Zeitlang »oben« arbeiten, doch ging er zurück in die Grube, da er dort mehr verdienen konnte. Vor neun Monaten verschlechterte sich der Zustand seines anderen Auges (es gibt ein Leiden, das man »Nyastygmus«[2] oder so ähnlich nennt, von dem Grubenarbeiter befallen werden), und er kann nur noch ein paar Meter weit sehen. Bezieht eine »Entschädigung« von 29 Schillingen die Woche, aber sie reden davon, ihm nur noch eine »Teilentschädigung« von 14 Schillingen die Woche zu bezahlen. Es hängt alles davon ab, ob der Arzt ihn für arbeitsfähig erklärt, obwohl es natürlich sowieso keine Arbeit gäbe, außer vielleicht einer Stelle »oben«, aber davon gibt es nur sehr wenige. Wenn er nur noch einen Teil der Entschädigung erhält, kann er

---

[2] Nystagmus (Augenzittern).

Arbeitslosenunterstützung beziehen, bis seine Marken[3] aufgebraucht sind.

Frau H. Vier Jahre älter als ihr Mann. Weniger als 1,50 m
groß. Toby-Bierkrug-Figur.[4] Heiteres Gemüt. Sehr unwissend – addiert 27 und 10 und macht daraus 31. Sehr breite
Aussprache. Die Leute scheinen hier auf zwei Arten mit dem
»the« umzugehen. Vor Konsonanten wird es oft ganz weggelassen (»Put joog on table«, usw., »Stell Krug auf Tisch«), vor
Vokalen wird es oft in das Wort einverleibt, z. B. »My sister's
in thospital«.

Der Sohn, »unser Joe«, ist gerade 15 geworden und arbeitet
seit einem Jahr in der Grube. Arbeitet gegenwärtig in der
Nachtschicht. Geht ungefähr um 21.00 arbeiten, kehrt zwischen 7 und 8.00 zurück, frühstückt und geht sofort schlafen
in einem Bett, das ein anderer Untermieter ihm überläßt.
Schläft gewöhnlich bis um 17 oder 18.00. Er fing mit 2 S. 8 P.
pro Tag an und erhielt dann eine Erhöhung auf 3/4, d. h. £ 1 pro
Woche. Davon gehen 1/8 die Woche für Gehaltsabzüge
(Versicherungen usw.) und 4 Pennies pro Tag für Tramgebühren zur Grube und zurück ab. Er verdient also netto für seine
Ganztagsarbeit 16/4 die Woche. Im Sommer wird er jedoch
kurzarbeiten. Ein ziemlich großer, zarter, leichenblasser
Jüngling, ist offensichtlich sehr von seiner Arbeit erschöpft,
scheint jedoch ziemlich glücklich zu sein.

Tom, Frau H.s Vetter, ist unverheiratet und wohnt hier in
Untermiete – zahlt 25/– die Woche. Ein sehr behaarter Mann
mit einer Hasenscharte, einem sanften Gemüt und sehr
einfach. Hat auch Nachtschicht.

Joe, ein anderer Untermieter, Junggeselle. Arbeitslos und
bezieht 17/– die Woche. Bezahlt 6/– die Woche für sein
Zimmer und sorgt selber für sein Essen. Steht ungefähr um 8
auf, um sein Bett »unserem Joe« zu überlassen, und bleibt den
größten Teil des Tages außer Haus, in der öffentlichen

[3] Die Marken entsprechen den Einzahlungen.
[4] Bierkrug in Gestalt eines alten Mannes mit Dreimaster.

Bibliothek usw. Ist ein ziemlicher Dummkopf, hat jedoch eine gewisse Bildung und Freude an einer wohlklingenden Wendung. Als Erklärung, warum er nie geheiratet hat, meint er wichtigtuerisch: »Die Fesseln der Ehe ist ein wesentlicher Punkt.« Wiederholte diesen Satz ziemlich oft, da er offensichtlich eine Vorliebe für ihn hat. Ist 7 Jahre lang völlig arbeitslos gewesen. Trinkt, wenn er eine Gelegenheit dazu hat, was natürlich heutzutage nie der Fall ist.

Das Haus hat zwei Zimmer und eine Spülküche unten, 3 Zimmer oben, einen winzigen Hinterhof und eine Toilette draußen. Keine Warmwasser-Versorgung. Ist in schlechtem Zustand – die Fassade ist gewölbt. Miete 12/– und mit Gebühren 15/–. Das Gesamteinkommen der H.s beträgt:

Herr H.s Entschädigung	29/– die Woche
Joes Lohn	16/4 die Woche
Toms wöchentliche Zahlung	25/– die Woche
Joes wöchentliche Zahlung	6/– die Woche

Gesamtsumme £ 3-16-4d.

Nach Zahlung der Miete und Gebühren bleiben £ 3-2-4d übrig. Davon müssen 4 Leute ernährt und 3 gekleidet werden und ihren sonstigen Lebensunterhalt bestreiten.[5] Natürlich haben sie zur Zeit auch noch meinen eigenen Beitrag, aber das ist eine Ausnahme.

Wigan scheint im Zentrum nicht so schlimm zu sein, wie behauptet wird – deutlich weniger deprimierend als Manchester. Wigan Pier soll niedergerissen worden sein. Man trägt hier, und im allgemeinen auch in den kleineren Orten außerhalb der Stadt wie Hindley, Holzschuhe. Die älteren Frauen tragen einen Schal auf dem Kopf, doch die Mädchen tun es offensichtlich nur unter dem Druck äußerster Armut. Fast jedermann, den man sieht, sehr schlecht angezogen und die

---

[5] Die H.s sind für die lokalen Verhältnisse wohlhabend. (Anm. des Autors)

Jugendlichen an den Straßenecken merklich weniger modisch und rüpelhaft als in London, aber keine sehr auffälligen Anzeichen von Armut, abgesehen von der Zahl der leeren Geschäfte. Es heißt, einer von drei amtlich erfaßten Arbeitern sei arbeitslos.

Gestern abend zur Coop-Halle mit verschiedenen Leuten von der NUWM, um Wal Hannington reden zu hören. Ein schlechter Redner, der alle Füllsel und Klischees des sozialistischen Redners verwendete und die falsche Art von Cockneyaussprache hat (auch er völlig bourgeois, obwohl er Kommunist ist), aber er brachte es fertig, die Leute aufzuwühlen. War über das Ausmaß an kommunistischer Gesinnung hier erstaunt. Lauter Beifall, als Hannington verkündete, daß im Falle eines Krieges zwischen England und der UdSSR die UdSSR den Krieg gewinnen würde. Zuhörer sehr ungehobelt und alle offensichtlich arbeitslos (ungefähr 1 von 10 davon Frauen), aber sehr aufmerksam. Nach dem Vortrag gab es eine Sammlung für die Unkosten – Miete der Halle und H.s Zugreise von London. £ 1-6-0d wurden gesammelt – nicht schlecht für ein Publikum von ungefähr 200 Arbeitslosen.

Man kann einen Bergarbeiter immer an der blauen Tätowierung aus Kohlenstaub auf seinem Nasenrücken erkennen. Bei einigen älteren Männern ist die Stirn wie ein Roquefort-Käse damit marmoriert.

15. Februar
Begleitete einige NUWM-Kassierer auf ihren Runden in der Absicht, Fakten über Wohnungsverhältnisse zu sammeln, besonders in den Wohnwagen. Habe Notizen über sie gemacht, siehe dort. Vor allem auffällig war der Ausdruck auf den Gesichtern einiger Frauen, besonders jener Frauen in den überfüllten Wohnwagen. Eine Frau hatte ein Gesicht wie ein Totenkopf. Sie sah aus, als litte sie unerträgliche Not und Erniedrigung. Ich schloß draus, daß sie so empfand wie ich empfinden würde, wenn ich ganz von Schmutz überzogen

wäre. All die Leute schienen jedoch diese Verhältnisse als ziemlich selbstverständlich hinzunehmen. Man hat ihnen immer wieder Häuser versprochen, aber es ist nichts daraus geworden und sie sind zur Einstellung gelangt, daß ein wohnliches Haus etwas völlig Unerreichbares ist.

Als ich eine scheußliche schmutzige Seitengasse hinaufging, sah ich eine Frau, ziemlich jung, aber sehr blaß und mit dem üblichen beschmutzten, erschöpften Aussehen, die vor einem Haus bei der Gosse kniete und einen Stock in das bleierne Abflußrohr, das verstopft war, hinaufstieß. Ich dachte, was für ein schreckliches Schicksal es sei, in einer finsteren Seitengasse in Wigan in der Gosse zu knien, in der bitteren Kälte, und einen Stock eine verstopfte Abflußrinne hinauf zu stoßen. In diesem Moment blickte sie auf und unsere Blicke trafen sich, und ihr Ausdruck war das Trostloseste, was ich je gesehen hatte; es fiel mir auf, daß sie genau das gleiche dachte wie ich.

Wechsle das Logis, da Frau H. an irgendeiner mysteriösen Krankheit erkrankt und ins Krankenhaus eingewiesen worden ist. Sie haben mir ein Zimmer in der Darlington Rd. über einem Kutteln-Geschäft, wo sie Untermieter nehmen, gefunden. Der Mann ist ein ehemaliger Bergarbeiter (58 Jahre alt), die Frau liegt mit einem schwachen Herz im Bett auf dem Sofa in der Küche. Soziale Atmosphäre ziemlich wie bei den H.s, aber Haus merklich dreckiger und sehr stinkig. Eine Reihe von anderen Untermietern. Ein alter ehemaliger Bergarbeiter, ungefähr 75, der von einer Altersrente plus eine halbe Krone pro Woche von der Kirchengemeinde (insgesamt 12/6d) lebt. Ein anderer, der etwas Besseres und »heruntergekommen« sein soll, ist mehr oder weniger bettlägerig. Ein irischer ehemaliger Bergarbeiter, dem vor einigen Jahren durch einen Felssturz ein Schulterblatt und mehrere Rippen zerquetscht wurden und der von einer Invalidenrente von ungefähr 25/– die Woche lebt. Eindeutig etwas Besseres, fing als Büroangestellter an, ging dann aber in die Grube, weil er groß und stark war und als Grubenarbeiter mehr verdienen konnte (das war vor dem Krieg). Auch einige Zeitungsabonnentensammler. Zwei für *John Bull*[6], deutlich mottenfräßig, ungefähr 40 und 55 Jahre alt, einer ziemlich jung und war vier Jahre lang bei einer Gummifirma in Calcutta. Werde aus diesem Burschen nicht ganz schlau. Er nimmt Lancashire-Akzent an, wenn er mit den anderen redet (er ist ortsansässig), spricht mit mir jedoch mit dem gewöhnlichen »gebildeten« Akzent. Die Familie besteht – abgesehen von den Fs selbst – aus einem dicken Sohn, der irgendwo arbeitet und in der Nähe wohnt, seiner Frau Maggie, die fast den ganzen Tag im Laden ist, ihren beiden Kindern und Annie, der Verlobten des anderen Sohnes, der in London ist. Haben auch eine Tochter in Kanada. Maggie und Annie machen fast die ganze Arbeit im Haus und Laden. Annie sehr mager, überarbeitet (sie arbeitet auch in einer Damenschneiderei) und offensichtlich unglücklich. Ich vermute deshalb, daß die Heirat keineswegs mit Sicherheit stattfindet, daß aber Frau F. Annie trotz allem als Verwandte behandelt und daß Annie unter ihrer Tyrannei leidet. Abgesehen von den Geschäftsräumen hat das Haus 5 oder 6 Zimmer und ein Badezimmer-WC. Neun Leute schlafen hier. Drei in meinem Zimmer neben mir.

Bin frappiert, wie wenig die Leute der Arbeiterklasse hier über Essen wissen und wie sie es verschwenden – noch mehr, glaube ich, als im Süden. Eines Morgens machte ich beim Waschen in der Spülküche der H.s ein Inventar der folgenden Lebensmittel: Ein Stück Speck von ungefähr 5 Pfund. Ungefähr zwei Pfund Rinderhaxe. Ungefähr anderthalb Pfund Leber (alles roh). Die Trümmer einer ungeheuren Fleischpastete (Frau H. machte alle ihre Pies in einer *Emailschüssel*, wie man sie zum Abwaschen verwendet. Desgleichen mit Puddings). Eine Schüssel mit 12 oder 20 Eiern. Eine Reihe kleiner Kuchen. Eine flache Obsttorte und ein »cake-a-pie« (Gebäck mit Korinthen). Verschiedene Überreste früherer

---

[6] Eine populäre Wochenzeitschrift mit Artikeln über aktuelle Themen, auf Sensation aus, und mit Wettbewerben mit großen Preisen.

Pies. 6 große Laibe Brot und 12 kleine (ich hatte Frau H. sie am Abend vorher backen sehen). Verschiedene Stückchen Butter, Tomaten, geöffnete Milchbüchsen, usw. Es gab auch noch Lebensmittel, die im Ofen in der Küche warmgehalten wurden. Alles außer dem Brot wird ständig unbedeckt herumliegen gelassen und die Regale sind schmutzig. Das Essen hier besteht fast gänzlich aus Brot und Kohlehydraten. Die Mahlzeiten eines typischen Tages bei den H.s: Frühstück (ungefähr um 8): zwei Spiegeleier mit Speck, Brot (keine Butter) und Tee. Mittagessen (ungefähr um 12): ein riesiger Teller geschmortes Rindfleisch, Knödel und Salzkartoffeln (entspricht ungefähr 2 Portionen beim Lyons Corner House) und eine große Portion Reispudding oder »suet pudding«.[7] Fünfuhrtee: ein Teller kaltes Fleisch, Brot und Butter, süßes Gebäck und Tee. Abendessen (ungefähr um 23): Bratfisch und Pommes frites, Brot und Butter und Tee.

20. Februar

Heute nachmittag ging ich mit Paddy Grady, um zu sehen, wie die arbeitslosen Bergarbeiter den »Dreckzug« plündern, oder, wie sie es nennen, »der Kohle nachjagen«. Ein äußerst erstaunlicher Anblick. Wir nahmen die normale scheußliche Route nach Fir Tree Sidings, die entlang der Bahnlinie der Kohlenzeche führt, und trafen unterwegs verschiedene Männer und Frauen mit Säcken voll gestohlener Kohle, die sie über Fahrräder geworfen hatten. Ich möchte wissen, wo sie diese Fahrräder her hatten – vielleicht waren sie aus einzelnen Teilen zusammengebastelt, die sie von Schutthalden aufgelesen hatten. Keines hatte ein Schutzblech, nur wenige hatten einen Sattel und einige hatten nicht einmal Reifen. Als wir zur großen Dreckhalde kamen, wo der Gesteinschutt aus jenen Gruben von den Zügen geladen wird, sahen wir ungefähr 50 Männer den Dreck gründlich durchsuchen, und sie verwiesen

[7] Pudding aus Mehl, Talg, Brotkrumen, usw.

uns an die Stelle weiter oben, wo die Männer den Zug besteigen. Als wir dort anlangten, sahen wir nicht weniger als 100 Männer und ein paar Buben, die alle einen Sack und Kohlenhammer unter ihren Rockschößen festgeschnallt hatten, warten. Bald darauf kam der Zug in Sicht, er fuhr mit einer Geschwindigkeit von ungefähr 20 Meilen pro Stunde um die Kurve. 50 oder 70 Männer stürzten auf ihn los, ergriffen die Puffer usw. und zogen sich auf die offenen Güterwagen. Es scheint, daß jeder Wagen als das Eigentum der Männer betrachtet wird, denen es während der Fahrt gelungen ist aufzusteigen. Die Lokomotive beförderte die Wagen hinauf auf die Dreckhalde, kuppelte sie los und kam zurück, um die restlichen Wagen zu holen. Wieder stürmten alle los und bestiegen den zweiten Zug auf dieselbe Weise wie vorher; nur ein paar Männer schafften es nicht. Sobald die Wagen ausgekuppelt worden waren, fingen die Männer oben auf der Halde an, das Zeug zu ihren Frauen und den anderen Helfern zu schaufeln, die den Dreck rasch aussortierten und all die Kohle (eine bedeutende Menge, aber alles kleine Stücke, ungefähr eigroß) in ihre Säcke steckten. Weiter unten waren die Leute, die es nicht geschafft hatten, auf einen der beiden Züge aufzusteigen, und sammelten die winzigen Bruchstücke Kohle, die von oben heruntergerutscht kamen. Man weiß natürlich, wenn man den Zug besteigt, nicht, ob man auf einen guten Wagen aufsteigt oder nicht, und was für einen Wagen man erwischt, ist reine Glückssache. So waren einige Wagen nicht mit dem Dreck vom Boden des Bergwerks, der natürlich eine recht große Menge Kohle enthält, beladen, sondern ganz mit Gesteinschutt. Aber was ich nicht wußte, ist, daß es anscheinend unter dem Gesteinschutt ein leicht entzündliches Gestein gibt, die sogenannte »Kännelkohle«, die einen ziemlich guten Brennstoff abgibt, allerdings gilt dies nicht für alle Bergwerke. Sie ist für den Handel nicht zu gebrauchen, da sie sich schlecht bearbeiten läßt und zu schnell brennt, doch für gewöhnliche Zwecke ist sie gut genug. Diejenigen, die auf dem Wagen mit dem Gesteinschutt waren, sonderten die »Kännelkohle« aus, die fast genauso wie der Gesteinschutt aussieht, außer daß sie etwas dunkler ist und sich fast wie Schiefer horizontal spaltet. Ich beobachtete die Leute bei der Arbeit, bis sie die Wagen fast leer gemacht hatten. Es waren zwanzig Wagen und etwas über 100 Leute arbeiteten an ihnen. Jeder erhielt, soweit ich das beurteilen konnte, ungefähr ½ Zentner Kohle oder »Kännelkohle«. Dieses Schauspiel findet manchmal mehr als einmal am Tag statt, wenn mehrere Züge hinausgeschickt werden; offensichtlich werden jeden Tag mehrere Tonnen Brennstoff gestohlen.

Die wirtschaftliche und ethische Seite der ganzen Sache ist recht interessant. Erstens einmal ist es natürlich verboten, den Dreckzug zu plündern, und genaugenommen ist es bereits ein Vergehen, sich überhaupt auf der Dreckhalde aufzuhalten. Es werden denn auch in regelmäßigen Abständen Leute deswegen verfolgt – ja, im *Examiner* von heute morgen war eine Meldung, daß 3 Männer deswegen zu einer Geldstrafe verurteilt wurden. Aber den Strafverfolgungen wird keine Beachtung geschenkt, und einer der Männer, die verurteilt worden waren, war sogar an jenem Nachmittag dabei. Aber gleichzeitig hat die Kohlenfirma nicht die Absicht, die Kohle usw. zu verwenden, die mit dem Dreck weggeworfen wird, weil die Kosten des Aussortierens zu hoch wären. Sie wäre also nur verschwendet, wenn sie nicht gestohlen würde. Überdies erspart diese Tätigkeit der Firma die Kosten für das Leeren der Förderwagen, weil die Männer so gründlich sind, daß die Wagen leer stehen, wenn sie mit ihnen fertig sind. Deshalb duldet die Firma stillschweigend die räuberischen Überfälle auf den Zug – ich beobachtete, daß der Lokomotivführer die Männer gar nicht beachtete, die auf die Wagen kletterten. Der Grund für die regelmäßig durchgeführten Verfolgungen soll der sein, daß es derart viele Unfälle gibt. Erst kürzlich rutschte ein Mann aus und fiel unter den Zug und es wurden ihm dabei beide Beine abgerissen. Angesichts der Geschwindigkeit des Zuges ist es bemerkenswert, daß nicht öfter Unfälle passieren.

Das seltsamste Fahrzeug, das ich für den Wegtransport der Kohle verwendet sah, war ein Karren, der aus einer Packkiste und zwei Küchenmangeln als Räder gemacht war.

Ein Teil dieser gestohlenen Kohle soll in der Stadt zu 1/6d pro Sack verkauft werden.

21. Februar

Der Schmutz in diesem Haus geht mir langsam auf die Nerven. Nichts wird je geputzt oder abgestaubt, die Zimmer werden erst um fünf Uhr nachmittags aufgeräumt, und der Tisch wird nicht einmal abgedeckt. Beim Abendessen sieht man noch die Krümel vom Frühstück. Das Abstoßendste ist Frau F., die immer krank auf dem Küchensofa liegt. Sie hat die fürchterliche Angewohnheit, die Zeitung in Streifen zu reißen, ihren Mund mit diesen abzuwischen und sie dann auf den Boden zu werfen. Heute morgen beim Frühstück war ein ungeleerter Nachttopf unter dem Tisch. Auch das Essen ist schrecklich. Wir bekommen jene kleinen billigen fertiggebakkenen »steak and kidney pies«[8] aus dem Vorrat. Ich höre auch entsetzliche Geschichten über die Kellerräume, in denen die Kutteln aufbewahrt werden und es nur so von schwarzen Käfern wimmeln soll. Anscheinend kommen die Kutteln-Lieferungen nur in großen Abständen. Frau F. datiert Ereignisse danach. »Warten Sie mal. Seitdem habe ich drei Ladungen ›Gefrorenes‹ (gefrorene Kutteln) erhalten«, usw. Ich schätze, sie bekommen ungefähr alle 14 Tage eine Sendung »Gefrorenes«. Auch ist es sehr ermüdend, die Beine nachts nicht gerade ausstrecken zu können.

24. Februar

Gestern stieg ich mit Jerry Kennan, einem Elektriker-Freund von ihm und seinen zwei kleinen Söhnen, zwei weiteren

---

[8] Populäres englisches Gericht, Fleischpastete mit Nieren und Steak.

Elektrikern und einem Steiger der Grube, der uns herumführte, in das Crippen-Bergwerk hinunter. Die Tiefe bis zur Schachtsohle betrug 300 Meter. Wir gingen um 10.30 hinunter und kamen um 13.30 wieder herauf, nachdem wir, laut Angaben des Steigers, der uns herumführte, ungefähr 2 Meilen zurückgelegt hatten.

Sowie die Kabine hinunterfährt, bekommt man das bekannte flaue Gefühl in der Magengegend, dann jenes komische Gefühl, als seien die Ohren verstopft. Bei voller Fahrt erreicht die Kabine eine enorme Geschwindigkeit (in einigen tieferen Gruben soll sie 60 Meilen pro Stunde, oder sogar mehr, erreichen), verlangsamt dann ihre Fahrt so abrupt, daß man kaum glauben kann, es ginge nicht wieder nach oben. Die Kabinen sind winzig – ungefähr 8 Fuß lang, 3 $\frac{1}{2}$ breit und 6 hoch. Sie sollen 10 Mann oder ungefähr anderthalb Tonnen Kohle fassen. Wir waren nur sechs Männer und zwei Buben, aber wir hatten Mühe, alle hineinzupassen; es ist wichtig, mit dem Gesicht in der Richtung zu stehen, in der man am anderen Ende aussteigen will.

Unten war es heller, als ich erwartet hatte, weil es außer den Lampen, die wir alle trugen, elektrisches Licht in den Hauptstollen gab. Aber was ich nicht erwartet hatte, und was für mich die ganze Zeit hindurch das Wichtigste war, war die geringe Höhe der Decke. Ich hatte mir irgendwie vorgestellt, daß es ähnlich wie in der Untergrundbahn sein würde; aber in Wirklichkeit gab es nur sehr wenige Stellen, an denen man aufrecht stehen konnte. Im allgemeinen war die Decke 4 Fuß oder 4 Fuß 6 Inches hoch, manchmal niedriger, und hatte hie und da einen Balken, der größer als die anderen war, unter dem man sich besonders tief ducken mußte. Stellenweise waren die Wände ziemlich sorgfältig gebaut und sahen mit ihren übereinander geschichteten Gesteinsplatten fast wie die Steinmauern von Derbyshire aus. Ungefähr jeden Meter waren Stempel angebracht. Sie sind aus kleinen Lärchen gemacht, die auf die entsprechende Länge zurechtgesägt werden (aus der verwendeten Menge ersehe ich jetzt, wieso

Leute, die eine Schonung anlegen, fast immer Lärchen an-
pflanzen) und ruhen einfach auf den Enden der senkrechten
Pfosten, die auf Holzplatten angebracht sind, und sind in
keiner Weise festgemacht. Die unteren Platten sinken allmählich in den Boden, oder, wie die Bergleute es ausdrücken, »der
Boden kommt rauf«, aber das Gewicht, das auf dem ganzen
lastet, hält es zusammen. Durch die Art, wie sich die Stahl-
schrägen, die hie und da statt der Holzpfosten verwendet
worden waren, gekrümmt hatten, bekam man eine Vorstellung vom Gewicht der Decke. Auf dem Boden liegen eine
dicke Schicht Gesteinsstaub und ungefähr 2½ Fuß breite
Schienen für die Förderwagen. Wenn der Stollen abwärts
führt, rutschen die Bergleute oft auf ihren Holzschuhen diese
Schienen hinunter, da die Holzschuhe unten so gewölbt sind,
daß sie mehr oder weniger auf die Schienen passen.

Nachdem wir einige hundert Meter gebückt und ein- oder
zweimal kriechend zurückgelegt hatten, begann ich, die
Anstrengung durch einen stechenden Schmerz in meinen
Oberschenkeln zu spüren. Man bekommt auch einen unangenehmen Krampf im Genick, weil man gebeugt gehen und
gleichzeitig aufblicken muß, um nicht gegen die Pfosten zu
stoßen, aber die Schmerzen in den Schenkeln sind das
Schlimmste. Natürlich wurden die Stollen niedriger, je
mehr wir uns der Abbaufront näherten. Einmal krochen wir
durch einen provisorischen Tunnel, der einem vergrößerten
Rattenloch glich, ohne Pfosten, und an einer anderen Stelle
hatte es über Nacht einen Felssturz gegeben – 3 oder 4
Tonnen[9] Gestein, würde ich meinen. Der ganze Stollen war
blockiert, bis auf eine winzige Öffnung in der Nähe der
Decke, durch die wir klettern mußten, ohne Holz zu berühren. Bald darauf mußte ich eine Minute anhalten, um meine
Knie auszuruhen, die immer weicher wurden und praktisch
streikten, und dann kamen wir nach einigen weiteren hundert

[9] Jerry Kennan meinte 20 oder 30. Ich weiß nicht, wer von uns beiden das besser
beurteilen kann. (Anm. des Autors)

Metern zur ersten Grube. Es war nur eine kleine Grube, in der zwei Männer mit einer Maschine arbeiteten, die ziemlich wie eine vergrößerte Ausgabe der bei Straßenarbeiten verwendeten elektrischen Bohrer aussah. In der Nähe war der Dynamo (oder wie es heißt), der durch Kabel diese und die anderen Maschinen mit Strom versorgt; es gab dort auch relativ kleine Bohrer (sie wiegen allerdings je 50 Pfund und müssen auf die Schultern hochgehoben werden), mit denen die Löcher für Sprengladungen gebohrt werden; und die Arbeitsgeräte der Bergleute, die wie ein Schlüsselbund mit Draht zu einem Bündel zusammengefaßt sind, damit sie nicht verlorengehen.

Wir gingen ein paar hundert Meter weiter und kamen zu einer der Hauptgruben. Dort waren keine Männer an der Arbeit, doch kam gerade eine Schicht herunter, um sich 250 m weiter vorn an die Arbeit zu machen. Hier befand sich eine der größeren Maschinen, an denen eine Mannschaft von 5 Mann arbeitet. Diese Maschine hat eine Drehscheibe mit Zähnen, die einige Inches lang und in verschiedenen Winkeln angeordnet sind; im Prinzip gleicht sie einer äußerst starken Kreissäge, deren Zähne viel weiter auseinanderliegen und die horizontal statt vertikal läuft. Die Maschine, deren vorderer Teil in jede Richtung gedreht werden kann, wird von der Mannschaft in die richtige Stellung geschleppt und dann von dem Mann, der am Flöz arbeitet, dagegen gedrückt. Zwei Männer, die sogenannten »Schaufler«, schaufeln die Kohle auf ein Gummifließband, das sie durch einen Tunnel zu den Förderwagen im Hauptstollen befördert, wo sie durch Dampfkraft zu den Förderkörben transportiert wird. Mir war vorher nicht klar gewesen, daß die Männer, die die Kohlensäge bedienen, an einem Ort arbeiten, der etwas weniger als ein Meter hoch ist. Als wir unter der Decke zur Abbaufront krochen, konnten wir höchstens knien, und das nicht einmal aufrecht, und ich nehme an, daß die Männer den größten Teil ihrer Arbeit auf dem Bauch liegend verrichten müssen. Auch die Hitze war fürchterlich – ungefähr 100 Grad

Fahrenheit[10], soweit ich das beurteilen konnte. Die Mannschaft gräbt unaufhörlich in die Abbaufront, indem sie halbkreisförmig hineinschneidet, schleppt die Maschine in regelmäßigen Abständen vorwärts und stützt fortlaufend die Decke ab. Es war mir ein Rätsel, wie man diese riesenhafte Maschine – die zwar flach, aber 6 oder 8 Fuß lang ist und mehrere Tonnen wiegt und nur mit Rollen, nicht Rädern, ausgestattet ist – durch diese Meilen von Gängen in die richtige Stellung bringen konnte. Allein schon dieses Ding mit dem Vorrücken des Flözes vorwärts zu schleppen, muß eine entsetzliche Anstrengung bedeuten, da die Männer es praktisch im Liegen machen müssen. In der Nähe der Abbaufront sahen wir zahlreiche Mäuse, von denen es hier nur so wimmeln soll. Sie sollen besonders in Gruben vorkommen, in denen es Pferde gibt oder gab. Ich weiß nicht, wie sie überhaupt in die Gruben gelangt sind. Wahrscheinlich in den Förderkörben, aber möglicherweise sind sie einfach den Hauptschacht hinuntergefallen – es heißt ja, daß eine Maus (dank der im Verhältnis zu ihrem Gewicht großen Körperfläche) jeden Fall aus beliebiger Höhe unverletzt übersteht.

Auf dem Rückweg nahm meine Erschöpfung derart zu, daß ich fast nicht mehr weitergehen konnte, und gegen Schluß mußte ich alle fünfzig Meter anhalten und mich ausruhen. Es bedeutete jedesmal eine fürchterliche Anstrengung, sich bei jedem Balken zu bücken und wieder zu erheben, und die Erleichterung war enorm, wenn man, meist dank eines Loches in der Decke, aufrecht stehen konnte. Gelegentlich streikten meine Knie und wollten mich einfach nicht wieder aufstehen lassen, nachdem ich mich hingekniet hatte. Das Ganze wurde dadurch noch schlimmer gemacht, daß das Dach an den niedrigsten Stellen gewöhnlich schräg ist, so daß man sich nicht nur bücken, sondern auch mehr oder weniger seitlich laufen muß. Außer dem Steiger, der uns herumführte und daran gewöhnt war, und den beiden kleinen Jungen, die

[10] 38° Celsius.

sich überhaupt nicht bücken mußten, waren wir alle ganz schön erledigt, aber ich war bei weitem am schlimmsten dran, weil ich der Größte war. Ich möchte wissen, ob es Bergleute gibt, die so groß sind wie ich, und wenn ja, ob sie deswegen leiden. Die wenigen Bergleute, die wir in der Grube antrafen, bewegten sich mit erstaunlicher Behendigkeit und rannten unter den Stempeln beinahe wie Hunde auf allen vieren herum.

Nachdem wir endlich wieder an die Erdoberfläche gekommen waren, den gröbsten Dreck abgewaschen und ein Bier getrunken hatten, ging ich nach Hause, aß zu Mittag und legte mich eine ganze Weile in ein heißes Bad. Ich war erstaunt, wieviel Dreck an mir haftete und wie schwierig es war, mich davon zu befreien. Er war trotz meiner Überziehhose und der Kleider, die ich darunter getragen hatte, in jede Pore meines Körpers eingedrungen. Natürlich haben nur sehr wenige Grubenarbeiter zuhause eine Badewanne – sie haben nur einen Kübel Wasser vor dem Küchenfeuer. Ich würde sagen, daß es ziemlich unmöglich ist, ohne eine richtige Badewanne sauber zu bleiben.

In dem Zimmer, wo wir uns umzogen, waren mehrere Käfige mit Kanarienvögeln. Diese müssen dort von Gesetzes wegen gehalten werden, um die Luft bei Explosionen zu prüfen. Sie werden in den Förderkörben hinuntergeschickt, und wenn sie nicht ohnmächtig werden, ist die Luft in Ordnung.

Die Davy-Lampen spenden ziemlich viel Licht. Oben strömt zwar etwas Luft herein, doch ist die Flamme durch feine Gaze davor geschützt. Eine Flamme kann nur durch Löcher gelangen, die einen bestimmten Mindestdurchmesser haben. Die Gaze läßt also die Luft herein, um die Flamme zu erhalten, läßt jedoch nicht die Flamme heraus, die gefährliche Gase zur Explosion bringen könnte. Jede vollgefüllte Lampe brennt 8–12 Stunden; die Lampen sind gesichert, so daß sie nicht wieder angezündet werden können, falls sie unten in der Grube ausgehen. Die Bergleute werden nach Streichhölzern durchsucht, bevor sie in die Grube hinuntergehen.

Am Mittwoch (25.) ging ich nach Liverpool, um die Deiners und Garrett zu besuchen. Ich hatte vorgehabt, am gleichen Abend wieder zurückzukehren, doch befiel mich praktisch bei meiner Ankunft in Liverpool eine Unpäßlichkeit und ich mußte mich schändlich übergeben, und so bestanden die Deiners darauf, daß ich mich ins Bett legte und bei ihnen übernachtete. Ich kam gestern abend zurück.

Ich war sehr von Garrett beeindruckt. Wenn ich vorher gewußt hätte, daß er es ist, der unter dem Pseudonym Matt Low im *Adelphi* und an ein oder zwei anderen Stellen schreibt, hätte ich schon früher Schritte unternommen, um ihn kennenzulernen. Er ist ein ziemlich großer stämmiger Kerl von ungefähr 36, irischer Abstammung, der katholisch erzogen wurde, jetzt aber Kommunist ist und in Liverpool lebt. Er erzählte mir, daß er in den letzten 6 Jahren ungefähr 9 Monate gearbeitet habe. Als junger Bursche ging er zur See und war ungefähr 10 Jahre auf See, arbeitete dann als Hafenarbeiter. Während des Krieges wurde er auf einem Schiff torpediert, das in 7 Minuten sank, doch hatten sie damit gerechnet, torpediert zu werden, und ihre Boote bereitgemacht, und so wurden alle gerettet außer dem Funker, der sich weigerte, seinen Posten zu verlassen, bis er eine Antwort bekommen hatte. Er arbeitete auch in einer verbotenen Brauerei in Chicago während der Prohibition, erlebte mehrere Raubüberfälle, sah Battling Siki unmittelbar nachdem er in einem Straßenkrawall erschossen worden war, usw. usw. All das interessiert ihn jedoch viel weniger als die Politik. Ich drängte ihn, seine Autobiographie zu schreiben, aber wie gewöhnlich findet er es als Arbeitsloser, der in etwa 2 Zimmern mit seiner Frau (die allem Anschein nach etwas dagegen hat, daß er schreibt) und mehreren Kindern lebt, unmöglich, sich irgendeiner längeren Arbeit zuzuwenden, und kann nur Kurzgeschichten schreiben. Ganz abgesehen davon, daß in Liverpool eine ungeheure Arbeitslosigkeit herrscht, ist es fast unmöglich für ihn, Arbeit zu bekommen, da er überall als Kommunist auf der schwarzen Liste steht.

Er nahm mich mit zu den Hafenanlagen, um mir zu zeigen, wie Dockarbeiter für das Entladen von Schiffen eingestellt werden. Als wir dort ankamen, warteten ungefähr 200 Männer in einem Kreis, vor ihnen Polizisten, die sie zurückhielten. Es schien, daß ein mit Obst beladenes Schiff entladen werden mußte, und auf die Nachricht hin, daß Jobs zu haben waren, hatte es eine Rauferei zwischen den Dockarbeitern gegeben, bei der die Polizei hatte eingreifen müssen. Nach einer Weile kam der Vertreter der Firma (ich glaube man nennt ihn den Stauer) aus einer Hütte heraus und begann die Namen oder vielmehr Nummern der Rotten, die er früher am Tag engagiert hatte, auszurufen. Dann brauchte er noch ungefähr 10 Mann; er spazierte um den Kreis herum und wählte hie und da einen Mann aus. Dabei hielt er immer wieder inne, nahm den Mann, den er ausgewählt hatte, bei der Schulter und zerrte ihn nach vorn, genau wie ein Stück Vieh. Alsbald verkündete er, daß das nun alles sei. Eine Art Stöhnen erhob sich von den übriggebliebenen Hafenarbeitern, und sie zogen ab. Ungefähr 50 von 200 Männern waren angestellt worden. Anscheinend müssen sich arbeitslose Dockarbeiter zweimal am Tag melden, sonst wird angenommen, daß sie gearbeitet haben (da ihre Arbeit hauptsächlich aus Tagearbeit besteht), und ihnen die Arbeitslosenunterstützung für diesen Tag gekürzt.

Es beeindruckte mich, daß Liverpool in bezug auf die Städte-Sanierung viel mehr unternimmt als die meisten Städte. Die Elendsviertel sind zwar immer noch sehr schlimm, doch gibt es viele Häuser des Sozialwohnungsbaus und billige Mietwohnungen. Gerade außerhalb von Liverpool gibt es einige Städte, die nur aus Häusern des Sozialwohnungsbaus bestehen, die wirklich ganz wohnlich und anständig aussehen, doch haben sie wie immer den Nachteil, daß sie die Leute ziemlich weit von ihrem Arbeitsplatz entfernen. Im Zentrum der Stadt sind riesige Blöcke mit Arbeiterwohnungen, die nach dem Vorbild der Wiener Wohnblöcke gebaut worden sind. Sie sind kreisförmig um einen Innenhof von ungefähr 60 Meter Durchmesser, der den Kindern als Spielplatz dient, angeordnet und fünf Stockwerke hoch. Auf der Innenseite sind rundum Balkons angebracht, und auf jeder Seite befinden sich breite Fenster, so daß jeder etwas Sonnenschein bekommt. Es gelang mir nicht, eine solche Wohnung von innen zu sehen, doch nehme ich an, daß jede entweder 2 oder 3 Zimmer[11], eine Kochnische und ein Badezimmer mit heißem Wasser hat. Die Mieten schwanken zwischen etwa 7/– für die oberen Stockwerke und 10/– für die unteren. (Keine Fahrstühle, natürlich.) Es ist bemerkenswert, daß die Leute in Liverpool sich an die Vorstellung von Mietwohnungen gewöhnt haben, während die Leute in einer Stadt wie Wigan alle meinen, daß sie lieber ein eigenes Haus hätten, auch wenn es noch so schlecht ist, obwohl sie realisieren, daß die Leute dank der Wohnungen in der Nähe ihres Arbeitsplatzes wohnen können.

Es gibt da ein oder zwei interessante Punkte. Die Umsiedlung und Beschaffung von neuem Wohnraum ist beinahe ausschließlich Sache der Stadtverwaltung, von der es heißt, daß sie völlig rücksichtslos gegenüber Privateigentum und nur allzu bereit sei, Slum-Häuser für unbewohnbar zu erklären, ohne eine Entschädigung zu leisten. Praktisch gesehen kommt dies also einer sozialistischen Gesetzgebung gleich, obwohl es von den Ortsbehörden ausgeht. Aber die Stadtverwaltung von Liverpool ist fast vollständig konservativ. Hinzu kommt, daß die Schaffung von neuem Wohnraum mit öffentlichen Mitteln zwar, wie gesagt, eine sozialistische Maßnahme ist, die eigentliche Arbeit jedoch von privaten Bauunternehmern ausgeführt wird, und es ist anzunehmen, daß die Bauunternehmer hier wie anderswo in den meisten Fällen die Freunde, Brüder, Neffen, usw. derjenigen sind, die in der Stadtverwaltung sitzen. Ab einem gewissen Punkt also lassen sich der Sozialismus und der Kapitalismus nur noch schwer

[11] Vermutlich 3 – Wohnzimmer und 2 Schlafzimmer (Anm. des Autors).

unterscheiden, und der Staat und der Kapitalist werden eins. Auf der anderen Seite des Flusses, der Birkenhead-Seite (wir gingen durch den Mersey-Tunnel), befindet sich Port Sunlight, eine Stadt in einer Stadt, die ganz von der Leverhulme-Seifenfabrik gebaut worden und in ihrem Besitz ist. Auch hier findet man ausgezeichnete Häuser zu ziemlich niedrigen Mieten, doch sind sie, ähnlich wie öffentliches Eigentum, Einschränkungen unterworfen. Wenn man die Gebäude des Sozialwohnungsbaus auf der einen Seite und diejenigen von Lord Leverhulme auf der anderen Seite betrachtet, ist es schwierig, einen Unterschied festzustellen.

Ein weiterer Punkt ist der folgende. Liverpool wird praktisch von Katholiken regiert. Das römisch-katholische Ideal ist, zumindest in der Form, in der es von Schriftstellern wie Chesterton oder Beachcomber[12] vertreten wird, immer für das Privateigentum und generell gegen eine sozialistische Gesetzgebung und den »Fortschritt«. Der Schriftsteller vom Typ Chestertons sähe es am liebsten, daß ein freier Bauer oder ein anderer Kleinbesitzer in seinem eigenen privaten und wahrscheinlich unhygienischen Häuschen wohnt, er sieht es nicht gern, daß ein Arbeiter, der für einen Hungerlohn arbeitet, in einer ausgezeichnet ausgestatteten Sozialwohnung wohnt und an Beschränkungen hinsichtlich der sanitären Einrichtungen, usw. gebunden ist. Die Katholiken in Liverpool handeln somit gegen die angeblichen Folgerungen ihrer eigenen Religion. Aber ich nehme an, daß die Chestertons *et hoc genus* einen anderen Ton anschlagen würden, wenn sie begriffen, daß die Katholiken die Möglichkeit haben, den Apparat der lokalen und einer anderen Regierung, auch wenn sie sozialistisch genannt wird, an sich zu reißen.

In Liverpool tragen die Leute keine Holzschuhe oder Schals auf dem Kopf. Als ich mit dem Auto zurückfuhr,

---

[12] »Beachcomber« war eine Spalte im *Daily Express*, die 1924 von J. B. Morton, einem Katholiken, eingeführt wurde. Immer wieder macht Orwell im Laufe seiner journalistischen Tätigkeit abschätzige Anspielungen darauf.

bemerkte ich, wie plötzlich diese Sitte etwas westlich von Wigan aufhört.[13]

Versuche es so einzurichten, daß ich per Schiff nach London zurückfahren kann, wenn G. mir eine Überfahrt auf einem Frachter verschaffen kann.

Habe zwei Messingleuchter und ein Schiff in einer Flasche gekauft. Habe 9/– für die Leuchter bezahlt. G. war der Meinung, daß man mich betrogen hatte, aber sie sind aus wirklich schönem Messing.

3. März

Dieses Haus: zwei oben – zwei unten, Wohnzimmer ungefähr 14 auf 12 Fuß, Salon etwas kleiner. Spülstein und Waschkessel im Wohnzimmer, kein Gasofen, WC draußen. Miete plus Gebühren ungefähr 8/6d. Hat auch 2 Kellerräume. Der Mann ist arbeitslos (PAC[14] – war früher Lagerverwalter in einer Fabrik, die stillgelegt wurde und ihr ganzes Personal entließ), Frau arbeitet als Putzfrau für 6 Schillinge die Stunde. Ein Kind im Alter von 5 Jahren.

B.: 45 Jahre alt, sieht aber jünger aus. Seine rechte Hand ist mißgebildet, ebenso einer seiner Füße. Dies hat er geerbt und er fürchtet, daß es übertragbar ist, will deshalb nicht heiraten. Infolgedessen ist er kaum je einer normalen Beschäftigung nachgegangen. War einige Jahre lang bei einem Zirkus als Stallknecht, Clown und »Wildwest«-Reiter – er konnte anscheinend die Zügel mit seiner geschädigten Hand handhaben. Lebt jetzt allein und bekommt aus irgendeinem Grund keine Arbeitslosenunterstützung, nur etwas von der Kirchengemeinde und Unterstützung von seinem Bruder. Hat ein Einzelzimmer, in dem er nur einen offenen Kamin – keinen

---

[13] Jedermann in Wigan behauptet, daß Holzschuhe aus der Mode kommen. Aber in den ärmeren Vierteln scheinen mir einige Leute Holzschuhe zu tragen, und es gibt (glaube ich) 10 Läden, die nichts anderes verkaufen. (Anm. des Autors)

[14] Bezieht Arbeitslosenunterstützung vom Public Assistance Committee (Komitee für öffentliche Fürsorge) der Ortsbehörden.

Ofen – zum Kochen hat. Ist schrecklich verbittert und erklärt, daß jeder echte Sozialist ein eigentliches Gefühl von Haß gegenüber der Bourgeoisie haben muß, und sei es auch nur ein persönlicher Haß gegen Einzelpersonen. Seine politischen Überzeugungen sind mit dem üblichen Lokalpatriotismus des Yorkshiremannes durchsetzt und ein großer Teil seiner Unterhaltung besteht aus einem Vergleich zwischen London und Sheffield, zum Nachteil Londons. Seiner Ansicht nach übertrifft Sheffield London in jeder Hinsicht, d. h. einerseits sind die neuen Wohnungsbauprojekte in Sheffield unendlich viel besser, und andererseits sind die Elendsviertel von Sheffield schmutziger als alles, was London zu bieten hat. Ich stelle fest, daß neben dem üblichen Haß zwischen den Nord- und den Südengländern auch ein Haß zwischen den Bewohnern Yorkshires und denjenigen Lancashires besteht, und auch ein vernichtender Haß zwischen den verschiedenen Städten Yorkshires. Keiner hier im Norden scheint von irgendeinem Ort im Süden Englands außer London gehört zu haben. Wenn man aus dem Süden stammt, wird sofort angenommen, daß man ein waschechter Londoner ist, auch wenn man es noch so oft bestreitet. Der Nordengländer verachtet zwar den Südengländer, hat aber gleichzeitig das unbehagliche Gefühl, daß letzterer mehr von der Kunst des Lebens versteht, und ist sehr darauf bedacht, ihm zu imponieren.

Hatte einen sehr langen und anstrengenden Tag (ich schreibe nun am 4. März weiter), da ich durch jedes Viertel von Sheffield zu Fuß und per Tram geführt wurde. Ich bin jetzt fast in der ganzen Stadt herumgelaufen. Jetzt, bei Tageslicht, scheint mir Sheffield einer der entsetzlichsten Orte zu sein, die ich je gesehen habe. Ganz gleich in welche Richtung man schaut, überall sieht man die gleiche Landschaft von gräßlichen Schornsteinen, die Rauch ausströmen. Der Rauch ist manchmal schwarz und manchmal rosa gefärbt, was durch Schwefel bedingt sein soll. Der Schwefelgeruch hängt ständig in der Luft. Alle Gebäude werden innerhalb von ein oder zwei Jahren nach ihrer Errichtung schwarz. Einmal hielt ich an und zählte die Fabrikschornsteine, die ich sehen konnte, und es waren 33. Aber es war nicht nur verräuchert, sondern auch sehr dunstig – an einem klaren Tag hätte ich noch viel mehr Schornsteine sehen können. Ich bezweifle, ob es in der Stadt ein einziges architektonisch annehmbares Gebäude gibt. Die Stadt ist sehr hügelig (es heißt, sie sei auf sieben Hügeln gebaut, wie Rom), und überall führen Straßen von schäbigen kleinen Häusern, die durch Rauch geschwärzt sind, in scharfen Winkeln die Hügel hinauf. Sie sind mit Kopfsteinpflaster gepflastert, dessen Steine absichtlich unregelmäßig angeordnet sind, um den Pferden usw. einen Halt zu bieten. Nachts entstehen durch die Hügeligkeit schöne Effekte: wenn man von einem Hang zum anderen hinüberschaut, sehen die Lichter wie funkelnde Sterne aus. Riesige Stichflammen schießen in regelmäßigen Zeitabständen aus den Dächern der Gießereien hervor (viele arbeiten zur Zeit in der Nachtschicht) und leuchten durch den Rauch und Dampf in einer prächtigen rosenroten Farbe. Wenn man einen flüchtigen Blick ins Innere erhascht, sieht man riesige Feuerschlangen von rotglühendem und weißglühendem (eigentlich zitronenfarbenem) Eisen, das zu Schienen ausgewalzt wird. Im Elendsviertel in der Stadtmitte befinden sich die kleinen Werkstätten der »kleinen Bosse«, d. h. kleiner Unternehmer, die hauptsächlich Messerwaren herstellen. Ich glaube nicht, daß ich je in meinem Leben so viele kaputte Fenster gesehen habe. Einige dieser Werkstätten haben kaum eine Glasscheibe in ihren Fenstern, und man würde nicht glauben, daß sie bewohnbar sind, wenn man nicht die Angestellten, vor allem Mädchen, drinnen arbeiten sähe.

Die Stadt wird mit einer unheimlichen Geschwindigkeit niedergerissen und wieder aufgebaut. Überall in den Slums sind Löcher mit schmutzigen Hügeln von Backsteinen, wo unbewohnbare Häuser abgerissen worden sind, und an allen Stadträndern schießen neue Siedlungen mit Sozialwohnungen empor. Diese stehen – zumindest in ihrem Aussehen –

weit hinter denjenigen von Liverpool zurück. Sie befinden sich auch an schrecklich ungeschützten Lagen. Eine Siedlung gerade hinter dem Haus, wo ich jetzt wohne, steht auf entsetzlich klebrigem Lehmboden, genau auf dem Gipfel eines Hügels, über den eisige Winde hinwegfegen. Übrigens müssen die Leute, die von den Slums in diese neuen Häuser ziehen, immer eine höhere Miete zahlen und auch viel mehr für Heizmaterial ausgeben, um sich warmzuhalten. Sie dürften in vielen Fällen auch weiter von ihrem Arbeitsplatz entfernt sein und daher mehr für Transportmittel ausgeben.

Am Abend wurde ich zu einer Methodistenkirche mitgenommen, wo irgendein Männerverein (sie nennen es Brüderschaft) sich einmal in der Woche trifft, um sich einen Vortrag anzuhören und zu diskutieren. Nächste Woche spricht ein Kommunist, zum offensichtlichen Entsetzen des Geistlichen, der die Mitteilungen verlas. Diese Woche war es ein Geistlicher, der über »Sauberes und schmutziges Wasser« sprach. Sein Vortrag bestand aus unwahrscheinlich dummen und unzusammenhängenden Abschweifungen über Shaws *Adventures of a Black Girl* usw. Die meisten Zuhörer verstanden kein Wort davon, ja hörten kaum zu, und das anschließende Gespräch und die Fragen waren so unerträglich, daß B. und ich mit seinem Freund Binns hinausschlüpften, um das Haus von Binns anzuschauen, über das ich mir Notizen gemacht habe. B. meint, daß die meisten Mitglieder dieser Brüderschaft arbeitslose Männer seien, die sich fast alles gefallen ließen, nur um für ein paar Stunden in der Wärme sitzen zu können.

Akzent in Sheffield nicht so breit wie in Lancashire. Einige sehr wenige Leute, vor allem Bergarbeiter glaube ich, tragen Holzschuhe.

7. März

Wohne bis nächsten Mittwoch bei M[arjorie] und H[umphrey] an der Astcourt Avenue 21, Headingley. Bin mir die ganze Zeit des Unterschiedes in der Atmosphäre zwischen einem bourgeoisen Heim, selbst dieser Art, und einem Arbeiterheim bewußt. Der wesentliche Unterschied ist der, daß man hier einen *Spielraum* hat, obwohl 5 Erwachsene und 3 Kinder, und einige Tiere, gegenwärtig in diesem Haus wohnen. Mit Kindern ist es natürlich schwierig, Ruhe zu haben, aber wenn man unbedingt allein sein will, kann man es – in einem Arbeiterheim *niemals,* weder bei Tag noch bei Nacht.

Eine der Unannehmlichkeiten, die aus dem Leben eines Arbeiters nicht wegzudenken sind, ist das *Herumwarten.* Wenn man ein Gehalt bekommt, wird es einem auf das Bankkonto eingezahlt und man hebt es ab, wenn man es haben will. Wenn man einen *Lohn* erhält, muß man ihn holen gehen, wenn es jemandem anders paßt, muß wahrscheinlich herumlungern und soll womöglich so tun, als sei es ein Gunstbeweis, daß einem der Lohn überhaupt bezahlt wird. Als Herr H. in Wigan zum Bergwerk ging, um seine Entschädigung zu beziehen, mußte er aus irgendeinem Grund, den ich nicht verstand, an zwei verschiedenen Tagen jede Woche hingehen, und man ließ ihn ungefähr eine Stunde in der Kälte warten, bevor man ihm das Geld gab. Außerdem kosteten ihn die vier Tramfahrten zum Bergwerk und zurück 1/–, was seine Entschädigung von 29/– die Woche auf 28/– herabsetzte. Er nahm dies natürlich als selbstverständlich hin. Die Folge davon, daß man die Arbeiter an solche Dinge gewöhnt, ist, daß sich der Arbeiter immer als Sklave einer mehr oder minder mysteriösen Obrigkeit vorkommt, während der Bourgeois mit der Erwartung durchs Leben geht, daß er, in Grenzen, bekommt, was er will. Als ich zum Rathaus von Sheffield ging, um bestimmte Statistiken zu verlangen, frappierte es mich, daß sowohl B. als auch Searle – beides Leute, deren Auftreten viel überzeugender ist als meines – unsicher waren, nicht mit mir ins Büro kommen wollten und annahmen, daß der Gemeindeschreiber mir die Auskunft verweigern würde. Sie sagten: »Vielleicht gibt er sie *Ihnen,* aber *uns* würde er sie nicht geben.« Tatsächlich war der Gemeindeschreiber arrogant und gab mir nicht alle Auskünfte, um die ich gebeten hatte. Aber der springende Punkt war der, daß ich annahm, daß man mir auf meine Fragen antworten würde, während die anderen beiden vom Gegenteil ausgingen.

Aus diesem Grund beobachtet man in den Ländern, in denen es eine gesellschaftliche Hierarchie gibt, daß in schwierigen Zeiten meist die Leute der oberen Schichten in den Vordergrund treten, obwohl sie im Grunde nicht begabter sind als die anderen. Daß sie dies tun, scheint immer und überall als selbstverständlich betrachtet zu werden. Darf nicht vergessen, die Stelle in Lissagarays *History of the Commune* nachzuschlagen, wo die Erschießungen nach der Unterdrückung der Kommune beschrieben werden. Sie erschossen die Rädelsführer ohne Gerichtsprozeß, und da sie nicht wußten, wer die Rädelsführer waren, wählten sie sie nach dem Prinzip aus, daß diejenigen, die einer besseren Klasse angehörten, die Rädelsführer seien. Ein Mann wurde erschossen, weil er eine Uhr trug, ein anderer, weil er »ein intelligentes Gesicht hatte«. Unbedingt diese Stelle nachschlagen.

Gestern ging ich mit H. und M. zum Haworth Parsonage, das früher das Heim der Brontës war und jetzt ein Museum ist. Am meisten beeindruckte mich ein Paar von Charlotte Brontës Stiefeln, die mit Stoff überzogen, sehr klein, vorne viereckig sind und an der Seite geschnürt werden.

11. März

An den letzten beiden Abenden besuchte ich »Diskussionsgruppen« – das sind Gesellschaften von Leuten, die sich einmal die Woche treffen, irgendeinen Vortrag am Radio mithören und ihn besprechen. Am Montag waren hauptsächlich arbeitslose Männer anwesend, und ich nehme an, daß diese »Diskussionsgruppen« von den Leuten der sozialen Fürsorge, die die Beschäftigungszentren für Arbeitslose leiten, gegründet oder zumindest vorgeschlagen wurden. Die

Gruppe vom Montag war gesittet und ziemlich langweilig. Dreizehn Leute, uns mitgerechnet (eine Frau außer M.), treffen sich in einem Zimmer, das an eine öffentliche Bibliothek angrenzte. Der Vortrag handelte von Galsworthys Stück *The Skin Game* und die Diskussionsteilnehmer blieben beim Thema, bis die meisten von uns zu einer Kneipe überwechselten, wo wir Brot und Käse aßen und ein Bier tranken. Zwei Leute beherrschten die Versammlung, der eine ein riesiger stiernackiger Mann namens Rowe, der allem, was der letzte Sprecher gesagt hatte, widersprach und sich in die entsetzlichsten Widersprüche verwickelte, der andere ein ziemlich junger, sehr intelligenter und äußerst gut informierter Mann namens Creed. Aus seiner geschliffenen Sprache, seiner ruhigen Stimme und seiner scheinbaren Allwissenheit schloß ich, daß er ein Bibliothekar war. Es stellte sich heraus, daß er ein Tabakgeschäft führt und vorher Handelsreisender war. Während des Krieges wurde er als Kriegsdienstverweigerer aus Gewissensgründen ins Gefängnis gesteckt. Die andere Diskussionssitzung fand in einer Kneipe statt, und die Leute dort waren höhergestellt. Die Abmachung ist die, daß M. und H. dorthin gehen und das Kofferradio mitbringen, und der Wirt, der Mitglied der Gruppe ist, überläßt ihnen ein Zimmer für den Abend. Dieses Mal hieß der Vortrag »Wenn Plato heute lebte«, aber eigentlich hörte niemand außer M. und mir mit – H. ist nach Bedford verreist. Als der Vortrag zu Ende war, wälzten sich der Wirt, ein Kanadier mit einem sehr kahlen Kopf, ein Handelsgärtner, der bereits betrunken war, und ein anderer Mann herein und fingen eine Sauforgie an, der wir ungefähr nach einer Stunde mit Mühe entkamen. An beiden Abenden drehte sich ein großer Teil der Unterhaltung um die europäische Situation, und die meisten Leute meinten (einige von ihnen mit kaum verhohlener Hoffnung), daß es mit Sicherheit einen Krieg gibt. Mit zwei Ausnahmen alle prodeutsch.

Heute nach Barnsley, um eine Unterkunft zu besorgen. Wilde, der Sekretär der Südyorkshire-Zweigstelle vom Working Men's Club & Institute Union, hat alles für mich arrangiert. Die Adresse ist Agnes Avenue. Das übliche 2-oben-2-unten-Haus, mit Spülstein im Wohnzimmer, wie in Sheffield. Der Mann ist Grubenarbeiter und war fort, als ich dort ankam. Das Haus war in großer Unordnung, da es Waschtag war, schien jedoch sauber. Wilde war zwar freundlich und hilfreich, aber eine sehr undefinierbare Person. Bis 1924 arbeitete er als Bergarbeiter, ist aber bourgeoisifiziert worden. Ist schick gekleidet, mit Handschuhen und Schirm, und hat sehr wenig Akzent – ich hätte ihn seinem Aussehen nach für einen Anwalt gehalten.

Barnsley ist eine Spur kleiner als Wigan – ungefähr 70.000 Einwohner –, aber eindeutig weniger arm, zumindest dem Anschein nach. Viel bessere Geschäfte und ein regeres Geschäftsleben. Viele Grubenarbeiter kehren von der Morgenschicht nach Hause zurück. Tragen größtenteils Holzschuhe, aber mit einer viereckigen Kappe, anders als diejenigen in Lancashire.

15. März

Gestern abend mit Wilde und anderen zur Generalversammlung der Südyorkshire-Zweigstelle des Working Men's Club & Institute Union, die in einem der Klubs in Barnsley abgehalten wurde. Es waren ungefähr 200 Leute dort, die alle fleißig Bier und Sandwiches verschlangen, obwohl es erst 16.30 war – sie hatten für diesen Tag eine Verlängerung bekommen. Das Klubhaus war ein großes Gebäude, eigentlich eine vergrößerte Kneipe mit einem großen Saal, der für Konzerte usw. benutzt werden konnte und in dem Versammlungen abgehalten wurden. Es ging teilweise etwas stürmisch zu, aber Wilde und der Vorsitzende hatten alles ziemlich unter Kontrolle und beherrschten vollkommen die Ausdrucksweise und das Verhalten, die auf dem Podium üblich sind. Ich entnehme der Bilanz, daß W.s Gehalt £ 260 pro Jahr beträgt. Mir war vorher nicht klar gewesen, wieviele dieser Arbeiterklubs es gibt und wie wichtig sie sind, besonders im Norden und insbesondere in Yorkshire. Die an dieser Versammlung Anwesenden bestanden aus Delegierten von allen Klubs in Yorkshire. Es werden wohl etwa 150 Delegierte gewesen sein, die 75 Klubs und etwa 10000 Mitglieder vertraten. Dies bezieht sich nur auf Yorkshire. Nach der Versammlung bat man mich ins Komiteezimmer, wo ich mit rund 30 der, so schloß ich, wichtigeren Delegierten Tee trank. Wir hatten kalten Schinken, Brot und Butter, Kuchen und Whisky, den alle in den Tee gossen. Danach ging ich mit W. und den anderen zum Radical and Liberal Club in der Stadtmitte, wo ich vorher schon gewesen war. Es wurde gerade eine Art Konzert aufgeführt, da diese Klubs, so wie die Kneipen, Sänger usw. für das Wochenende engagieren. Da war ein ziemlich guter Klamaukkomiker, der so die üblichen Zwillings-Schwiegermutter-Witze riß, und es wurde ganz schön gesoffen. Wildes Akzent wird viel stärker, wenn er in einer solchen Umgebung ist. Es scheint, daß mit der Gründung dieser Klubs im letzten Jahrhundert ursprünglich karitative Ziele verfolgt wurden, und natürlich waren sie alkoholfrei. Aber sie entgingen dem Alkoholverbot, indem sie finanziell unabhängig wurden, und haben sich, wie gesagt, zu einer Art »besserer« Genossenschaftskneipe entwickelt. G., der dem Radical and Liberal Club angehört, hat mir erzählt, daß sein Mitgliedsbeitrag 1/6 d pro Quartal beträgt und alle Getränke 1 oder 2 Schillinge pro Pint billiger sind als in den Kneipen. Jugendliche unter 21 sind nicht zugelassen und Frauen können (glaube ich) nicht Mitglieder sein, und darin und in der Tatsache, daß die Mitglieder hauptsächlich aus der eher wohlhabenden Schicht der Arbeiter stammen – relativ wenig Arbeitslose –, kann man die Keime der Gefahr jetzt schon sehen, daß sie politisch für antisozialistische Zwecke mobilisiert werden könnten.

Hatte ein Gespräch mit einem Mann, der früher Grubenarbeiter war, aber jetzt als ungelernter Arbeiter für die Stadtverwaltung arbeitet. Er erzählte mir von den Wohnungsverhältnissen in Barnsley zur Zeit, als er noch ein Kind war. Er wuchs in einem Haus auf, in dem 11 Leute wohnten (vermutlich 2 Schlafzimmer), und man mußte nicht nur 200 Meter bis zur Toilette gehen, sondern sie auch noch mit insgesamt 37 anderen teilen.

Habe abgemacht, nächsten Samstag die Grimethorpe-Grube zu besichtigen. Dies ist eine sehr moderne Grube, in der es bestimmte Maschinen gibt, die man nirgendwo sonst in England findet. Werde am Donnerstag auch in eine »Tagebau«-Grube hinuntersteigen. Der Mann, mit dem ich sprach, erzählte mir, daß es eine Meile bis zur Abbaufront sei. Wenn das »Marschieren« schlimm ist, werde ich also nicht bis zum Ende der Strecke gehen – ich möchte nur sehen, wie ein »Tagebau« aussieht, und werde mich nicht wie das letzte Mal kaputtmachen.

Wenn G. von der Grube zurückkehrt, wäscht er sich, bevor er etwas ißt. Ich weiß nicht, ob das üblich ist, doch habe ich oft gesehen, daß Bergarbeiter sich mit einem Christy-Minstrel-Gesicht[15] an den Tisch setzen – völlig schwarz außer den sehr roten Lippen, die durch das Essen sauber werden. Wenn G. ankommt, ist er pechschwarz, besonders seine Kopfhaut – aus diesem Grund tragen Bergarbeiter das Haar gewöhnlich kurz. Er füllt ein großes Becken mit heißem Wasser, zieht sich bis zur Taille aus und wäscht sich sehr systematisch: zuerst seine Hände, dann seine Oberarme, dann seine Unterarme, dann seine Brust und Schultern, dann sein Gesicht und seinen Kopf. Anschließend trocknet er sich ab und seine Frau wäscht ihm den Rücken. Sein Nabel ist danach immer noch ein Nest von Kohlenstaub. Ich nehme an, daß er von der Taille an abwärts normalerweise ziemlich schwarz ist. Es gibt öffentliche Bäder, und die Bergarbeiter benützen sie auch, aber in der Regel nicht mehr als einmal in der Woche – darüber kann man sich nicht wundern, da ein Bergarbeiter nicht viel Zeit zwischen der Arbeit und dem

---

[15] Variétéartist (bes. Sänger), der als Neger geschminkt auftritt.

Schlafen hat. Abgesehen von den neuen Sozialwohnungen gibt es praktisch keine Bergarbeiter-Häuser mit Badezimmer. Nur ein paar Bergwerke haben Bäder am Schachtausgang.

Ich bemerke, daß G. nicht sehr viel ißt. Zur Zeit ißt er das gleiche zum Frühstück wie ich (ein Ei mit Speck, Brot – keine Butter – und Tee) und ein leichtes Mittagessen, wie z.B. Brot und Käse, ungefähr um halb eins, da er nachmittags arbeitet. Er behauptet, er könne nicht richtig arbeiten, wenn er zu viel gegessen habe. Zur Grube nimmt er etwas Brot und Bratenfett und kalten Tee mit. Das ist das Übliche. Die Männer wollen nicht viel in der stickigen Luft dort unten essen, und außerdem gewährt man ihnen keine Pausen dazu. Er kommt zwischen 22 und 23.00 Uhr nach Hause, und dann ißt er die einzige schwere Mahlzeit des Tages.

16. März

Gestern abend zum Vortrag von Mosley[16] im Gemeindesaal, der seiner Struktur nach ein Theater ist. Er war ziemlich voll – ungefähr 700 Leute würde ich sagen. Rund 100 diensttuende Faschisten, mit zwei oder drei Ausnahmen alles mickrig-aussehende Typen, und Mädchen, die *Action*[17] verkauften. Mosley sprach anderthalb Stunden lang und schien zu meinem Entsetzen die Versammlung größtenteils hinter sich zu haben. Am Anfang wurde er ausgepfiffen, doch am Schluß wurde ihm laut Beifall gespendet. Mehrere Männer, die am Anfang versucht hatten, Fragen einzuwerfen, wurden hinausgeworfen, einer von ihnen – der, soweit ich sehen konnte, nur versuchte, eine Antwort auf seine Frage zu bekommen – mit völlig unnötiger Gewalt, indem sich mehrere Faschisten auf ihn warfen und Schläge auf ihn niederregnen ließen, während er noch saß und noch gar keine Gewalt angewandt hatte. M. ist ein sehr guter Redner. Sein Vortrag bestand aus dem

[16] Sir Oswald Mosley, Anführer der britischen Faschisten.
[17] *Action*, Zeitschrift der British Union of Fascists.

üblichen Gewäsch – Freihandel innerhalb des Britischen Reiches, nieder mit den Juden und den Ausländern, durchweg höhere Löhne und kürzere Arbeitszeiten, usw. usw. Nach dem anfänglichen Buhgeschrei gelang es M. mühelos, das (vor allem) aus Arbeitern bestehende Publikum einzuwickeln. Er sprach gleichsam von einem sozialistischen Standpunkt, da er den Verrat der verschiedenen Regierungen an der Arbeiterschaft verurteilte. Die Schuld an allem wurde mysteriösen internationalen Banden von Juden zugeschrieben, die, unter anderem, die britische Labour Partei und das Sowjetsystem finanzieren sollen. M.s Erklärung betreffs der internationalen Lage: »Wir haben bereits einmal gegen Deutschland gekämpft, und damals ging es um England; wir werden doch nicht jetzt gegen sie kämpfen, wo es um die Juden geht«, wurde mit lautem Beifall aufgenommen. Anschließend wurden wie immer Fragen gestellt, und es fiel mir auf, wie einfach es ist, ein ungebildetes Publikum einzuwickeln, wenn man sich vorher eine Serie von schlagfertigen Antworten zurechtgelegt hat, mit denen man unangenehmen Fragen geschickt ausweichen kann. Zum Beispiel rühmte M. ständig Italien und Deutschland, aber als er zu den Konzentrationslagern Stellung nehmen sollte, antwortete er stets: »Wir haben keine ausländischen Modelle; was in Deutschland geschieht, muß nicht unbedingt hier geschehen.« Auf die Frage: »Woher wissen Sie, daß Ihr Geld nicht verwendet wird, um billige ausländische Arbeitskräfte zu finanzieren?« (da M. die jüdischen Finanziers angeprangert hatte, die dies angeblich tun), antwortete M. »Ich habe mein ganzes Geld in England angelegt«, und ich vermute, daß nur ein relativ geringer Prozentsatz des Publikums erkannte, daß damit noch überhaupt nichts gesagt war.

Am Anfang sagte M., daß jeder, der hinausgeschmissen würde, gemäß dem Public Meetings Act [Gesetz über öffentliche Versammlungen] angeklagt werden würde. Ich weiß nicht, ob dies tatsächlich der Fall war, doch vermutlich steht es in ihrer Macht, dies zu tun. In diesem Zusammenhang ist die Tatsache von großer Bedeutung, daß im *Innern des Gebäudes* keine diensthabenden Polizisten waren. Jeder, der unterbricht, kann angegriffen und hinausgeschmissen und obendrein noch angeklagt werden, und natürlich entscheiden die Aufseher, d.h. M. selbst, darüber, was eine Unterbrechung darstellt. Deshalb muß man immer damit rechnen, daß man sowohl verdroschen wird als auch eine Geldstrafe bekommt, wenn man eine Frage stellt, die M. schwierig zu beantworten findet.

Am Schluß der Versammlung sammelte sich draußen eine große Menschenmenge an, da eine allgemeine Entrüstung wegen der Männer herrschte, die hinausgeworfen worden waren. Ich wartete ziemlich lange in der Menge, weil ich sehen wollte, was geschehen würde, aber M. und seine Leute kamen nicht zum Vorschein. Dann gelang es der Polizei, die Menge zu spalten, und ich fand mich an der Front wieder, worauf ein Polizist mich wegschickte, aber in einer durchaus zivilisierten Weise. Ich ging außen um die Menge herum nach hinten und wartete abermals, aber M. zeigte sich noch immer nicht, und ich schloß, daß man ihn heimlich durch eine Hintertür hinausgeschmuggelt hatte, und so ging ich nach Hause. Am Morgen wurde mir jedoch beim Büro des *Chronicle* gesagt, daß einige Leute Steine geworfen hatten und zwei Männer verhaftet und in Untersuchungshaft gesteckt worden waren.

G. wechselte heute Morgen zur frühen Morgenschicht über. Er steht um 3⁴⁵ Uhr auf und muß um 6⁰⁰ bei der Arbeit, d.h. vor Ort sein. Er kommt ungefähr um 14³⁰ nach Hause. Seine Frau steht morgens nicht auf, um ihm das Frühstück zuzubereiten, und er sagt, daß nur wenige Bergarbeiter ihren Frauen das erlauben. Auch, daß es noch Bergarbeiter gibt, die umkehren und nach Hause gehen, wenn sie auf ihrem Weg zur Arbeit einer Frau begegnen. Es gilt als Unglück, eine Frau zu sehen, bevor man zur Arbeit geht. Ich nehme an, daß dies nur für die frühe Morgenschicht gilt.

Die öffentlichen Bäder von Barnsley sind sehr schlecht. Altmodische Badewannen, keineswegs sauber, und nicht annähernd genug von ihnen. Dem Äußeren nach zu urteilen, sind es höchstens 50 Bäder[18] – und das in einer Stadt von 70-80 Tausend Einwohnern, größtenteils Bergarbeitern, von denen nicht einer ein Bad in seinem eigenen Haus hat, außer in den neuen Sozialwohnungen.

Einige seltsame Zufälle. Als ich Len Kaye besuchen ging, empfahl er mir, Tommy Degnan aufzusuchen, dem ich auch von Paddy Grady empfohlen worden war. Aber noch seltsamer war, daß D. einer der Männer war, die bei der Versammlung von Mosley hinausgeschmissen worden waren, wenn auch nicht derjenige, der vor meinen Augen hinausgeworfen worden war. Gestern abend ging ich bei D. vorbei und hatte Mühe, ihn zu finden. Er wohnt in einem scheußlichen Schuppen namens Garden House, einem alten, fast zerfallenen Haus, das ein halbes Dutzend arbeitsloser Männer sich angeeignet hat und aus dem sie eine Art Pension gemacht haben. D. selbst ist nicht arbeitslos, »spielt« jedoch gegenwärtig arbeitslos, weil er ein paar Tage vor den Prügeln, die er an Mosleys Versammlung gekriegt hatte, durch einen Felssturz im Bergwerk leicht zerquetscht worden war. Wir machten uns auf, um den Mann zu suchen, der vor meinen Augen hinausgeworfen worden war, da ich Einzelheiten erfahren und seine blauen Flecken sehen will, bevor ich darüber an die Zeitungen schreibe, aber ich konnte ihn nicht finden; ich soll ihn heute treffen. Wieder auf der Straße, trafen wir zufällig einen anderen Mann, der hinausgeworfen wurde. Sein Rausschmiß war ein interessantes Beispiel dafür, wie jedes Durcheinander verdreht und von einem Demagogen vom Schlage Mosleys zu seinem Vorteil gewendet werden kann. Zur Zeit des Aufruhrs im hinteren Teil des Saales sah man diesen Mann

[18] Eigentlich 19: (Anm. des Autors)

– Hennessey[19] war, glaube ich, sein Name – auf die Bühne stürzen, und alle dachten, daß er dorthin geeilt war, um etwas herauszuschreien und M.s Rede zu unterbrechen. Es kam mir damals merkwürdig vor, daß er zwar auf der Bühne war, aber nicht herausschrie, und im nächsten Augenblick hatten die Faschisten auf der Tribüne ihn gepackt und hinausbefördert. M. schrie »Ein typischer Fall von roter Taktik!« Folgendes muß anscheinend passiert sein: Hennessey sah die Faschisten hinten im Saal auf D. einschlagen und konnte nicht zu ihm gelangen, um ihm zu helfen, weil in der Mitte kein Gang ist; aber es gab einen Gang an der rechten Seite, und der einzige Weg, dorthin zu gelangen, war der über die Bühne. D. wurde nach seinem Rausschmiß gemäß dem Public Meetings Act angeklagt, nicht jedoch H. Ich weiß noch nicht, ob der andere Mann, Marshall, angeklagt wurde. Die Frau, die hinausgeworfen worden war – das ereignete sich irgendwo hinten und ich konnte es nicht sehen –, wurde mit einem Schalltrichter auf den Kopf geschlagen und verbrachte einen Tag im Krankenhaus. D. und H. waren zusammen in der Armee, und als die V. Armee 1918 besiegt wurde, wurde H. am Bein verletzt und D. gefangengenommen. D. wurde, da er Bergarbeiter war, in die polnischen Bergwerke arbeiten geschickt. Er sagte mir, daß alle von ihnen Bäder am Schachtausgang haben. H. behauptet, daß die französischen auch welche hätten.

G. erzählte mir eine gräßliche Geschichte von einem Freund von ihm, einem Tagelöhner, der bei lebendigem Leibe begraben wurde. Er wurde durch einen Felssturz unter kleinen Steinen begraben. Die anderen stürzten sofort zu ihm, und obwohl sie ihn nicht ganz herausholen konnten, gelang es ihnen doch, seinen Kopf und seine Schultern frei zu machen, so daß er atmen konnte. Er lebte noch und sprach

[19] Sein Name ist Firth. Ich verstand Hennessey, weil er mir als Hellis Firth vorgestellt wurde. (*E*llis Firth – die Leute sind hier sehr launenhaft mit ihren H's.) (Anm. des Autors.)

mit ihnen. In diesem Augenblick sahen sie, daß die Decke wieder einstürzte, und mußten sich selbst in Sicherheit bringen. Wieder wurde er begraben, und abermals gelang es ihnen, zu ihm durchzudringen und seinen Kopf frei zu machen, und auch dieses Mal lebte er noch und sprach mit ihnen. Dann stürzte die Decke wieder ein, und dieses Mal konnten sie ihn erst nach einigen Stunden bergen, als er natürlich schon tot war. Aber der springende Punkt an der ganzen Geschichte war – von G.s Standpunkt aus gesehen –, daß dieser Mann vorher gewußt hatte, daß dieser Teil der Grube gefährlich war und ihn wahrscheinlich begraben würde: »Und es beschäftigte ihn derart, daß er seine Frau küßte, bevor er zur Arbeit ging. Und sie erzählte mir nachher, es sei seit Jahren das erste Mal gewesen, daß er sie geküßt habe.«

In der Nähe von hier wohnt eine sehr alte Frau – eine Frau aus Lancashire –, die in ihrer Jugend in der Grube gearbeitet hat, und zwar zog sie Fässer voll Kohle mit einem Geschirr und einer Kette. Sie ist 83, also wird das vermutlich in den siebziger Jahren gewesen sein.

19. März

Bin nach meiner Besichtigung des »Tagebaus« schrecklich erschöpft, da ich natürlich nicht die Willensstärke hatte, zu sagen, daß ich nicht bis zur Abbaufront gehen wollte.

Ich ging ungefähr um 15^{00} mit dem »Steiger« (Mr. Lawson) hinunter und kam etwa um 18^{15} wieder herauf. L. meinte, wir hätten nicht ganz zwei Meilen zurückgelegt. Ich muß sagen, daß ich eindeutig besser vorankam als in Wigan, sei es, weil es sich besser gehen ließ, was ich glaube – man konnte wohl ungefähr ein Drittel des Weges aufrecht gehen –, oder sei es, weil L. ein alter Mann ist und seinen Schritt dem meinen anpaßte. Diese Grube unterscheidet sich von den anderen nicht nur darin, daß sie ein »Tagebau« ist, sondern vor allem auch dadurch, daß sie an den meisten Stellen höllisch naß ist. Hier und da floß das Wasser richtig in Strömen, und zwei riesige Pumpen müssen den ganzen Tag und den größten Teil der Nacht hindurch in Gang gehalten werden. Das Wasser wird bis auf Bodenhöhe gepumpt und hat einen ansehnlichen Teich gebildet, aber merkwürdigerweise ist das Wasser klar, sauber – ja sogar trinkbar, meinte L. – und der Teich war eigentlich recht dekorativ, mit den Bläßhühnern, die auf ihm herumschwammen. Wir gingen hinunter, als die Morgenschicht heraufkam, und aus irgendeinem Grund, den ich nicht verstand, arbeiten nur relativ wenig Männer in der Nachmittagsschicht. Als wir zur Abbaufront kamen, setzten die Männer die Kohlensäge, die vorher nicht in Betrieb gewesen war, in Gang, um sie mir vorzuführen. Die Zähne der rotierenden Kette – im Prinzip eine ungeheuer starke Bandsäge – schnitt unter dem Flöz ein, so daß riesige Kohlenbrocken mühelos herausgebrochen werden konnten, die dann mit einer Keilhaue zerkleinert werden, bevor sie auf die Förderwagen geladen werden. Einige dieser noch nicht zerkleinerten Brocken Kohle waren ungefähr 8 Fuß lang, zwei Fuß dick und vier Fuß hoch – das Flöz mißt glaube ich vier Fuß und sechs Inches – und müssen viele Tonnen gewogen haben.[20] Beim Schneiden bewegt sich die Maschine je nach Wunsch aus eigener Kraft vor- oder rückwärts. Der Ort, an dem diese Männer und diejenigen, die die zerkleinerte Kohle auf die Förderwagen luden, arbeiteten, war die reinste Hölle. Ich hatte vorher nie daran gedacht, aber eigentlich ist es ja klar, daß die Maschine, wenn sie läuft, Wolken von Kohlenstaub verursacht, die einen fast ersticken und es unmöglich machen, mehr als ein paar Fuß weit zu sehen. Es gab keine Lampen außer altmodischen Davy-Lampen, deren Lichtstärke nicht mehr als zwei oder drei Hefnerkerzen betrug, und es war mir ein Rätsel, wie diese Männer genug sehen können, außer wenn mehrere von ihnen beieinander sind. Um von der einen Seite der Abbaufront zur anderen zu gelangen, mußte man durch ein Meter hohe und zwei Fuß breite Tunnels kriechen,

---

[20] Ein Kubikmeter soll 27 Zentner wiegen. (Anm. des Autors)

die durch die Kohle gebohrt worden waren, und sich dann auf dem Hintern über Berge von Kohle vorwärtsarbeiten. Natürlich ließ ich dabei meine Lampe fallen und sie ging aus. Ich bekam die Lampe eines Mannes, der dort arbeitete. Dann meinte L.: »Am besten schneiden Sie sich ein Stück Kohle als Erinnerung heraus« (alle Besucher tun das), und während ich mit der Keilhaue ein Stück Kohle herausschnitt, stieß ich meine zweite Lampe um und löschte auch diese. Wir hatten noch ungefähr eine Viertelmeile vor uns, und nur eine Lampe für uns beide, was mich beunruhigte und mir zum Bewußtsein brachte, wie leicht man sich dort unten verirren könnte, wenn man die Stollen nicht kennt.

Wir sahen, wie sich die Behälter mit Stützbalken usw. auf dem endlosen, elektrisch betriebenen Förderband hin- und herbewegten. Die Behälter bewegen sich mit einer Geschwindigkeit von nur $1^1/_2$ Meilen pro Stunde. Alle Bergleute in dieser Grube scheinen einen Stock mit sich zu führen, und sie gaben mir auch einen, was mir eine große Hilfe war. Sie sind ungefähr zwei Fuß und sechs Inches lang und gerade unterhalb des Griffes ausgehöhlt. Bei mittlerer Deckenhöhe (4 bis 5 Fuß) läßt man die Hand auf dem Griff, und wenn man sich wirklich tief bücken muß, greift man den Stock bei der Höhlung. Der Boden war an vielen Stellen so dreckig wie der Hof eines Bauernhofes. Die Bergleute meinen, daß man am besten läuft, indem man mit einem Fuß auf der Schiene der Förderwagen und mit dem anderen auf den Schwellen läuft, falls man sie findet. Die Bergleute, die die Stollen hinunterlaufen, *rennen*, natürlich vornübergebeugt, an Stellen, wo ich gerade noch wanken konnte. Es soll einfacher sein, zu rennen als zu gehen, wenn man einmal den Dreh herausgekriegt hat. Es war ziemlich demütigend, daß ich für den Rückweg – und wir nahmen den direktesten Weg – eine Dreiviertelstunde brauchte, für den die Bergleute nur eine Viertelstunde benötigen. Aber wir waren zur nächsten Abbaufront gegangen, die nur ungefähr in der Mitte der ganzen Strecke liegt. Diejenigen die an der entferntesten Abbaufront arbeiten, brauchen fast eine Stunde bis zu ihrer Arbeitsstelle. Dieses Mal erhielt ich einen der neuen Sturzhelme, die viele, wenn auch nicht alle Bergleute heutzutage tragen. Sie sehen wie französische oder italienische Stahlhelme aus, und ich hatte mir immer vorgestellt, daß sie aus Metall sind. Tatsächlich bestehen sie aber aus einer Art Preßfaser und sind sehr leicht. Meiner war etwas mühsam, weil er zu klein war und herunterfiel, wenn ich mich sehr tief bückte. Aber wie froh war ich doch, ihn zu haben: Auf dem Rückweg, als ich müde war und mich nicht sehr stark bücken konnte, muß ich mir zwanzig Mal den Kopf angeschlagen haben – einmal stark genug, daß ein riesiger Steinbrocken herunterkam –, doch spürte ich überhaupt nichts.

Ging mit L. heim nach Dodworth, da ich dort leichter den Bus kriegen konnte. Abgesehen von der Strecke, die er innerhalb des Bergwerkes zurücklegen muß, muß er 2 Meilen, zum Teil über ganz schön steile Hügel, zur Arbeit und zurück laufen. Aber ich nehme an, daß er als »Steiger« nicht viel mit den Händen tun muß. Er arbeitet seit 22 Jahren in diesem Bergwerk und behauptet, er kenne es so gut, daß er niemals aufschauen müsse, um den Balken auszuweichen.

Überall zwitschern die Vögel. Winzige blaßrote Knospen auf den Ulmen, die ich vorher nie bemerkt hatte. Viele weibliche Blüten auf den Haselnußsträuchern. Aber ich nehme an, daß die alten Jungfern sie wie gewöhnlich als Osterschmuck abschneiden werden.

Wenn ich an der Maschine sitze und schreibe, schart sich die Familie, besonders Frau G. und die Kinder, um mich, und schaut mir wie gebannt zu. Sie scheinen meine Geschicklichkeit fast ebenso zu bewundern wie ich diejenige der Bergleute.

Wie die Armen sterben

Im Jahre 1929 verbrachte ich mehrere Wochen im Hôpital X, im fünfzehnten *arrondissement* von Paris. Die Angestellten am Empfangstisch unterzogen mich dem üblichen Folterverhör und setzten mich ungefähr zwanzig Minuten lang ihren Fragen aus, bevor sie mich hereinlassen wollten. Wer je in einem romanischen Land Formulare auszufüllen hatte, wird die Art Fragen kennen, die ich meine. Seit einigen Tagen war ich nicht imstande gewesen, Réaumur in Fahrenheit zu übertragen, doch weiß ich, daß meine Temperatur so um die 103 betrug, und bis zum Ende der Befragung hatte ich einige Mühe, mich auf den Beinen zu halten. Hinter mir wartete ein resignierter kleiner Haufen von Patienten, die in farbige Taschentücher gewickelte Bündel trugen, bis sie an der Reihe waren, ausgefragt zu werden.

Nach dem Verhör kam das Bad – offenbar eine obligatorische Routinesache für alle Neuankömmlinge, genauso wie im Gefängnis oder im Armenhaus. Meine Kleider wurden mir weggenommen, und nachdem ich bibbernd einige Minuten in fünf Zentimetern warmen Wassers gesessen war, gab man mir ein Leinennachthemd und einen kurzen blauen Flanell-Morgenrock – keine Pantoffeln, sie hätten keine, die groß genug für mich wären, hieß es – und führte mich ins Freie hinaus. Dies war eine Nacht im Februar, und ich litt an einer Lungenentzündung. Die Station war 200 Meter entfernt und es schien, daß man, um zu ihr zu gelangen, das ganze Krankenhausgelände durchqueren mußte. Jemand stolperte mit einer Laterne vor mir her. Der Kiesweg war eisig unter den Füßen, und der Wind schlug mir das Nachthemd um die nackten Waden. Als wir in die Station hereinkamen, war ich mir eines seltsamen Gefühls der Vertrautheit bewußt, dessen

121

Ursprung genau zu bestimmen mir erst später in der Nacht gelang. Es war ein langes, eher niedriges, schlecht beleuchtetes Zimmer, erfüllt mit murmelnden Stimmen und mit drei erstaunlich dicht beieinander stehenden Bettreihen. Es herrschte ein fauler Geruch, kotig und dennoch süßlich. Als ich mich hinlegte, sah ich auf einem beinah gegenüber von mir stehenden Bett einen kleinen, rundschultrigen, strohblonden Mann halbnackt dasitzen, während ein Arzt und ein Student irgendeine seltsame Operation an ihm durchführten. Zuerst holte der Arzt aus seiner schwarzen Tasche ein Dutzend kleiner Gläser wie Weingläser hervor, dann verbrannte der Student in jedem Glas ein Streichholz, um die Luft zu verbrauchen, dann wurde das Glas schnell auf den Rücken oder die Brust des Mannes gesteckt und das Vakuum zog eine riesige gelbe Blase auf. Erst nach einigen Augenblicken merkte ich, was sie mit ihm machten. Es war etwas, das man Schröpfen nennt, eine Behandlung, über die man in alten medizinischen Lehrbüchern lesen kann, unter dem ich mir jedoch bis dahin vage eine jener Sachen vorgestellt hatte, die man mit Pferden macht.

Die kalte Luft draußen hatte wahrscheinlich meine Temperatur gesenkt, und ich beobachtete dieses barbarische Heilverfahren mit innerer Distanz und sogar mit einem gewissen Maß an Belustigung. Im nächsten Moment jedoch kamen der Arzt und der Student herüber zu meinem Bett, zogen mich aufrecht und begannen ohne ein Wort, den gleichen Satz Gläser, die in keiner Weise sterilisiert worden waren, aufzulegen. Auf ein paar schwache Protestversuche bekam ich nicht mehr Antwort, als wenn ich ein Tier gewesen wäre. Ich war sehr von der unpersönlichen Art beeindruckt, in der die beiden Männer mit mir umgingen. Ich war noch nie auf der allgemeinen Abteilung eines Krankenhauses gewesen, und es war das erste Mal, daß ich Ärzte erlebte, die einen behandeln, ohne mit einem zu sprechen oder, in einem menschlichen Sinne, einen auch irgendwie zu beachten. In meinem Falle setzten sie nur sechs Gläser an, doch dann skarifizierten sie die Blasen und legten die Gläser wieder auf. Jedes Glas zog nun ungefähr einen Dessertlöffel dunkelfarbenen Blutes heraus. Als ich mich wieder hinlegte, gedemütigt, angeekelt und eingeschüchtert durch das, was man mir angetan hatte, überlegte ich, daß sie mich wenigstens jetzt in Ruhe lassen würden. Aber keine Spur. Eine weitere Behandlung stand bevor, die Senfpackung, offenbar eine Routinesache wie das heiße Bad. Zwei schlampige Krankenschwestern hatten die Packung fertiggemacht und banden sie mir um die Brust, so fest wie eine Zwangsjacke, während einige Männer, die auf der Station in Hemd und Hose umherwanderten, sich mit einem halbverständnisvollen Grinsen um mein Bett zu scharen begannen. Später erfuhr ich, daß es einer der beliebtesten Zeitvertreibe auf der Station war, einen Patienten zu beobachten, während er eine Senfpackung verabreicht bekam. Diese Dinger werden normalerweise eine Viertelstunde lang aufgelegt und zweifellos sind sie durchaus komisch, wenn man nicht gerade zufällig die Person ist, die drinnen steckt. Während der ersten fünf Minuten sind die Schmerzen heftig, aber man glaubt, daß man sie ertragen kann. Während der nächsten fünf Minuten schwindet dieser Glaube, doch wird die Packung im Rücken festgeschnallt, und man kann sie nicht loswerden. Dies ist die Zeitspanne, die die Zuschauer am meisten genießen. Während der letzten fünf Minuten bemerkte ich, daß unvermutet eine Art Betäubung eintritt. Nachdem die Packung entfernt worden war, wurde mir ein wasserdichtes Kissen voller Eis unter den Kopf geschoben und dann wurde ich in Ruhe gelassen. Ich schlief überhaupt nicht, und soviel ich weiß, war dies die einzige Nacht in meinem Leben – ich meine die einzige im Bett verbrachte Nacht –, in der ich überhaupt nicht schlief, auch nicht eine Minute lang.

Während meiner ersten Stunde im Hôpital X hatte ich eine ganze Reihe verschiedener und unvermeidbarer Behandlungen erhalten, aber das war irreführend, denn im allgemeinen wurde man überhaupt sehr wenig behandelt, weder gut noch schlecht, sofern man nicht in irgendeiner interessanten und lehrreichen Weise krank war. Um fünf Uhr morgens kamen die Schwestern vorbei, weckten die Patienten und maßen ihre Temperatur, wuschen sie jedoch nicht. Wenn es einem gut genug ging, wusch man sich selbst, andernfalls hing man von der Freundlichkeit irgendeines gehenden Patienten ab. Es waren meistens auch Patienten, die die Bettflaschen und die schreckliche Bettschüssel mit dem Spitznamen *la casserole* trugen. Um acht traf das Frühstück ein, nach Armee-Fasson *la soupe* genannt. Es war auch Suppe, eine dünne Gemüsesuppe, in der schleimige Brocken von Brot herumschwammen. Im späteren Verlauf des Tages machte der hochgewachsene, ehrwürdige, schwarzbärtige Arzt seine Runden, mit einem *interne* und einer Schar von Studenten auf den Fersen, doch waren wir ungefähr sechzig auf unserer Abteilung, und es war offensichtlich, daß er sich noch um andere Abteilungen zu kümmern hatte. An vielen Betten ging er Tag für Tag vorbei, manchmal von flehenden Schreien gefolgt. Wenn man hingegen eine Krankheit hatte, mit der sich die Studenten vertraut machen wollten, bekam man reichlich Aufmerksamkeit von einer gewissen Art. Ich selbst, mit einem besonders schönen Exemplar eines bronchialen Röchelns, hatte manchmal nicht weniger als ein Dutzend Studenten, die Schlange standen, um an meiner Brust zu horchen. Es war ein sehr seltsames Gefühl – seltsam meine ich, wegen ihres intensiven Interesses, ihre Arbeit zu lernen, zusammen mit einem anscheinenden Mangel jeder Empfindung für die Patienten als menschliche Wesen. Es mag seltsam anmuten, aber manchmal, wenn irgendein junger Student einen Schritt nach vorne machte, um einen zu betasten, weil er an der Reihe war, zitterte er tatsächlich vor lauter Aufregung wie ein Junge, der endlich irgendeine teure Maschine in die Hände kriegt. Und dann drückte sich einem ein Ohr nach dem anderen – Ohren von jungen Männern, von Mädchen, von Negern – gegen den Rücken, klopften immer wieder neue Schichten von Fingern feierlich aber unbeholfen, und nicht von einem einzigen

124

bekam man ein Wunder des Gesprächs oder einen Blick direkt ins Gesicht. Als nicht zahlender Patient, im Einheits- nachthemd, war man primär ein *Exemplar*, ein Umstand, den ich nicht übelnahm, an den ich mich jedoch nie ganz gewöh- nen konnte.

Nach einigen Tagen ging es mir allmählich gut genug, daß ich mich aufsetzen und die umliegenden Patienten beobach- ten konnte. Im muffigen Zimmer, mit seinen schmalen Betten, die so nahe beieinander standen, daß man mühelos die Hand seines Nachbarn berühren konnte, war jede Art von Erkrankung vertreten außer vermutlich akut infektiöse Fälle. Mein rechter Nachbar war ein kleiner rothaariger Schuster, dessen eines Bein kürzer war als das andere und der den Tod jedes anderen Patienten zu verkünden pflegte (dies geschah mehrmals, und mein Nachbar war immer der erste, der davon erfuhr), indem er mir pfiff, »*Numéro 43!*« (oder was auch immer) ausrief und seine Hände über dem Kopf zusam- menschlug. Diesem Mann fehlte nicht sehr viel, aber in den meisten anderen Betten innerhalb meines Blickfeldes ging irgendeine erbärmliche Tragödie oder irgendein nackter Greuel über die Bühne. In dem Bett, das Fuß an Fuß zu meinem stand, lag, bis er starb (ich sah ihn nicht sterben – sie brachten ihn in ein anderes Bett), ein kleines verhutzeltes Männchen, das an Gott weiß welcher Krankheit litt, aber etwas, das seinen ganzen Körper so durch und durch emp- findlich machte, daß jede Bewegung von der einen Seite auf die andere, manchmal sogar das Gewicht der Bettlaken, ihn vor Schmerz laut schreien ließ. Am meisten litt er, wenn er urinierte, was er mit größter Mühe tat. Eine Krankenschwe- ster pflegte ihm eine Bettschüssel zu bringen und dann lange neben seinem Bett zu stehen, pfeifend, wie Stallknechte es mit Pferden angeblich tun, bis er endlich mit einem gequälten Kreischen von »*Je pisse!*« in Gang kam. In dem Bett neben ihm pflegte der strohblonde Mann, den ich beim Geschröpft- werden beobachtet hatte, zu jeder Tageszeit blutdurchsetzten Schleim auszuhusten. Mein linker Nachbar war ein großer, welk aussehender junger Mann, dem in regelmäßigen Abständen ein Schlauch in den Rücken eingeführt wurde und erstaunliche Mengen einer schäumenden Flüssigkeit von irgendeinem Teil seines Körpers abgezapft wurden. Im Bett jenseits von diesem war ein Veteran des Krieges von 1870 am Sterben, ein stattlicher alter Mann mit einem weißen Knebelbart, um dessen Bett immer zur Besuchszeit vier ältere, ganz in Schwarz gekleidete weibliche Verwandte genau wie Krähen saßen, offensichtlich für irgendein dürftiges Erbe Ränke schmiedend. Im Bett gegenüber von mir in der entfernteren Reihe war ein alter kahlköpfiger Mann mit einem schlaff herabhängenden Schnurrbart und stark geschwollenem Gesicht und Körper, der an irgendeiner Krankheit litt, die ihn fast unaufhörlich urinieren ließ. Ein riesiges Glasgefäß stand immer neben seinem Bett. Eines Tages kamen seine Frau und Tochter ihn besuchen. Bei ihrem Anblick erhellte sich das aufgedunsene Gesicht des alten Mannes mit einem Lächeln von überraschender Lieblichkeit, und als seine Tochter, ein hübsches Mädchen von ungefähr zwanzig, sich dem Bett näherte, sah ich, daß sich seine Hand langsam einen Weg unter den Bettüchern hervor bahnte. Es schien mir, als sähe ich schon im voraus die Geste, die kommen würde – das Mädchen neben seinem Bette kniend, die Hand des alten Mannes zu seinem letzten Segen auf ihrem Kopf ruhend. Aber nein, er reichte ihr lediglich die Bettschüssel, die sie ihm bereitwillig abnahm und in den Behälter leerte.

Ungefähr ein Dutzend Betten von mir entfernt war *numéro 57* – ich glaube, das war seine Nummer – ein Fall von Leberzirrhose. Jedermann auf der Abteilung kannte ihn vom Sehen, weil er manchmal Gegenstand eines medizinischen Vortrages war. An zwei Nachmittagen in der Woche pflegte ein hochgewachsener, würdevoller Arzt in der Abteilung einer Gruppe von Studenten einen Vortrag zu halten, und mehr als einmal wurde der alte *Numéro 57* auf einer Art Karren in die Mitte der Abteilung gerollt, wo der Arzt sein Nachthemd zurückwickelte, mit seinen Fingern einen riesi-

gen schlaffen Auswuchs auf des Mannes Bauch – die erkrankte
Leber, nehme ich an – dehnte und feierlich erklärte, daß dies
eine dem Alkoholismus zuzuschreibende Erkrankung sei, die
man vor allem in den weintrinkenden Ländern antreffe. Wie
gewöhnlich sprach er weder mit seinem Patienten noch
schenkte er ihm ein Lächeln, ein Nicken oder irgendein
Zeichen der Anerkennung. Während er sprach, sehr feierlich
und aufrecht, hielt er den verfallenen Körper unter seinen
Händen, ihn manchmal sanft hin- und herrollend, in genau der
gleichen Haltung wie eine Frau, die mit einem Wellholz
hantiert. Nicht, daß sich *numéro 57* an so etwas gestört hätte.
Er war offensichtlich ein alter Krankenhaus-Insasse, ein
regelmäßiges Ausstellungsstück bei Vorlesungen, seine Leber
seit langem schon für eine Flasche in irgendeinem pathologi-
schen Museum vorgemerkt. Völlig uninteressiert an dem, was
über ihn gesagt wurde, pflegte er mit seinen farblosen Augen
auf nichts starrend da zu liegen, während der Arzt mit ihm
wie mit einem Stück antiken Porzellans protzte. Er war ein
Mann von etwa sechzig, erstaunlich zusammengeschrumpft.
Sein Gesicht, bleich wie Velinpapier, war dahingeschrumpft,
bis es nicht größer als das einer Puppe schien.

Eines Morgens weckte mich mein Schuster-Nachbar, indem er an meinem Kopfkissen zupfte, bevor die Schwestern
kamen. »*Numéro 57!*« – er schlug die Hände über dem Kopf
zusammen. Es gab ein Licht auf der Station – genug um sehen
zu können. Ich konnte den alten *Numéro 57* zerknittert auf
der Seite liegen sehen, sein Gesicht ragte über die Bettkante
hinaus, und zu mir. Er war irgendwann während der Nacht
gestorben, niemand wußte wann. Als die Schwestern kamen,
nahmen sie die Nachricht seines Todes mit Gleichgültigkeit
auf und machten sich an ihre Arbeit. Nach langer Zeit, einer
Stunde oder mehr, marschierten zwei andere Schwestern wie
Soldaten Seite an Seite herein, mit großem Holzschuhgetram-
pel, und wickelten den Leichnam in die Laken ein, doch
wurde er erst einige Zeit später entfernt. Unterdessen hatte
ich in dem besseren Licht Zeit gehabt, mir *numéro 57* genau

anzusehen. In der Tat lag ich auf der Seite, um ihn anzuschauen. Merkwürdigerweise war er der erste tote Europäer, den ich gesehen hatte. Ich hatte zwar schon tote Menschen gesehen, doch immer Asiaten und gewöhnlich Leute, die eines gewaltsamen Todes gestorben waren. Die Augen von *Numéro 57* waren noch offen, sein Mund auch, sein kleines Gesicht zu einem Ausdruck der Agonie verzerrt. Was mich jedoch am meisten beeindruckte, war die Blässe seines Gesichtes. Es war vorher schon blaß gewesen, aber jetzt war es kaum dunkler als die Bettlaken. Als ich das winzige, verzogene Gesicht anstarrte, kam mir plötzlich zu Bewußtsein, daß dieses widerliche Stück Abfall, das darauf wartete, weggeschafft und auf einem Operationstisch im Seziersaal abgeladen zu werden, ein Beispiel eines »natürlichen« Todes war, eines der Dinge, für die man in der Litanei betet. Da hast du's also, dachte ich, das ist es, was auf dich wartet, in zwanzig, dreißig, vierzig Jahren: so sterben die Glücklichen, diejenigen, die ein hohes Alter erreichen. Natürlich will man leben, ja man bleibt nur aufgrund der Angst vor dem Tod am Leben, aber ich glaube jetzt, so wie ich es damals glaubte, daß es besser ist, gewaltsam und nicht zu alt zu sterben. Die Leute reden von den Schrecken des Krieges, aber welche Waffe hat der Mensch erfunden, die in bezug auf Grausamkeit auch nur annähernd an einige der gewöhnlicheren Erkrankungen herankommt? »Natürlicher« Tod bedeutet beinahe per definitionem etwas Langsames, Stinkendes und Schmerzhaftes. Und trotzdem macht es viel aus, wenn man es in seinem eigenen Heim und nicht in einer öffentlichen Anstalt schaffen kann. Dieser arme alte Kerl, der gerade wie ein Kerzenstummel flackernd erloschen war, war nicht einmal so wichtig, daß jemand bei seinem Sterbebett gewacht hätte. Er war bloß eine Nummer, dann ein Leichnam für die Skalpelle der Studenten. Und die schäbige Öffentlichkeit des Sterbens an einem solchen Ort: Im Hôpital X waren die Betten sehr nah beieinander und es gab keine Trennwände. Stellen Sie sich einmal vor, so wie der kleine Mann zu sterben, dessen Bett eine Zeitlang Fuß an Fuß mit meinem stand, derjenige, der laut schrie, wenn die Bettlaken ihn berührten! Ich wage zu behaupten, daß *Je pisse!* seine letzten belegten Worte waren. Vielleicht kümmern sich die Sterbenden nicht um solche Dinge – das jedenfalls wäre die klassische Antwort: dennoch sind sterbende Menschen oft bis ein oder zwei Tage vor dem Tod mehr oder weniger bei normalem Verstand.

Auf den allgemeinen Abteilungen eines Krankenhauses sieht man Greuel, die man bei Leuten, die es schaffen, in ihrem eigenen Heim zu sterben, nicht anzutreffen scheint, als ob bestimmte Erkrankungen nur Leute der unteren Einkommensschichten befielen. Aber es ist eine Tatsache, daß man einige der Dinge, die ich im Hôpital X sah, niemals in einem englischen Krankenhaus sehen würde. Dieses Sterben von Menschen, wie Tiere, ohne daß ihnen jemand zur Seite steht oder auch nur interessiert wäre oder jemand den Tod vor dem nächsten Morgen überhaupt bemerkte – das geschah mehr als einmal. Das würde man in England bestimmt nicht sehen, und noch weniger würde man einen Leichnam dem Blick der anderen Patienten ausgesetzt sehen. Ich erinnere mich, daß einmal in einem kleinen Krankenhaus in England ein Mann starb, während wir beim Tee waren, und obwohl wir auf unserer Abteilung nur zu sechst waren, deichselten die Krankenschwestern die Sache so geschickt, daß der Mann tot und sein Körper entfernt worden war, ohne daß wir überhaupt davon erfuhren, bis der Tee vorüber war. Ein Vorteil, den wir in England vielleicht nicht genug schätzen, ist die große Anzahl gut geschulter und streng disziplinierter Krankenschwestern. Zweifellos sind die englischen Krankenschwestern recht dumm, sie können aus Teeblättern wahrsagen, Abzeichen der englischen Nationalflagge tragen und Fotografien der Königin auf ihrem Kaminsims aufbewahren, doch lassen sie einen zumindest nicht aus reiner Faulheit ungewaschen und verstopft auf einem ungemachten Bett sterben. Die Schwestern am Hôpital X hatten immer noch eine Spur von Mrs. Gamp an sich, und später, in den

Lazaretten des republikanischen Spanien, sollte ich Krankenschwestern sehen, die beinahe zu unwissend waren, um uns
die Temperatur zu messen. Man würde in England auch nicht
einen solchen Dreck sehen wie im Hôpital X. Später, als es
mir gut genug ging, daß ich mich im Badezimmer waschen
konnte, stellte ich fest, daß dort eine riesige Packkiste aufbewahrt wurde, in die die Speisereste und dreckigen Verbände
von der Abteilung geschmissen wurden, und die Wandtäfe-
lung war von Grillen geplagt.

Als ich meine Kleider zurückbekommen hatte und mich
stärker auf den Beinen fühlte, floh ich vom Hôpital X, bevor
meine Zeit um war und ohne auf eine ärztliche Entlassung zu
warten. Es war nicht das einzige Krankenhaus, aus dem ich
geflohen bin, aber seine Düsterkeit und Dürftigkeit, sein
widerwärtiger Gestank und, vor allem, etwas an seiner geistigen Atmosphäre ragen in meinem Gedächtnis als außergewöhnlich heraus. Ich war dorthin gebracht worden, weil es
das Krankenhaus war, das zu meinem *arrondissement* gehörte, und erst nachdem ich drinnen gewesen war, erfuhr ich von
seinem schlechten Ruf. Ein oder zwei Jahre später wurde die
berüchtigte Schwindlerin Madame Hanaud, die in Untersuchungshaft krank war, zum Hôpital X gebracht, und nach ein
paar Tagen gelang es ihr, ihren Wächtern zu entkommen; sie
nahm ein Taxi und fuhr zurück zum Gefängnis, wo sie
erklärte, daß sie sich dort wohler fühle. Ich bezweifle nicht,
daß das Hôpital X selbst zu jenem Zeitpunkt ziemlich
untypisch für die französischen Krankenhäuser war. Aber die
Patienten, fast alle von ihnen Arbeiter, waren erstaunlich
resigniert. Manche von ihnen schienen die Verhältnisse fast
angenehm zu finden, denn mindestens zwei waren notleiden-
de Simulanten, die dies für eine gute Art hielten, über den
Winter zu kommen. Die Krankenschwestern drückten ein
Auge zu, weil die Simulanten sich nützlich machten, indem
sie hier und da kleine Arbeiten verrichteten. Aber die Haltung
der Mehrheit war: natürlich ist dies ein lausiger Ort, aber was
erwartet ihr eigentlich? Ihnen erschien es nicht seltsam, daß

man um fünf geweckt werden und dann drei Stunden warten sollte, bevor man den Tag mit wäßriger Suppe begann, oder daß Menschen ohne irgend jemanden am Krankenbette sterben sollten, oder sogar daß die Chance, ärztliche Beachtung zu finden, davon abhängen sollte, daß man die Aufmerksamkeit des Arztes auf sich zu lenken verstand, wenn er an einem vorbeiging. Ihren Traditionen gemäß waren Krankenhäuser nun einmal so. Wenn man ernstlich krank ist und wenn man zu arm ist, um in seinem eigenen Heim behandelt zu werden, dann muß man ins Krankenhaus gehen, und einmal dort, muß man sich mit der Härte und Unbehaglichkeit abfinden, so wie man es im Militär täte. Aber obendrein fand ich es interessant, zu entdecken, daß noch ein Glaube an alte Geschichten, die heute in England fast gänzlich aus dem Gedächtnis entschwunden sind, fortlebt – Geschichten, zum Beispiel, von Ärzten, die einen aus reiner Neugier aufschneiden oder es lustig finden, mit dem Operieren zu beginnen, bevor man richtig »drunter« ist. Es gab dunkle Geschichten von einem kleinen Operationssaal, der gerade jenseits des Badezimmers gelegen sein sollte. Es hieß, fürchterliche Schreie ertönten aus diesem Saal. Ich sah nichts, was diese Geschichten bestätigt hätte, und zweifellos waren sie alle Unsinn, obwohl ich tatsächlich zwei Studenten einen sechzehnjährigen Jungen töten, oder fast töten sah (er schien am Sterben, als ich das Krankenhaus verließ, aber es könnte sein, daß er sich erholt hat), und zwar durch ein schädliches Experiment, das sie wahrscheinlich an einem zahlenden Patienten nicht hätten machen können. Noch als ich ein Kind war, pflegte man in London zu glauben, daß in einigen der großen Krankenhäuser Patienten abgeschlachtet wurden, um Leichname für Sektionszwecke zu erhalten. Ich habe diese Geschichte nicht im Hôpital X wiederholt gehört, aber ich denke, daß manche Männer dort sie glaubwürdig gefunden hätten. Denn es war ein Krankenhaus, in dem zwar vielleicht nicht die Methoden, aber etwas von der Atmosphäre des 19. Jahrhunderts hatte fortleben können, und darin lag sein eigentümlicher Reiz.

Während der letzten fünfzig Jahre oder so hat ein großer Wandel in der Beziehung zwischen Arzt und Patient stattgefunden. Wenn man sich irgendein Werk anschaut, das vor der zweiten Hälfte des neunzehnten Jahrhunderts geschrieben wurde, stellt man fest, daß ein Krankenhaus allgemein so ziemlich als das gleiche betrachtet wurde wie ein Gefängnis, und dazu noch ein altmodisches, kerkerartiges Gefängnis. Ein Krankenhaus ist ein Ort des Schmutzes, der Folter und des Todes, eine Art Vorzimmer zum Grab. Niemand, der nicht mehr oder weniger mittellos war, hätte daran gedacht, sich an einen solchen Ort zur Behandlung zu begeben. Und besonders zu Anfang des letzten Jahrhunderts, als die medizinische Wissenschaft kühner geworden war als vorher, ohne deshalb erfolgreicher zu sein, wurde die ganze Sache der medizinischen Behandlung von den Normalbürgern mit Schrecken und Furcht betrachtet. Insbesondere die Chirurgie wurde für nichts anderes als eine besonders grausige Form des Sadismus gehalten, und das Sezieren, das nur mit Hilfe von Leichenräubern möglich war, wurde sogar mit Nekromantie verwechselt. Vom neunzehnten Jahrhundert könnte man sehr viel Gruselliteratur im Zusammenhang mit Ärzten und Krankenhäusern sammeln. Denken Sie nur an den armen alten George III., der, in seiner Geistesgestörtheit, um Gnade schreit, als er seine Chirurgen näherkommen sieht, um »ihm bis zur Ohnmacht Blut abzuzapfen«! Denken Sie an die Gespräche von Bob Sawyer und Benjamen Allen, die wohl kaum Parodien sind, oder an die Lazarette in *La Débâcle* und *Krieg und Frieden*, oder an jene haarsträubende Schilderung einer Amputation in Melvilles *Whitejacket*! Sogar die Namen, die man Ärzten in der englischen Romanliteratur des neunzehnten Jahrhunderts gab, Slasher (Schlitzer), Carver (Tranchierer), Sawyer (Säger), Fillgrave (Grabfüller) und so weiter, und der auf den ganzen Berufsstand angewandte Spitzname »sawbones« (Knochensäger), sind so grimmig wie komisch. Die anti-chirurgische Tradition wird vielleicht am besten in Tennysons Gedicht »The Children's Hospital« dargestellt, das im wesentlichen ein Dokument aus der Zeit vor dem Chloroform ist, obwohl es erst 1880 geschrieben worden zu sein scheint. Überdies hatte die Auffassung, die Tennyson in seinem Gedicht überliefert, viel für sich. Wenn man bedenkt, wie eine Operation ohne Narkose ausgesehen haben muß, wie sie offenkundig *war*, ist es schwierig, die Motive der Leute, die solche Dinge unternahmen, nicht anzuzweifeln. Denn diese blutigen Schrecken, denen die Studenten so begierig entgegensahen (»Ein großartiger Anblick, wenn Slasher es macht!«), waren zugegebenermaßen mehr oder weniger nutzlos: Der Patient, der nicht an einem Schock starb, starb gewöhnlich an Gangrän, eine Folge, die als selbstverständlich hingenommen wurde. Selbst heute findet man Ärzte, deren Motive fragwürdig sind. Jeder, der viel krank gewesen ist oder der Medizinstudenten reden gehört hat, dürfte wissen, was ich meine. Aber die Narkotika waren ein Wendepunkt, und die Desinfektionsmittel ein weiterer. Nirgends auf der ganzen Welt würde man wahrscheinlich heute die Art von Szene sehen, die von Axel Munthe in *Das Buch von San Michele* beschrieben wird, wo der finstere Chirurg im Zylinder und Gehrock, seine gestärkte Hemdbrust mit Blut und Eiter bespritzt, einen Patienten nach dem anderen mit dem selben Messer zerlegt und die abgetrennten Glieder auf einen Haufen neben dem Tisch wirft. Überdies hat die allgemeine Sozialversicherung teilweise mit der Vorstellung aufgeräumt, daß ein Patient der Arbeiterklasse ein Almosenempfänger ist, der wenig Rücksicht verdient. Noch in diesem Jahrhundert war es bei »freien« Patienten an den großen Krankenhäusern üblich, daß man ihnen die Zähne ohne Narkotikum zog. Sie bezahlten nicht, warum also sollten sie eine Narkose haben – das war die Einstellung. Auch das hat sich geändert.

Und trotzdem wird auf jeder Einrichtung immer irgendeine fortlebende Erinnerung an ihre Vergangenheit lasten. Ein Kasernenraum wird immer noch im Geiste Kiplings heimgesucht, und es ist schwierig, ein Armenhaus zu betreten, ohne an *Oliver Twist* erinnert zu werden. Krankenhäuser entstanden als eine Art Asyl, wo Aussätzige und dergleichen sterben konnten, und danach bestanden sie als Orte fort, wo Medizinstudenten ihre Kunst an den Körpern der Armen erlernten. Man kann immer noch einen schwachen Hauch ihrer Geschichte in ihrer bezeichnenderweise düsteren Bauart erhaschen. Es liegt mir fern, über die Behandlung, die ich in englischen Krankenhäusern erhalten habe, zu klagen, doch weiß ich, daß es ein gesunder Instinkt ist, der den Leuten nahelegt, sich möglichst aus Krankenhäusern, und besonders aus den allgemeinen Abteilungen, herauszuhalten. Was immer die rechtliche Situation sein mag, ist es doch unzweifelhaft so, daß man weit weniger Gewalt über seine Behandlung hat, weit weniger Sicherheit, daß keine leichtfertigen Experimente an einem durchgeführt werden, wenn es eine Frage von »akzeptiert die Regeln oder raus mit euch« ist. Und es ist viel wert, in seinem eigenen Bett zu sterben, obwohl es noch besser ist, in den Sielen zu sterben. Wie groß auch immer die Freundlichkeit und die Tüchtigkeit, bei jedem Krankenhaustod wird es immer irgendein grausames, schäbiges Detail geben, etwas vielleicht, das zu klein ist, um genannt zu werden, das aber schrecklich schmerzhafte Erinnerungen zurückläßt, entstehend aus der Hast, der Überfüllung, der Unpersönlichkeit eines Ortes, an dem jeden Tag Menschen unter Fremden sterben.

Die Furcht vor Krankenhäusern lebt wahrscheinlich noch immer unter den sehr Armen fort und in uns allen ist sie erst vor kurzem verschwunden. Sie ist ein dunkler Fleck nicht weit unter der Oberfläche unserer Seele. Ich habe bereits früher gesagt, daß ich, als ich die Station im Hôpital X betrat, mir eines seltsamen Gefühls der Vertrautheit bewußt war. Woran mich die Szene erinnerte, das waren die stinkenden, schmerzerfüllten Krankenhäuser des neunzehnten Jahrhunderts, die ich zwar nie gesehen, von denen ich aber überlieferte Kenntnis hatte. Und etwas, vielleicht der schwarzgekleidete Arzt mit seiner muffigen schwarzen Tasche, oder vielleicht nur der widerwärtige Geruch, spielte mir den faulen Streich, jenes Gedicht von Tennyson, »The Children's Hospital«, an das ich zwanzig Jahre lang nicht gedacht hatte, aus meiner Erinnerung auszugraben. Es geschah, daß es mir als Kind von einer Krankenpflegerin laut vorgelesen worden war, deren eigenes Berufsleben unter Umständen bis in die Zeit zurückreichte, als Tennyson das Gedicht schrieb. Die Schrecken und Leiden der Krankenhäuser alten Stils waren ihr eine lebhafte Erinnerung. Wir hatten beim Lesen des Gedichtes zusammen geschaudert, und dann hatte ich es scheinbar vergessen. Selbst sein Name hätte mich wahrscheinlich an nichts erinnert. Aber der erste flüchtige Blick, den ich von jenem schlecht beleuchteten, murmelnden Saal, mit den Betten, die so dicht beieinander standen, erhaschte, rief plötzlich die Gedankenkette wach, zu der es gehörte, und in der Nacht, die darauf folgte, erinnerte ich mich an die ganze Geschichte und Atmosphäre des Gedichtes, wobei viele seiner Zeilen vollständig waren.

Now Nr. 6, November 1946

Erinnerungen an eine Buchhandlung

Als ich in einem Antiquariat arbeitete – das Leute, die nicht darin arbeiten müssen, so gern als eine Art Paradies schildern, in dem vornehme ältere Herren unermüdlich in alten, kalbslederdegebundenen Folianten schmökern –, fiel mir am meisten auf, wie selten sich echte Büchernarren dort blicken ließen. Unser Laden besaß einen außergewöhnlich interessanten Bücherbestand, doch ich zweifle daran, ob auch nur zehn Prozent unserer Kunden ein gutes von einem schlechten Buch unterscheiden konnten. Snobs, die aus reinem Geltungsbedürfnis unbedingt Erstausgaben haben mußten, waren weit häufiger als Literaturliebhaber, noch häufiger allerdings kamen orientalische Studenten, die um billige Lehrbücher feilschten, und zu den häufigsten Kunden zählten unentschlossene Frauen, die Geburtstagsgeschenke für ihre Neffen suchten.

Die meisten der Leute, die zu uns kamen, gehörten zu der Sorte, die man überall als lästig empfinden würde, denen sich aber in einem Buchladen ein besonders günstiges Betätigungsfeld bietet. Da ist zum Beispiel die liebe alte Dame, die »ein Buch für einen Kranken« wünscht (ein sehr oft geäußerter Wunsch übrigens), oder die andere liebe alte Dame, die 1897 ein so wunderschönes Buch gelesen hat und nun gern wissen möchte, ob man hier ein Exemplar davon für sie finden könnte. Unglücklicherweise kann sie sich weder an den Titel noch an den Autor oder gar den Inhalt des Buches erinnern, weiß aber noch ganz genau, daß es einen roten Einband hatte. Doch außer diesen beiden Typen gibt es noch zwei wohlbekannte Landplagen, von denen jedes Antiquariat heimgesucht wird. Die eine ist jene abgetakelte, nach verschimmelten Brotkrusten riechende alte Vogelscheuche, die jeden Tag, machmal sogar mehrmals am Tag, kommt und versucht, einem wertlose Bücher anzudrehen. Die andere ist jene Person, die enorme Mengen Bücher bestellt, die zu bezahlen sie nicht die geringste Absicht hegt. In unserem Laden verkauften wir nichts auf Kredit, legten aber Bücher zurück oder bestellten sie für Leute, die sie später abholen wollten. Kaum die Hälfte aller Leute, die Bücher bei uns bestellten, ließ sich je wieder blicken. Zuerst wunderte ich mich darüber. Was veranlaßte sie wohl zu diesem Tun? Sie kamen herein, verlangten ein sehr seltenes und teures Buch, ließen uns ein ums andere Mal versprechen, es für sie zurückzulegen, um dann zu verschwinden und nicht wieder zurückzukehren. Doch viele von ihnen waren unmißverständlich Paranoiker. Sie redeten großsprecherisch von sich selbst und erzählten höchst erfindungsreiche Geschichten, wie es geschehen konnte, daß sie ohne Geld aus dem Haus gegangen seien – Geschichten, die sie in vielen Fällen zweifellos selbst glaubten. In einer Stadt wie London gibt es immer eine Menge nicht amtlich registrierter Geistesgestörter auf den Straßen, und diese werden gewöhnlich von Buchhandlungen magisch angezogen, denn eine Buchhandlung ist einer der wenigen Orte, an denen man lange Zeit herumlungern kann, ohne Geld auszugeben. Schließlich erkennt man diese Leute schon fast auf den ersten Blick. Bei all ihrem großen Gerede wirken sie irgendwie mottenzerfressen und ziellos. Sehr oft, wenn wir es mit einem offenkundigen Paranoiker zu tun hatten, legten wir die von ihm ausgesuchten Bücher vor seinen Augen beiseite und stellten sie gleich wieder an ihren Platz im Regal, sobald er den Laden verlassen hatte. Wie ich feststellen konnte, versuchte niemand von diesen Leuten, Bücher ohne Bezahlung mitzunehmen; sie einfach zu bestellen, genügte schon – das gab ihnen vermutlich die Illusion, tatsächlich Geld auszugeben.

Wie manche Buchantiquariate führten wir diverse Nebenartikel. Wir verkauften gebrauchte Schreibmaschinen zum Beispiel und Briefmarken – gestempelte Marken, meine ich.

Briefmarkensammler sind ein eigenartiger, schweigsamer, fischähnlicher Schlag, der sich aus allen Altersgruppen zusammensetzt, aber nur männlichen Geschlechts ist; Frauen entgeht offensichtlich der besondere Reiz, den das Einkleben kleiner Stückchen bunten Papiers in Alben bereitet. Wir verkauften auch Sixpenny-Horoskope, die von jemandem zusammengestellt waren, der das Erdbeben in Japan vorausgesagt zu haben behauptete. Sie befanden sich in versiegelten Umschlägen, und ich machte nie einen davon für mich selbst auf; aber die Leute, die sie kauften, kamen oft wieder und erzählten uns, wie ›wahr‹ ihre Horoskope gewesen seien. (Zweifellos kann jedes Horoskop einen ›wahren‹ Eindruck machen, wenn es einem einredet, man übe eine gewaltige Anziehungskraft auf das andere Geschlecht aus und der schlimmste eigene Fehler sei Großzügigkeit). Ein ganz gutes Geschäft machten wir auch mit Kinderbüchern, hauptsächlich ›Remittenden‹ und Restauflagen. Moderne Kinderbücher sind ziemlich scheußliche Sachen, besonders wenn man sie in Massen zu Gesicht bekommt. Für meine Person würde ich einem Kind lieber ein Exemplar des *Satiricon* von Petronius Arbiter schenken als *Peter Pan*, doch selbst dessen Verfasser, James Matthew Barrie, kommt einem noch männlich und gesund vor, verglichen mit einigen seiner Epigonen. Zur Weihnachtszeit verbrachten wir hektische zehn Tage im Kampf mit Weihnachtskarten und Kalendern, die mühsam zu verkaufen sind, aber ein gutes Saisongeschäft bringen. Ich fand dabei den brutalen Zynismus interessant, mit dem christliche Empfindungen ausgebeutet werden. Die aufdringlichen Vertreter der Weihnachtskartenverlage pflegten schon im Juni mit ihren Musterbüchern aufzukreuzen. Ein Satz auf einer ihrer Rechnungen ist mir im Gedächtnis haften geblieben; er lautete: »2 Dtzd. Jesuskinder mit Kaninchen.«

Doch unser hauptsächliches Nebengeschäft stellte eine Leihbücherei dar – die übliche, hinterlegungsfreie ›twopenny-library‹ mit fünf- bis sechshundert Bänden reiner Unterhaltungsliteratur. Wie die Bücherdiebe diese Leihbibliotheken wohl lieben müssen! Es ist das leichteste Verbrechen der Welt, in einem Laden ein Buch für zwei Pennies zu leihen, das Klebeschild zu entfernen und das Buch dann in einem anderen Laden für einen Shilling zu verkaufen. Dennoch finden die Inhaber solcher Buchhandlungen im allgemeinen, daß es sich mehr für sie auszahlt, sich eine gewisse Anzahl Bücher stehlen zu lassen (wir verloren durchschnittlich rund ein Dutzend pro Monat), als die Kunden dadurch abzuschrecken, daß man ein Pfand von ihnen verlangte.

Unser Laden befand sich genau auf der Grenze zwischen Hampstead und Camden Town, und Leute jeden Schlages, von Baronets bis zu Buschauffeuren, besuchten uns. Wahrscheinlich stellte unsere Leihbüchereikundschaft einen angemessenen Durchschnitt der lesenden Londoner dar. Muß ich also noch sagen, wer der meistgelesene Autor unserer Leihbibliothek war – Priestley? Hemingway? Walpole? Wodehouse? Nein, es war Ethel M. Dell mit Warwick Deeping auf einem guten zweiten Platz und Jeffrey Farnol, glaube ich, auf dem dritten. Die Romane der Dell werden natürlich nur von Frauen gelesen, aber von Frauen aller Schichten und Altersgruppen und nicht, wie man meinen mochte, lediglich von schmachtenden alten Jungfern und den fetten Frauen von Tabakwarenhändlern. Es stimmt nicht, daß Männer keine Romane lesen, aber es ist wahr, daß es ganze Zweige der erzählenden Literatur gibt, die sie meiden. Ganz allgemein kann man sagen, daß der sogenannte Durchschnittsroman – der gewöhnliche, weder gute noch schlechte Galsworthy-und Seeromantik-Stoff, der die Norm des englischen Romans darstellt – nur für Frauen zu existieren scheint. Männer lesen entweder die sogenannten angesehenen Romane oder Detektivgeschichten. Doch ihr Verbrauch an Detektivgeschichten ist kolossal. Einer unserer Ausleiher las meines Wissens über ein Jahr lang vier bis fünf Detektivromane pro Woche, und zwar neben denen, die er sich noch aus einer anderen Leihbücherei holte. Am meisten überraschte mich dabei, daß er niemals dasselbe Buch zweimal las. Anscheinend war diese ganze, gewaltige Flut (die jedes Jahr von ihm gelesenen Seiten würden, wie ich mir ausrechnete, so ungefähr dreiviertel Morgen Land bedecken) für immer in seinem Gedächtnis untergebracht. Er sah weder nach dem Titel noch nach dem Namen des Autors, sondern brauchte nur einen Blick in ein Buch zu werfen, um sagen zu können, ob er es ›schon gehabt‹ hatte.

In einer Leihbibliothek bekommt man den wirklichen Geschmack der Leute zu sehen, nicht den vorgetäuschten; und was einem da besonders auffällt, ist, wie vollständig die ›klassischen‹ englischen Romanciers in Ungnade gefallen sind. Es ist einfach zwecklos, Dickens, Thackeray, Jane Austen, Trollope usw. in die normale Leihbibliothek zu stecken; niemand leiht sie aus. Beim bloßen Anblick eines Romans aus dem neunzehnten Jahrhundert sagen die Leute: »Oh, der ist aber *alt*!« und schrecken sofort davor zurück. Dickens zu *verkaufen* ist dagegen immer noch ziemlich einfach, und das gleiche trifft für Shakespeare zu. Dickens ist einer von jenen Autoren, den die Leute immer ›vorhaben zu lesen‹ und der, genau wie die Bibel, aus zweiter Hand weit bekannt ist. Die Leute wissen vom Hörensagen, daß Bill Sykes ein Einbrecher ist und daß Mr. Micawber eine Glatze hat, genau wie sie vom Hörensagen wissen, daß Moses in einem Binsenkorb gefunden wurde und den Herrn ›von hinten‹ gesehen hätte. Sehr bemerkenswert ist aber auch die wachsende Unbeliebtheit amerikanischer Bücher: oder – die Verleger raufen sich deswegen alle zwei oder drei Jahre die Haare aus – die Unbeliebtheit von Kurzgeschichten. Wenn jemand den Bibliothekar bittet, ein Buch für ihn auszusuchen, beginnt er sein Ansuchen fast stets mit den Worten: »Ich möchte aber keine Kurzgeschichten« oder »Ich wünsche keine kleinen Geschichten«, wie einer unserer deutschen Kunden das zu formulieren pflegte. Wenn man sie nach dem Grund für ihre Ablehnung fragt, erklären sie manchmal, daß es viel zu viel Mühe mache, sich mit jeder Geschichte an eine neue Garnitur handelnder Personen zu gewöhnen. Sie ›vertie-

fen‹ sich viel lieber in einen Roman, der nach dem ersten
Kapitel kein weiteres Nachdenken mehr von ihnen verlangt.
Ich glaube jedoch, daß die Verfasser mehr daran schuld sind
als die Leser. Die meisten modernen Kurzgeschichten, die
englischen wie die amerikanischen, sind völlig leblos und
wertlos, weit mehr jedenfalls als die meisten Romane. Jene
Kurzgeschichten, die wirklich etwas zu erzählen haben, sind
beliebt genug, *vide* D. H. Lawrence, dessen Kurzgeschichten
genauso beliebt sind wie seine Romane.

Ob ich ein Buchhändler *de métier* sein möchte? Alles in
allem – trotz der mir entgegengebrachten Freundlichkeit
meines Arbeitgebers und einiger glücklicher Tage, die ich in
dem Laden verbracht habe – nein.

Mit einem guten Angebot und dem nötigen Kapital sollte
jeder gebildete Mensch in der Lage sein, einen bescheidenen,
aber sicheren Lebensunterhalt aus einer Buchhandlung zu
ziehen. Wenn man sich nicht auf ›seltene‹ Bücher spezialisie-
ren will, ist dieses Gewerbe nicht schwierig zu erlernen, und
man hat schon zu Beginn einen großen Vorsprung, wenn man
etwas vom inneren Wesen eines Buches versteht. (Die meisten
Buchhändler haben keine Ahnung davon. Einen Maßstab für
ihre Beurteilung vermittelt ein Blick in die Fachzeitungen, in
denen sie ihren Bedarf inserieren. Wenn man da nicht eine
Suchanzeige nach Boswells *Decline and Fall* findet, dann
sicher eine nach *The Mill on the Floss* von T. S. Eliot.) Auch ist
es ein menschliches Gewerbe, das man nicht unter eine
gewisse Grenze herabwürdigen kann. Die Warenhäuser werden niemals dem kleinen, unabhängigen Buchhändler die
Existenzgrundlage entziehen können, wie sie das schon zum
Teil bei Kolonialwarenhändlern und dem Milchmann geschafft haben. Aber die Arbeitszeit ist sehr lang – ich war nur
teilzeitbeschäftigt, doch mein Arbeitgeber hatte in der Regel
eine Siebzigstundenwoche, wozu noch ständige Expeditio-
nen außerhalb der Arbeitszeit zum Einkauf von Büchern
kamen –, und das Leben ist ungesund. Gewöhnlich ist eine
Buchhandlung im Winter schrecklich kalt, denn wenn es

einigermaßen warm ist, beschlagen die Schaufenster, und ein Buchhändler lebt von seinen Schaufensterauslagen. Und Bücher produzieren mehr und ekelhafteren Staub als jeder andere bis heute erfundene Gegenstand, und die Oberkante eines Buches ist genau der Platz, an dem jede Blaue Stubenfliege sich am liebsten zum Sterben niederläßt.

Aber der wahre Grund, warum ich nicht mein Leben lang im Buchhandel tätig sein möchte, ist folgender: ich habe während dieser Zeit meine Liebe zu Büchern verloren. Ein Buchhändler muß Lügen über Bücher erzählen, und dadurch distanziert er sich von ihnen; schlimmer noch ist der Umstand, daß er sie ständig abstauben und von einem Platz an den anderen stellen muß. Es gab einmal eine Zeit, in der ich Bücher wirklich liebte – den Anblick, den Geruch und das Gefühl, sie in der Hand zu halten, meine ich, zumindest wenn sie fünfzig oder mehr Jahre alt waren. Nichts bereitete mir mehr Freude, als an einer Auktion auf dem Lande einen Posten solcher Bücher günstig für einen Schilling zu erstehen. Eine eigenartige Atmosphäre umschwebt diese abgegriffenen alten Bände, die man unerwartet in solchen Sammlungen aufstöbert: unbedeutende Dichter aus dem achtzehnten Jahrhundert, überholte geographische Lexika, Einzelbände von vergessenen Romanen, gebundene Jahrgänge von Frauenmagazinen der sechziger Jahre des vorigen Jahrhunderts. Für unbeschwertes Lesen – in der Badewanne zum Beispiel, oder spät abends, wenn man zu müde zum Zubettgehen ist, oder in der restlichen Viertelstunde vor dem Essen – gibt es nichts, was an eine alte Nummer von *Girl's Own Paper* heranreicht. Doch sobald ich meine Arbeit in der Buchhandlung angetreten hatte, hörte ich auf, Bücher zu kaufen. Als Masse gesehen, fünf- oder zehntausend auf einmal, wirken Bücher langweilig und sogar leicht ekelerregend. Heute kaufe ich mir wieder gelegentlich eins, aber nur, wenn es ein Buch ist, das ich unbedingt lesen möchte und nicht leihen kann; und ich kaufe niemals mehr alte Bücher. Der ehemals so angenehme Duft zerfallenden Papiers übt keine Anziehungskraft mehr auf

mich aus; er ist in meiner Erinnerung zu eng mit paranoischen
Kunden und toten Fliegen verbunden.

Fortnightly, November 1936

Freiheit und Sozialismus

Rückblick auf den Spanischen Krieg

Vor allem andern die sinnlichen Erinnerungen: die Geräusche, die Gerüche und das Äußere der Dinge.

Es ist sonderbar, daß mir lebhafter als alles, was später während des Spanischen Krieges kam, die Woche der sogenannten Ausbildung im Gedächtnis geblieben ist, die wir durchliefen, bevor wir an die Front geschickt wurden; die weiträumige Kavalleriekaserne in Barcelona mit den zugigen Ställen und den mit Kopfsteinen gepflasterten Höfen, das eiskalte Wasser der Brunnen, in denen man sich wusch, das schlechte Essen, nur durch den Wein aus Krügen erträglich gemacht, die weiblichen Milizsoldaten in Hosen, die Brennholz machten, und der Namensaufruf frühmorgens, bei dem mein prosaischer englischer Name leicht komisch gegen die klangvollen spanischen wirkte, gegen den Manuel Gonzalez, Pedro Aguilar, Ramon Fennellosa, Roque Ballaster, Jaime Domenech, Sebastian Viltron, Ramon Nuvo Bosch. Ich erwähne diese Männer besonders, weil ich mich an das Gesicht jedes einzelnen von ihnen erinnere. Außer zwei ziemlichen Lumpen, die inzwischen sicher gute Falangisten geworden sind, dürften alle andern heute tot sein. Von zweien weiß ich es bestimmt. Der älteste dürfte 25, der jüngste 16 gewesen sein.

Eine der wesentlichen Kriegserfahrungen ist, daß man dem widerwärtigen Gestank menschlichen Ursprungs nicht entrinnen kann. Latrinen sind ein abgedroschenes Thema der Kriegsliteratur, und ich hätte es auch nicht erwähnt, wenn die Latrinen in unseren Baracken nicht ihr Teil dazu beigetragen hätten, meine Illusionen über den Spanischen Bürgerkrieg erheblich herabzumindern. Der südliche Typ der Latrine, mit der man zu kämpfen hat, ist schon bei besten Bedingungen schlimm genug, aber unsere waren aus einer Art von poliertem Stein, der so glatt war, daß man die größte Mühe hatte, sich auch nur auf den Füßen zu halten. Dazu kam, daß sie immer verstopft waren. Nun habe ich genug andere abstoßende Dinge im Gedächtnis, aber ich glaube, es waren diese Latrinen, die in mir zum ersten Mal den Gedanken aufkommen ließen, der später so oft wiederkehrte: »Hier sind wir, Soldaten einer revolutionären Armee, welche die Demokratie gegen den Faschismus verteidigt, und wir kämpfen in einem Krieg, in dem es offensichtlich *um etwas geht*, und die Umstände, unter denen wir leben, sind so ekelhaft und entwürdigend wie in einem Gefängnis, ganz zu schweigen von einer Armee der Bourgeois.« Meine Eindrücke wurden später noch durch vieles andere verstärkt, die Langeweile zum Beispiel und den tierischen Hunger im Schützengraben, die schmierigen Intrigen um ein bißchen Essen, die zermürbenden Zänkereien, denen sich übermüdete Leute hingeben.

Das wirklich Furchtbare am Leben in einer Armee (wer je Soldat war, weiß, was ich damit meine) hat im Grunde kaum etwas mit dem Wesen des Krieges zu tun, in dem man zufällig kämpft. Disziplin zum Beispiel ist letzten Endes in jeder Armee dieselbe. Befehle müssen befolgt und notfalls durch Strafen erzwungen werden, das Verhältnis zwischen Offizieren und Mannschaft ist das Verhältnis zwischen Vorgesetzten und Untergebenen. Das Bild des Krieges, wie er in Büchern wie *Im Westen nichts Neues* geschildert wird, ist im wesentlichen richtig. Geschosse verwunden, Leichen stinken, Männer unter feindlichem Feuer sind oft so von Angst gepackt, daß sie in die Hosen machen. Richtig ist, daß der soziale Hintergrund einer Armee ihr auch sein Gepräge geben wird, ihrer Ausbildung, ihrer Taktik und ihrer Schlagkraft. Und selbstverständlich kann auch das Bewußtsein, für eine gerechte Sache zu kämpfen, die Moral heben, obwohl das mehr für die Zivilbevölkerung gilt als für die Armee. (Es wird immer vergessen, daß ein Soldat irgendwo in Frontnähe viel zu viel Hunger und Angst hat, unter der Kälte leidet, vor allem aber viel zu müde ist, um sich Gedanken über die politischen Ursachen des Krieges zu machen.) Aber die Naturgesetze sind in einer »Roten Armee« so wenig aufgehoben wie in einer weißen. Eine Laus ist eine Laus und eine Bombe ist eine Bombe, auch wenn die Sache, für die man kämpft, zufällig die gerechte ist.

Warum lohnt es sich, so eingehend über etwas zu reden, das so offensichtlich ist? Weil die Mehrzahl der englischen und amerikanischen Intellektuellen diese Dinge damals offenbar nicht zur Kenntnis nahm, genauso wenig wie heute. Unser Gedächtnis ist kurz geworden, aber man braucht nur ein wenig zurückzuschauen, die alten Nummern von ›New Masses‹ und ›Daily Worker‹ herauszusuchen und einen Blick auf den romantischen, kriegshetzerischen Scheiß zu werfen, den unsre Linken zu jener Zeit von sich gaben. Alle die abgestandenen alten Phrasen! Und die phantasielose Hornhäutigkeit! Das *sang froid*, mit dem London über die Bombardierung von Madrid hinwegging! Ich will mich hier nicht mit der Gegenpropaganda der Rechten auseinandersetzen, den Lunns, Garwins *et hoc genus*. Das alles versteht sich von selbst. Aber: hier waren die gleichen Leute am Werk, die zwanzig Jahre lang sich nicht genug tun konnten an Spott und Verachtung für den »Kriegsruhm«, für Greuelgeschichten, Patriotismus, ja selbst physische Tapferkeit, und die nun einen Blödsinn auftischten, der mit der Änderung von ein paar Namen in den ›Daily Mail‹ von 1918 gepaßt haben würde. Wenn die englische Intelligenz zu etwas verpflichtet gewesen wäre, so dazu, den Krieg zu entlarven, festzuhalten, daß Krieg Leichen und Latrinen bedeutet und niemals zu einem guten Ende führen kann. Nun gut, die gleichen Leute, die 1933 mitleidig lächelten, wenn jemand darauf hinwies, daß er unter bestimmten Umständen für sein Land kämpfen würde, bezeichneten einen 1937 als Trotzki-Faschisten, wenn man bemerkte, daß die Berichte in den ›New Masses‹ über

Verwundete, die nichts sehnlicher verlangten, als an die Front zurückgeschickt zu werden, vielleicht übertrieben seien. Und die linke Intelligenz vollzog ihren Umschwung von »Krieg ist die Hölle« zu »Krieg ist heldenhaft« nicht nur ohne jedes Gefühl für die Unvereinbarkeit ihrer Haltung, sondern auch ohne jeden Übergang. Später führte der große Haufen dieser Leute ebenso gewaltsame Kehrtwendungen durch. Es muß viele von ihnen gegeben haben, so etwas wie einen harten Kern von Intellektuellen, die 1935 für die *King and Country*-Erklärung eintraten, 1937 nach einer »festen Haltung« gegenüber Deutschland schrien, 1940 die *People's Convention* unterstützten und heute eine zweite Front fordern.

Was die breite Masse der Bevölkerung betrifft, so rühren die erstaunlichen Meinungsumschwünge der heutigen Zeit und die Gefühle, die sich auf- und abdrehen lassen wie ein Wasserhahn, von der Zeitungs- und Radio-Hypnose her. Bei den Intellektuellen, würde ich sagen, hat das mehr mit Geld und der Sorge um die persönliche Sicherheit zu tun. Je nach Lage der Dinge werden sie in einem gegebenen Augenblick »für den Krieg« oder »gegen den Krieg« sein, aber in beiden Fällen fehlt ihnen völlig die reale Vorstellung, was Krieg ist. Als sie sich für den Spanischen Krieg begeisterten, wußte natürlich jeder, daß dabei Menschen getötet wurden und das Getötetwerden eine unangenehme Sache ist, aber sie meinten, daß das Kriegserlebnis für einen Soldaten in der Republikanischen Armee nichts Herabwürdigendes sei. Die Latrinen stanken irgendwie weniger, die Disziplin war weniger drükkend. Man braucht nur in den ›New Statesman‹ zu schauen, um festzustellen, daß man das wirklich glaubte. Genau der gleiche Unsinn wird in diesem Augenblick über die Rote Armee geschrieben. Wir sind zu zivilisiert geworden, um das Augenscheinliche wahrzunehmen. Denn die Wahrheit ist sehr einfach. Um zu überleben, muß man oft kämpfen, und um zu kämpfen, muß man sich schmutzig machen. Der Krieg ist ein Übel, und er ist manchmal das kleinere. Wer zum Schwert greift, wird durch das Schwert umkommen, und wer nicht zum Schwert greift, kommt durch stinkende Krankheiten um. Die Tatsache, daß man eine derartige Banalität niederschreiben muß, zeigt, was die Jahre des Rentier-Kapitalismus aus uns gemacht haben.

II

In Verbindung mit dem, was ich eben ausgeführt habe, noch eine Randbemerkung über Kriegsgreuel.

Ich kenne nur wenige direkte Beweise für Grausamkeit während des Spanischen Bürgerkrieges. Ich weiß, daß einige von den Republikanern begangen worden sind und sehr viel mehr von den Faschisten (sie werden noch heute begangen). Aber was mich damals wie heute beeindruckt, ist der Umstand, daß Greuel geglaubt oder nicht geglaubt werden, je nach dem politischen Standpunkt. Jeder glaubt an die Grausamkeiten der Feinde und bestreitet die seiner eigenen Seite, ohne sich auch nur die geringste Mühe zu machen, Beweise zu untersuchen. Kürzlich habe ich eine Liste über Greuel zusammengestellt, die in der Zeit zwischen 1918 und heute [1942] begangen worden sind. Es gibt kein Jahr, in dem nicht irgendwo auf der Welt Grausamkeiten verübt wurden, und es gab kaum einen einzigen Fall, an den Linke und Rechte übereinstimmend glaubten. Aber noch sonderbarer – jeden Augenblick kann die Lage plötzlich umschlagen: was gestern eine restlos erwiesene Greuelgeschichte war, kann über Nacht eine lächerliche Lüge geworden sein, nur weil sich die politische Landschaft verändert hat.

Im gegenwärtigen Krieg sind wir in der seltsamen Lage, daß unsere »Greuel-Kampagne« schon lange vorher in Szene gesetzt worden ist, und zwar hauptsächlich von den Linken, also Leuten, die für gewöhnlich auf ihre Ungläubigkeit stolz sind. In derselben Zeitspanne starrte die Rechte, also die Greuel-Propagandisten von 1914–18, wie fasziniert auf Nazi-Deutschland und lehnte rundweg ab, irgend etwas Böses darin zu sehen. Kaum war jedoch der Krieg ausgebrochen, als die Nazi-Freunde von gestern wieder Greuel-Geschichten auftischten, während die Nazi-Gegner plötzlich daran zu zweifeln begannen, ob es die Gestapo überhaupt gebe. Das war jedoch nicht nur das Ergebnis des deutsch-russischen Freundschafts- und Nichtangriffspaktes, sondern hing zum Teil damit zusammen, daß die Linke vor dem Krieg fälschlicherweise geglaubt hatte, Großbritannien und Deutschland würden niemals Krieg gegeneinander führen. Das erlaubte ihr, gleichzeitig anti-deutsch und anti-britisch zu sein. Zum Teil hing es auch mit der offiziellen Kriegspropaganda zusammen, die durch ihre widerwärtige Heuchelei und Selbstgerechtigkeit denkende Menschen dazu bringt, mit dem Feind zu sympathisieren. Ein Teil des Preises, den wir für die systematische Lügerei von 1914–18 zu zahlen hatten, bestand in der übertrieben prodeutschen Reaktion, die folgte. In den Jahren 1918–33 wurde man in linksgerichteten Kreisen niedergeschrien, wenn man die Ansicht vertrat, daß Deutschland auch nur zu einem Bruchteil am Krieg schuld sei. In keiner Diskussion über die Erbärmlichkeit des Vertrages von Versailles, die ich in all den Jahren mit anhörte, wurde, wenn ich mich recht erinnere, auch nur ein einziges Mal die Frage aufgeworfen, geschweige denn diskutiert: »Was wäre geschehen, wenn Deutschland gesiegt hätte?« Dasselbe mit den Kriegsgreueln. Die Wahrheit wird zur Unwahrheit, wenn der Feind sie äußert. Kürzlich stellte ich fest, daß die gleichen Leute, die 1937 schlechterdings jede Greuelgeschichte über die Japaner in Nanking schluckten, 1942 rundweg ablehnten, genau die gleichen Geschichten über Hongkong zu glauben. Es bestand sogar eine gewisse Tendenz, Nanking-Greuel, so wie die Dinge lagen, nachträglich für unglaubwürdig zu halten, weil die englische Regierung jetzt die Aufmerksamkeit auf sie lenkte.

Unglücklicherweise sind die wirklichen Kriegsgreuel sehr viel scheußlicher als das, was darüber zusammengelogen wird und was die Propaganda daraus macht. Wahr ist, daß Grausamkeiten begangen werden. Und der Umstand, der so oft über die Unglaubwürdigkeit von Greuelgeschichten angeführt wird, daß sie nämlich Krieg für Krieg auftauchen, macht sie im Gegenteil nur um so wahrscheinlicher. Offenbar entspringen sie weitverbreiteten Wunschträumen, und der Krieg bietet die Möglichkeit, sie in die Praxis umzusetzen. Dabei gibt es – auch wenn die Behauptung gegenwärtig aus der Mode gekommen ist – kaum einen Zweifel, daß die Leute, die wir verallgemeinernd »Weiße« nennen, weit mehr und schlimmere Greuel begehen als die »Roten«. Es besteht zum Beispiel nicht der geringste Zweifel an den Ausschreitungen der Japaner in China. Und ebensowenig kann man an den in den letzten zehn Jahren von Faschisten in Europa begangenen Verbrechen zweifeln. Der Umfang der Beweise dafür ist erdrückend, und ein Großteil stammt aus Presse und Rundfunk in Deutschland. Diese Dinge sind geschehen, das darf man nicht übersehen. Und sie geschahen, obwohl Lord Halifax erklärte, daß sie geschehen seien. Die Vergewaltigungen und Massenschlächtereien in chinesischen Städten, die Folterungen in den Kellern der Gestapo, die älteren jüdischen Professoren, die man in Jauchegruben geworfen hat, die an spanischen Landstraßen mit Maschinenpistolen niedergemähten Flüchtlinge – das alles ist wirklich geschehen, und es ist nicht weniger geschehen, weil der ›Daily Telegraph‹ es plötzlich, fünf Jahre zu spät, entdeckt hat.

III

Zwei Erinnerungen, von denen die erste nichts Besonderes beweist, während die zweite meiner Meinung nach einen gewissen Einblick in die Atmosphäre einer revolutionären Zeit gibt.

Eines Morgens in aller Frühe waren ein anderer Mann und ich aufgebrochen, um uns an die faschistischen Schützengräben bei Huesca heranzuschleichen. Ihre und unsere Linien lagen sich etwa in einer Entfernung von dreihundert Yards gegenüber, zu weit, um mit unsern veralteten Gewehren zielsicher schießen zu können. Schlich man sich aber auf hundert Yards heran, so konnte man, wenn man Glück hatte, einen durch eine Lücke in der Verschanzung treffen. Unglücklicherweise war der Boden zwischen beiden Stellungen ein ebenes Rübenfeld, das bis auf ein paar Gräben keine Deckung bot. Man mußte sich aufmachen, solange es noch dunkel war, und sich zurückziehen, bevor es hell wurde. Dieses Mal erschien kein Faschist, und wir blieben zu lange draußen, die Morgendämmerung überraschte uns. Wir lagen in einer Vertiefung, aber hinter uns erstreckten sich bis zu unserm Graben noch zweihundert Yards ebenen Bodens, der kaum einem Kaninchen Deckung bot. Wir waren noch dabei, uns Mut zu einem Sturmlauf nach rückwärts zu machen, als wir in den faschistischen Gräben Lärm und Trillersignale hörten. Ein paar unserer Flugzeuge näherten sich der Stellung. Im gleichen Augenblick sprang ein Mann aus dem Graben, vermutlich um einem Offizier eine Meldung zu bringen, und lief in voller Sicht den Grabenrand entlang. Er war nur halb angezogen und hielt im Laufen seine Hosen mit beiden Händen fest. Ich schoß nicht auf ihn. Um die Wahrheit zu sagen – ich bin kein guter Schütze und hätte einen laufenden Mann auf hundert Yards vermutlich doch nicht getroffen. Gleichzeitig und hauptsächlich war ich in Gedanken damit beschäftigt, unsern Schützengraben zu erreichen, solange die Aufmerksamkeit der Faschisten durch die Flugzeuge in Anspruch genommen war. Schließlich kam noch etwas dazu – ich schoß nicht wegen der Hosen. Ich war nach Spanien gegangen, um auf »Faschisten« zu schießen, aber ein Mann, der seine Hosen festhalten muß, ist kein »Faschist«, sondern offensichtlich ein Mitmensch, mir gleich, und mir war nicht danach, auf ihn zu schießen.

Was beweist dieser Vorgang? Nicht sehr viel, denn so etwas kann jederzeit in einem Krieg vorkommen. Das zweite Vorkommnis ist anders. Ich nehme nicht an, daß es Sie, die es lesen, stärker berühren wird, aber glauben Sie mir, daß es auf mich einen tiefen Eindruck gemacht hat, weil es für die moralische Atmosphäre eines bestimmten Moments bezeichnend ist.

Einer der Rekruten, die in der Kaserne zu uns stießen, war ein wild aussehender Junge aus dem Elendsviertel von Barcelona. Er war barfuß und zerlumpt und außergewöhnlich dunkelhäutig. (Ich würde sagen, arabisches Blut.) Er hatte eine Art zu gestikulieren, die man für gewöhnlich bei keinem Europäer findet. So streckte er zum Beispiel den Arm aus, die Handfläche nach oben, eine Geste, die für Inder bezeichnend ist.

Eines Tages war mir aus meiner Unterkunft ein kleines Bündel Zigarren gestohlen worden, die man damals noch um ein Spottgeld kaufen konnte. Unsinnigerweise erstattete ich dem Offizier Bericht, und prompt meldete sich einer der beiden Lumpenhunde, die ich bereits erwähnt habe, und erklärte fälschlich, ihm seien fünfundzwanzig Peseten aus seiner Schlafstelle gestohlen worden. Aus irgendeinem Grund entschied der Offizier, der Junge aus Barcelona sei der Dieb. In der Miliz wurde sehr streng gegen Diebstähle vorgegangen, und theoretisch konnte einer deswegen erschossen werden. Der arme Teufel war gleich bereit, sich zur Wachstube führen und dort durchsuchen zu lassen. Am meisten fiel mir auf, daß er kaum seine Unschuld zu beteuern versuchte. Seine fatalistische Haltung verriet die unsägliche Armut, in der er aufgewachsen sein mußte. Der Offizier befahl ihm, sich auszuziehen. Mit einer Demut, die für mich etwas Entsetzliches hatte, legte er seine Kleider ab, bis er nackt war. Dann wurden seine Kleider durchsucht. Natürlich fanden sich weder die Zigarren noch das Geld. Tatsächlich hatte er nichts gestohlen. Am peinlichsten war, daß er nicht weniger beschämt schien, auch nachdem sich seine Unschuld herausgestellt hatte. Am gleichen Abend nahm ich ihn zu einem Film mit und gab ihm Brandy und Schokolade. Aber auch das – ich meine den Versuch, ein Unrecht mit Geld wiedergutzumachen – war entsetzlich. Für ein paar Minuten hatte ich ihn für einen Dieb gehalten, und das konnte man nicht einfach wegwischen.

Nun gut – einige Wochen später hatte ich an der Front Schwierigkeiten mit einem meiner Leute. Zu jener Zeit war ich *cabo* oder Korporal und hatte zwölf Mann unter meinem Kommando. Es war ein Stellungskrieg und bitter kalt, und meine Hauptarbeit bestand darin, Wachen zu finden, die auf ihrem Posten nicht einschliefen. Eines Tages weigerte sich plötzlich ein Mann, einen bestimmten Posten zu beziehen, weil dieser, wie er ganz richtig bemerkte, dem feindlichen Feuer ausgesetzt war. Es war ein schwächliches Kerlchen, und ich packte ihn und wollte ihn zu seinem Posten zerren. Das weckte die Gefühle der übrigen gegen mich, denn die Spanier sind, wie ich glaube, gegen jede körperliche Berührung empfindlicher als wir. Im Nu war ich von einem Kreis schreiender Männer umgeben. »Faschist, Faschist! Laß den Mann los! Wir sind keine Bourgeois-Armee! Faschist!« etc. So gut ich mit meinem schlechten Spanisch konnte, schrie ich zurück, daß Befehle befolgt werden müßten. Der Aufruhr ging in eine der weitschweifenden Diskussionen über, durch die die Disziplin in Revolutions-Armeen Schritt für Schritt abgebaut wird. Die einen sagten, ich hätte recht, die andern, ich hätte unrecht. Der springende Punkt aber war, daß der eine, der am eifrigsten meine Partei nahm, der dunkelhäutige Bursche der Diebstahlsgeschichte war. Sobald er sah, was vor sich ging, bahnte er sich einen Weg in den Kreis und fing an, mich leidenschaftlich zu verteidigen. Mit seinen seltsamen, wilden, indischen Gesten erklärte er: »Er ist der beste Korporal, den wir haben.« (No hay cabo como el!) Später beantragte er, in meine Gruppe versetzt zu werden.

Warum berührt mich dieser Vorgang? Weil es unter normalen Umständen unmöglich gewesen wäre, jemals wieder aufrichtig gute Beziehungen zwischen dem Jungen und mir herzustellen. Daß ich ihn, wenn auch nicht ausdrücklich, als Dieb verdächtigt hatte, wäre durch meine nachträglichen

Bemühungen, den Fehler wieder gutzumachen, nicht aus der Welt geschafft, sondern vermutlich noch verschlimmert worden. Eine der Auswirkungen eines gesicherten, zivilisierten Lebens besteht in einer ungeheuren Überempfindlichkeit, die alle ursprünglichen Gefühle als abstoßend erscheinen läßt. Großmut ist ebenso peinlich wie Gemeinheit, Dankbarkeit so hassenswert wie Undankbarkeit. Aber im Spanien des Jahres 1936 lebten wir in keiner normalen Zeit. Es war eine Zeit, in der einem großmütige Gefühle und große Gesten leichter fielen als gewöhnlich. Ich könnte noch von einem Dutzend ähnlicher Vorkommnisse berichten, die nicht unbedingt mitteilenswert, aber in meiner Erinnerung untrennbar mit der spezifischen Atmosphäre jener Zeit verknüpft sind, die schäbige Uniform, die revolutionären Plakate mit ihrer fröhlichen Buntheit, der allgemeine Gebrauch des Wortes »Genosse«, die antifaschistischen Gedichte auf schlechtem Papier, die für einen Penny feilgeboten wurden, die Schlagworte wie »internationale proletarische Solidarität«, die von ahnungslosen Menschen pathetisch wiederholt wurden, weil sie glaubten, sie müßten auch etwas bedeuten. Konnte man sich freundlich jemandem gegenüber benehmen und in einem Streit sogar dessen Partei ergreifen, nachdem man in seiner Gegenwart schamlos nach Dingen durchsucht worden war, die man ihm angeblich gestohlen haben sollte? Nein, man konnte es nicht, und dennoch war es denkbar, wenn beide etwas erlebt hatten, das ihre Gefühlswelt erweitert hatte. Das ist ein Nebenprodukt der Revolution, auch wenn es in diesem Falle nur der Anfang einer Revolution war und man ihr Scheitern mit Sicherheit voraussehen konnte.

IV

Über die Machtkämpfe zwischen den verschiedenen Parteien der spanischen Republikaner möchte ich nicht sprechen, sie waren unselig und liegen weit zurück. Ich erwähne sie nur, um zu sagen: Glaube nichts, oder so gut wie nichts von dem, was du über die internen Angelegenheiten der Regierung liest! Von welcher Seite es auch kommt, es ist alles Parteipropaganda, das heißt gelogen. Im großen und ganzen ist die Wahrheit über den Krieg einfach genug. Die spanische Bourgeoisie sah ihre Chance gekommen, die Arbeiterbewegung zu zerschlagen, und nahm sie wahr, mit Unterstützung der Nazis und aller reaktionären Kräfte der ganzen Welt. Es ist fraglich, ob sich jemals mehr darüber wird feststellen lassen.

Ich erinnere mich, daß ich einmal zu Arthur Koestler sagte: »Die Geschichtsschreibung hat 1936 ihr Ende gefunden«, worauf er sofort zustimmend mit dem Kopf nickte. Wir dachten beide an den Totalitarismus im allgemeinen, im besonderen aber an den Spanischen Bürgerkrieg. Schon früh in meinem Leben hatte ich festgestellt, daß kein Ereignis in einer Zeitung wahrheitsgemäß wiedergegeben wird, aber in Spanien las ich zum ersten Mal Zeitungsberichte, die mit den Tatsachen überhaupt nichts mehr zu tun hatten, nicht einmal soviel wie für gewöhnlich mit einer Lüge verbunden ist. Ich las Berichte über große Schlachten an Orten, wo es nie zu Kämpfen gekommen war, während Kämpfe, bei denen Hunderte gefallen waren, totgeschwiegen wurden. Ich erlebte, daß Soldaten, die sich tapfer geschlagen hatten, als Feiglinge und Verräter beschimpft wurden, und daß andere, die nie Pulver gerochen hatten, als Helden nie geschlagener Schlachten gefeiert wurden. In London sah ich Zeitungen, welche diese Lügen nachdruckten, während beflissene Intellektuelle Ereignisse emotionell übersteigerten, die nie stattgefunden hatten. Es bestätigte mir, daß Geschichtsschreibung nicht mehr darin besteht, festzuhalten, was sich ereignet hat, sondern, was sich je nach der »Parteilinie« hätte ereignen sollen. Trotzdem, so abstoßend das alles war, in gewisser Weise war es unwichtig. Es betraf zweitrangige Fragen, namentlich den Machtkampf zwischen der Komintern und den spanischen Linksparteien und die Bemühungen der russischen Regierung, eine Revolution in Spanien zu verhindern. Aber das Bild des Krieges, das die spanische Regierung der Welt in großen Umrissen bot, war nicht unwahr. Die wesentlichen Probleme waren wirklich die, die sie nannte. Wie aber konnten die Faschisten und ihre Hintermänner der Wahrheit auch nur annähernd so nahe kommen? Wie hätten sie auch ihre wirklichen Absichten darlegen können? Ihre Version des Krieges war ein reines Fantasieprodukt und hätte unter den gegebenen Umständen auch nichts anderes sein können.

Für die Nazis und Faschisten bestand die einzige Propagandamöglichkeit darin, sich selbst als christliche Patrioten hinzustellen, die Spanien vor einer russischen Diktatur retten. Das führte zur Behauptung, das Leben unter der republikanischen Regierung in Spanien sei nichts als ein einziges andauerndes Massaker gewesen – ›Catholic Herald‹ oder ›Daily Mail‹ – aber das waren noch Kindereien, verglichen mit der faschistischen Presse auf dem Kontinent, und es bedingte auch die ungeheuer übertriebenen Angaben über das Ausmaß der russischen Intervention. Aus der Riesenpyramide von Lügen, welche die katholische und reaktionäre Presse überall aufgebaut hatte, greife ich nur eine heraus – die angebliche Anwesenheit einer russischen Armee in Spanien. Ergebene Anhänger Francos glaubten steif und fest daran; die Schätzungen über die Truppenstärke gingen bis zu einer halben Million Mann. Nun, es gab keine russische Armee in Spanien. Es mag eine Handvoll Flieger und Techniker gegeben haben, im Höchstfall nicht mehr als ein paar Hundert, aber keine Spur von einer Armee. Tausende von Ausländern, die in Spanien gekämpft haben, ganz zu schweigen von den Millionen Spaniern selbst, können das bezeugen. Ihr Zeugnis blieb ohne den geringsten Eindruck auf die Propagandisten Francos, von denen keiner den Fuß in das von der Regierung kontrollierte Gebiet gesetzt hatte. Gleichzeitig weigerten sich diese Leute mit äußerster Hartnäckigkeit, die Tatsache einer deutschen und italienischen Intervention zuzugeben, obwohl die deutsche und italienische Presse sich ganz offen mit den

Heldentaten ihrer »Legionäre« brüstete. Ich habe nur diesen einen Punkt herausgegriffen, aber in Wirklichkeit bewegte sich die ganze faschistische Kriegspropaganda auf diesem Niveau.

Diese Art Dinge machen mir Angst, denn ich habe oft das Gefühl, daß der Begriff der objektiven Wahrheit selbst in dieser Welt im Schwinden ist. Es besteht alle Aussicht, daß diese und ähnliche Lügen in die Geschichte eingehen werden. Wie wird die Geschichte des Spanischen Bürgerkrieges geschrieben werden? Wenn Franco an der Macht bleibt, werden seine Beauftragten die Geschichtsbücher schreiben und (um auf mein Beispiel zurückzukommen) jene russische Armee, die es niemals gegeben hat, zur historischen Tatsache machen, und Schulkinder werden das über Generationen lernen. Nehmen wir aber an, in Spanien würde in absehbarer Zeit der Faschismus endgültig beseitigt und in nicht zu ferner Zukunft eine demokratische Regierung wieder errichtet werden; wie wird selbst dann die Geschichte des Krieges aussehen? Welche Dokumente wird Franco zurücklassen? Selbst wenn man annimmt, die Dokumentation auf Regierungsseite sei auffindbar – wie wird in diesem Fall der Krieg dargestellt? Denn auch die Regierung arbeitete, wie ich bereits ausgeführt habe, weitgehend mit Lügen. Vom anti-faschistischen Standpunkt aus könnte man eine großenteils wahrheitsgetreue Schilderung des Krieges schreiben, aber es bliebe doch immer eine parteiische Darstellung, die in allen Einzelfragen unzuverlässig wäre. Und doch, nach allem wird *irgendeine* Art von Geschichtsschreibung zustande kommen, und wenn alle, die sich heute an den Krieg erinnern, tot sein werden, wird man sie allgemein für gültig halten. Und so wird die Lüge aus praktischen Gründen zur Wahrheit geworden sein.

Ich weiß heute, daß die Ansicht üblich ist, die gesamte Geschichte bestehe sowieso aus Lügen. Ich will gerne glauben, daß die Geschichte größtenteils unzutreffend und parteiisch ist, es blieb aber unserm Zeitalter vorbehalten, den Glauben an eine wahrheitsgetreue Geschichtsschreibung überhaupt aufzugeben. In früheren Zeiten wurde bewußt gelogen oder die Darstellung unbewußt verfälscht, oder man bemühte sich um die Wahrheit, im Bewußtsein, daß man unausweichlich Irrtümern ausgesetzt war. In jedem Fall aber glaubte man daran, daß es so etwas wie »die Tatsachen« gab und daß sie sich mehr oder weniger genau feststellen ließen. Und tatsächlich lag immer ein beträchtliches Maß an Tatsachen vor, über deren Echtheit sich so ziemlich alle einig waren. Wenn man zum Beispiel in der *Encyclopaedia Britannica* die Geschichte des letzten Krieges nachliest, so wird man finden, daß ein großer Teil des Materials aus deutschen Quellen stammt. Zwischen einem britischen und einem deutschen Historiker gibt es tiefgehende Meinungsverschiedenheiten auch in grundsätzlichen Fragen. Trotzdem bleibt noch immer jener große Komplex, sagen wir, neutraler Fragen, die für beide nicht strittig sind. Es ist gerade diese gemeinsame Basis mit ihrer übereinstimmenden Auffassung, daß die Menschen ohne Ausnahme ein und derselben Spezies von Lebewesen angehören, die der Totalitarismus zerstört. Besonders die Ideologie der Nazis stellt in Abrede, daß es sowas wie »die Wahrheit« gibt. Ebenso wenig gibt es so etwas wie »Wissenschaft«. Es gibt eine »deutsche Wissenschaft«, eine »jüdische Wissenschaft« etc. Am Ende steht eine gespenstische Welt, in der ein Führer oder sonst eine herrschende Clique nicht nur die Zukunft, sondern auch die *Vergangenheit* kontrolliert. Wenn der Führer in bezug auf irgendein Ereignis bestimmt: »Das hat es nie gegeben« – gut, dann hat es das nie gegeben. Wenn er bestimmt, daß zwei und zwei gleich fünf sind – gut, dann sind zwei und zwei gleich fünf. Diese Aussicht ist für mich erschreckender als Bomben – und nach unsern Erfahrungen der letzten fünf Jahre ist das kein leichtfertig dahergedachter Satz.

Aber vielleicht ist es kindisch oder krankhaft, sich durch Visionen einer totalitären Zukunft in Angst und Schrecken versetzen zu lassen. Bevor man erklärt, daß eine totalitäre Welt ein Alptraum ist, der niemals Wirklichkeit werden kann, sollte man sich erinnern, daß einem im Jahre 1925 die Welt von heute ebenfalls als Alptraum vorgekommen wäre, der nie Wirklichkeit werden könnte. Gegen diese schwankende Phantasmagorie von Welt, in der schwarz morgen weiß ist und das Wetter von gestern durch Dekret in ein anderes verwandelt wird, gibt es nur zwei Sicherungen. Die eine ist, daß die Wahrheit, so hartnäckig man sie auch ableugnen mag, nicht zu beseitigen ist und ihren Weg fortsetzt, als ob sie dir auf den Fersen folgte, und du sie daher nicht vergewaltigen kannst, um die militärische Schlagkraft nicht zu schwächen. Die andere besteht darin, daß sich, solange es auf der Erde noch uneroberte Gebiete gibt, die liberalen Traditionen lebendig erhalten lassen. Läßt man hingegen zu, daß der Faschismus oder möglicherweise eine Kombination mehrerer faschistischer Systeme die ganze Welt erobert, so werden damit auch diese beiden Voraussetzungen verschwinden. Wir in England unterschätzen die Gefahr einer solchen Entwicklung, weil unsere Tradition und unsere einstige Sicherheit uns in dem sentimentalen Glauben gewiegt haben, daß alles schließlich ein gutes Ende nehmen wird und die Dinge, die man am meisten fürchtet, in Wirklichkeit nie eintreten. Hunderte von Jahren hindurch mit einer Literatur gefüttert, in der das Gute im letzten Kapitel unabänderlich den Sieg davontrug, glauben wir halb instinktiv, daß das Böse auf die Dauer sich selbst zu Grunde richtet. Aber warum sollte es das? Wo sind die Beweise dafür? Wann und wo ist je ein moderner Industriestaat zusammengebrochen, sofern er nicht von außen mit militärischen Mitteln erobert worden ist?

Man nehme zum Beispiel die Wiedereinführung der Sklaverei. Wer hätte sich vor zwanzig Jahren träumen lassen, daß in Europa die Sklaverei wieder eingeführt werden könnte? Dabei ist sie vor unseren Augen wiedererstanden. Die Zwangsarbeitslager in ganz Europa und Nord-Afrika, wo Polen, Russen, Juden und politische Gefangene aller Rassen im Schweiß ihres Angesichts Straßen bauen oder Sümpfe trocken legen müssen für ihre tägliche Ration, sind nichts als

Sklavenpferche. Man kann höchstens konstatieren, daß der Kauf und Verkauf von Sklaven durch Einzelpersonen noch nicht erlaubt ist. Andererseits – zum Beispiel das Auseinanderreißen von Familien – sind die Verhältnisse wahrscheinlich schlimmer als seinerzeit auf den amerikanischen Baumwollplantagen. Es besteht kein Grund zur Annahme, daß sich diese Dinge ändern werden, solange es totalitäre Staaten gibt. Wir sind nicht imstande, diese Zustände in ihrer ganzen Bedeutung zu erfassen, weil wir immer noch in dem mystischen Glauben befangen sind, daß ein auf Sklaverei begründetes Staatswesen zusammenbrechen *muß*. Es lohnt sich, die Dauer der auf Sklaverei beruhenden Imperien der Antike mit der eines modernen Staates zu vergleichen. Auf Sklaverei beruhende Zivilisationen haben Zeiträume von viertausend Jahren überdauert.

Was mich am meisten bedrückt, wenn ich an die Antike denke, ist der Umstand, daß diese Hunderte von Millionen Sklaven, auf deren Rücken ganze Zivilisationen generationenlang beruhten, nichts über sich hinterlassen haben. Wir kennen nicht einmal ihre Namen. Wie viele Namen von Sklaven sind einem aus der gesamten griechischen und römischen Geschichte bekannt? Ich weiß nur von zwei oder drei. Der eine ist Spartakus und der andere Epiktet. In dem Saal des Britischen Museums für römische Geschichte befindet sich ferner ein Glaskrug mit der Namensinschrift des Herstellers im Boden: *Felix fecit.* Ich kann mir den armen Felix gut vorstellen (einen Gallier mit roten Haaren und einer Kette aus Metall um den Hals), aber vielleicht war er gar kein Sklave. Also bleiben nur zwei Namen von Sklaven übrig, die mir mit Sicherheit bekannt sind, es dürfte nur wenige Menschen geben, die sich an mehr erinnern. Alle andern sind im Schweigen der Vergessenheit versunken.

Das Rückgrat der Widerstandsbewegung gegen Franco war die spanische Arbeiterklasse, insbesondere die Gewerkschaften der Industriearbeiter. Auf lange Sicht – und es ist wichtig festzuhalten, daß es nur auf lange Sicht ist – bleibt die Arbeiterklasse der einzig zuverlässige Gegner des Faschismus, und zwar einfach deshalb, weil sie am meisten beim Aufbau einer anständigen gesellschaftlichen Ordnung zu gewinnen hat. Im Gegensatz zu anderen Klassen oder Gruppen kann man sie nicht unausgesetzt bestechen.

Das auszusprechen heißt nicht, die Arbeiterklasse zu idealisieren. In dem langen Kampf, der der russischen Revolution folgte, waren die Werktätigen die Besiegten, und keiner kann leugnen, daß es ihre eigene Schuld war. Von Epoche zu Epoche und von Land zu Land ist die Arbeiterbewegung immer wieder durch offene illegale Gewaltanwendung zerschlagen worden, und ihre Genossen im Ausland, in der Theorie mit ihnen solidarisch verbunden, haben zugesehen und nichts getan. Dieser geheimen Ursache von so viel Verrat lag die Tatsache zugrunde, daß zwischen weißen und farbigen Arbeitern nicht einmal ein Lippenbekenntnis zur Solidarität besteht. Wer kann noch an ein klassenbewußtes internationales Proletariat glauben nach den Ereignissen der letzten zehn Jahre? Der englischen Arbeiterklasse erschien die Abschlachtung ihrer Genossen in Wien, Berlin, Madrid oder wo immer, sehr viel weniger interessant und weniger wichtig als das Fußballspiel von gestern. Das ändert nichts daran, daß die Arbeiterklasse, trotz aller Niederlagen, ihren Kampf gegen den Faschismus fortsetzen wird. Ein überraschendes Element bei der Eroberung Frankreichs durch die Nazis war das erstaunliche Versagen der Intellektuellen, einschließlich einiger Vertreter der linken politischen Intelligenz. Die Intellektuellen sind die Leute, die am meisten gegen den Faschismus wettern. Wenn es aber hart auf hart geht, verfällt ein großer Teil von ihnen in Defaitismus. Sie sehen weit genug voraus, um zu begreifen, daß die Chancen gegen sie sind – und außerdem sind sie käuflich. Ganz offensichtlich halten die Nazis es für lohnend, Intellektuelle zu bestechen. Bei der Arbeiterklasse liegen die Dinge anders. Sie ist zu unwissend, um das Spiel zu durchschauen, das man mit ihr spielt, und schluckt willig die Versprechungen des Faschismus. Und doch nimmt sie immer, früher oder später, den Kampf wieder auf. Sie muß es tun, weil sie am eigenen Leibe spürt, daß der Faschismus seine Versprechen nicht halten kann. Um die Arbeiter auf die Dauer niederzuhalten, müßten die Faschisten den allgemeinen Lebensstandard heben, was sie nicht können und sicher auch gar nicht beabsichtigen. Der Kampf der Arbeiterklasse ist wie das Wachstum einer Pflanze. Die Pflanze ist blind und unwissend, aber sie weiß genug, um sich aufwärts gegen das Licht zu richten, und wird dieses, allen Hindernissen zum Trotz, unablässig tun. Um was kämpfen die Arbeiter? Einfach um ein menschenwürdiges Dasein, das, wie ihnen mehr und mehr bewußt wird, heute technisch möglich ist. Ihre Zielstrebigkeit dabei kommt und geht wie Ebbe und Flut. In Spanien handelte das Volk eine Zeitlang ganz bewußt und bewegte sich auf ein Ziel zu, das es erreichen wollte und auch glaubte, erreichen zu können. Das war der Grund für die gehobene Stimmung der Volksmassen im republikanischen Spanien während der ersten Kriegsmonate. Das einfache Volk fühlte zutiefst, daß die Republik sein Freund und Franco sein Feind war. Es wußte, daß die gerechte Sache auf seiner Seite war, weil es für das kämpfte, was die Welt ihm schuldete und imstande war, ihm zu geben.

Daran muß man denken, wenn man den Spanischen Krieg in der richtigen Perspektive sehen will. Wenn man an die Grausamkeit, das Elend und die Sinnlosigkeit des Krieges – und in diesem besonderen Fall an die Intrigen, Verfolgungen, Lügen und Mißverständnisse – denkt, liegt die Versuchung nahe, zu sagen: »Die eine Seite ist ebensowenig wert wie die andere. Ich bleibe neutral.« In Wirklichkeit kann man nicht neutral bleiben, und es gibt keinen solchen Krieg, bei dem es keinen Unterschied macht, wer gewinnt. Fast immer tritt eine Seite mehr oder weniger für den Fortschritt, die andere für die Reaktion ein. Der Haß, den die spanische Republik bei Millionären, Herzögen, Kardinälen, Playboys, Tagedieben und wem sonst noch alles erweckte, wäre an sich schon Beweis genug dafür, wo das Land stand. Im Grunde war es ein Klassenkrieg. Wäre er gewonnen worden, so hätte das die Sache des arbeitenden Volkes auf der ganzen Welt gestärkt. Er ging verloren, und die Aktionäre in aller Welt rieben sich die Hände. Das war es, um was es ging. Alles andere war Schaum auf der Oberfläche.

VI

Der Ausgang des Spanischen Krieges wurde in London, Paris, Rom und Berlin entschieden – jedenfalls nicht in Spanien. Nach dem Sommer 1937 sah jeder, der Augen im Kopf hatte, daß die Regierung nicht gewinnen konnte, es sei denn, die internationale Lage hätte sich entscheidend verändert; und in ihrer Entscheidung, weiterzukämpfen, haben sich Negrin und die andern wohl zum Teil von der Erwartung beeinflussen lassen, daß der Weltkrieg, der tatsächlich 1939 ausbrach, bereits 1938 ausbrechen würde. Die immer wieder angeführte Uneinigkeit im Lager der Regierungsmiliz war nicht die eigentliche Ursache der Niederlage. Die Regierungsmiliz war überstürzt aufgestellt, schlecht bewaffnet und einfallslos in der operativen Führung, doch wäre das genauso gewesen, wenn von Anfang an in der Regierung vollständige politische Einigkeit geherrscht hätte. Bei Kriegsausbruch wußte der durchschnittliche spanische Fabrikarbeiter nicht einmal, wie man ein Gewehr abfeuert (in Spanien hatte es keine allgemeine Wehrpflicht gegeben). Dazu war der traditionelle Pazifismus der Linken ein großes Handicap. Die Tausende von Ausländern, die in Spanien dienten, stellten eine gute Infanterie, aber es gab kaum Spezialisten irgendwel-

cher Art unter ihnen. Die trotzkistische These, der Krieg
wäre sicher gewonnen worden, wenn die Revolution nicht
sabotiert worden wäre, ist vermutlich falsch. Durch die
Verstaatlichung aller Betriebe, die Zerstörung von Kirchen
und die Herausgabe von revolutionären Manifesten wären die
Armeen nicht schlagkräftiger geworden. Die Faschisten blieben Sieger, weil sie stärker waren, über moderne Waffen
verfügten, die die andern nicht hatten. Das war auch nicht
durch eine politische Strategie zu ändern.

Das Erstaunlichste während des Spanischen Krieges war
das Verhalten der Großmächte. Der Krieg wurde für Franco
von den Deutschen und Italienern gewonnen, bei denen der
Beweggrund auf der Hand lag. Die Motive Frankreichs und
Großbritanniens sind weniger leicht verständlich. 1936 war
jedem klar, daß, wenn Großbritannien die republikanische
Regierung mit Waffen, auch nur im Wert von wenigen
Millionen Pfund, unterstützte, dies zum Zusammenbruch
Francos und zu einer durchgreifenden Änderung der deutschen Strategie führen würde. Man brauchte damals kein
Hellseher zu sein, um vorauszusagen, daß es zum Krieg
zwischen England und Deutschland kommen würde. Man
hätte sogar so weit gehen können zu sagen, daß es in einem
oder zwei Jahren soweit wäre. Aber die herrschende Klasse in
England tat in der gemeinsten, feigsten und heuchlerischsten
Weise alles, um Spanien an Franco und die Nazis auszulie-
fern. Warum? Die Antwort ist einfach – weil sie pro-
faschistisch war. Daran besteht kein Zweifel, und doch, als es
dann zu der endgültigen Auseinandersetzung kam, hat sie
sich für den Kampf gegen Deutschland entschieden. Es ist
noch immer unklar, welchem Plan sie folgte, als sie Franco
stützte, und vielleicht gab es gar keinen festen Plan. Ob die
herrschende Klasse in England bösartig oder nur dumm ist,
das ist eine der schwierigsten Fragen unserer Zeit und in
bestimmten Augenblicken eine der wichtigsten. Was die
Russen betrifft, so sind ihre Motive im Spanischen Krieg
völlig undurchsichtig. Haben sie, wie die Edelbolschewisten

glaubten, in Spanien eingegriffen, um die Demokratie zu verteidigen und die Nazis zurückzudrängen? Warum haben sie dann ihre Unterstützung auf ein so schäbiges Maß beschränkt und schließlich Spanien seinem Schicksal überlassen? Oder haben sie, wie die Katholiken behaupteten, eingegriffen, um in Spanien die Revolution zu schüren? Warum aber haben sie dann alles in ihrer Macht Stehende getan, um die spanische revolutionäre Bewegung zu zerschlagen, das Privateigentum zu schützen und den Mittelstand, den Feind der Arbeiterklasse, an die Macht zu bringen? Oder stimmt, was die Trotzkisten behaupten, daß die Russen in Spanien einfach deshalb eingegriffen haben, um den Ausbruch einer echten Revolution zu *verhindern*? Warum haben sie dann nicht gleich Franco unterstützt? Tatsächlich läßt sich ihr Verhalten sehr einfach erklären, wenn man annimmt, daß sie aus verschiedenen, einander widersprechenden Beweggründen gehandelt haben. Ich glaube, wir werden in Zukunft lernen müssen, daß Stalins Außenpolitik nicht diabolisch schlau, wie immer behauptet wird, sondern in Wirklichkeit opportunistisch und dumm ist. Auf jeden Fall hat der Spanische Bürgerkrieg gezeigt, daß die Nazis wußten, was sie taten, und ihre Gegner nicht. Der Krieg wurde auf einem technisch sehr niedrigen Niveau ausgetragen, und die ganze Strategie war höchst einfach. Die Seite, die modern bewaffnet war, mußte siegen. Die Nazis und die Italiener lieferten ihren faschistischen Freunden diese Waffen, während die westlichen Demokratien und die Russen denen, die ihre Freunde hätten sein müssen, keine Waffen lieferten. So ging die Spanische Republik zugrunde, nachdem sie »gewonnen hatte, was keiner Republik fehlt«.

Ob es richtig war, was die gesamte Linke in allen Ländern tat, nämlich die Spanier zu ermutigen, einen Kampf fortzusetzen, den sie nicht gewinnen konnten, ist eine schwer zu beantwortende Frage. Meiner Meinung nach war es richtig, weil ich glaube, daß es, selbst unter dem Gesichtspunkt des Überlebens, besser ist zu kämpfen und besiegt zu werden, als sich kampflos zu ergeben. Die Auswirkungen auf die große Strategie im Kampf gegen den Faschismus lassen sich noch nicht übersehen. Die zerlumpten, waffenlosen Armeen der Republik haben zweieinhalb Jahre ausgehalten, sehr viel länger also, als ihre Gegner erwartet hatten. Aber ob das den faschistischen Zeitplan in Unordnung gebracht hat oder lediglich den großen Krieg hinausschob und dadurch den Nazis zusätzlich Zeit gab, ihre Kriegsmaschinerie auf den höchsten Stand zu bringen, bleibt offen.

VII

Ich kann nie an den Spanischen Krieg denken, ohne daß mir zwei Vorfälle in den Sinn kommen. Der eine betrifft den Krankenwärter im Hospital von Lerida und die traurigen Stimmen der verwundeten Milizionäre, die ein Lied mit folgendem End-Refrain sangen:

> *Una resolucion*
> *Luchar hast' al fin!*

Ja, sie hatten bis zum Ende tapfer gekämpft. Die letzten achtzehn Kriegsmonate haben die republikanischen Armeen fast ohne Zigaretten im Feld gestanden und mit verdammt wenig zu essen. Als ich Mitte 1937 Spanien verließ, waren Brot und Fleisch knapp, Tabak eine Seltenheit und Kaffee und Zucker so gut wie nicht zu haben.

Die zweite Erinnerung gilt dem italienischen Milizsoldaten, der mir am Tage, als ich in die Miliz eintrat, in der Wachstube die Hand schüttelte. Ich habe über diesen Mann am Anfang meines Buches über den Spanischen Bürgerkrieg [*Mein Katalonien*] geschrieben und will nicht wiederholen, was ich dort gesagt habe. Wenn ich mich lebhaft an seine schäbige Uniform und sein stolzes, leidenschaftliches, unschuldiges Gesicht erinnere, verblassen alle die vielfältigen

Nebenfragen des Krieges, und ich sehe klar, daß es nicht den geringsten Zweifel geben kann, wer im Recht war. Das eigentliche Ziel des Krieges war trotz aller Machtpolitik und journalistischen Lügen der Versuch, Menschen wie jenem ein anständiges Dasein zu erkämpfen, auf das der Mensch durch seine Geburt ein Recht hat. Es fällt einem schwer, an das wahrscheinliche Ende des Mannes ohne tiefe Bitterkeit zu denken. Als ich ihn damals in der Lenin-Kaserne traf, war er vermutlich Trotzkist oder Anarchist, und solche Leute werden unter den besonderen Zeitumständen, wenn nicht von der Gestapo, dann von der GPU umgebracht. Das berührt die Grundfrage auf lange Sicht nicht. Das Gesicht eines Mannes, das ich nur eine oder zwei Minuten gesehen habe, steht vor meinen Augen als lebendige Mahnung, um was es in diesem Krieg wirklich ging. Es ist mir ein Symbol für die Blüte der europäischen Arbeiterklasse, die, von der Polizei aller Länder gejagt, die Massengräber der spanischen Schlachtfelder füllt und heute zu Millionen in Zwangsarbeitslagern verfault.

Wenn man an all die Menschen denkt, die den Faschismus unterstützen oder unterstützt haben, so ist man immer wieder überrascht über ihre Verschiedenartigkeit. Was für ein zusammengewürfelter Haufen. Man stelle sich das Programm vor, das wenigstens eine Zeitlang Hitler, Pétain, Montagu Norman, Pavelich, William Randolph Hearst, Streicher, Buchman, Ezra Pound, Juan March, Cocteau, Thyssen, Father Coughlin, den Mufti von Jerusalem, Arnold Lunn, Antonescu, Spengler, Beverly Nichols, Lady Houston und Marinetti alle in dasselbe Boot zu bringen imstande war. Es sind alles Leute, die etwas zu verlieren haben, oder Leute, die sich nach einer hierarchischen Gesellschaftsordnung sehnen und sich vor der Aussicht auf eine Welt freier und gleicher Menschen fürchten. Was bestimmte Leute über das »gottlose« Rußland oder den »Materialismus« der Arbeiterklasse faseln, verrät ganz einfach den Willen, sich das Geld oder die Privilegien zu erhalten. Dasselbe gilt, auch wenn es ein Körnchen Wahrheit enthält, für das Gerede über die Wertlosigkeit eines »sozialen gesellschaftlichen Wiederaufbaus« ohne eine »innere Wandlung«. Die Frommen, vom Papst bis zu den kalifornischen Yogis, legen größten Wert auf die »innere Wandlung«, weil sie von ihrem Standpunkt aus mit weniger Risiko verbunden ist als eine Wandlung des Wirtschaftssystems. Pétain schreibt die Schuld an dem Zusammenbruch Frankreichs »der Vergnügungssucht der breiten Massen« zu. Man sieht das erst im richtigen Licht, wenn man sich nicht mehr darüber wundert, wieviel Vergnügen das Leben französischen Bauern oder Werktätigen im Vergleich zu Pétain bietet. Welche verdammte Unverschämtheit dieser Politiker, Geistlichen, Literaten und was sonst noch für Leuten, die einen Sozialisten der Arbeiterklasse wegen »seines Materialismus« abkanzeln. Alles, was der Werktätige verlangt, ist das, was diese Herrschaften als das »unbedingt erforderliche Lebensminimum« bezeichnen, ohne welches das Dasein des Menschen überhaupt nicht denkbar ist. Genug zu essen, Befreiung von der drückenden Angst vor der Arbeitslosigkeit, die Gewißheit, daß deine Kinder eines Tages eine anständige Chance im Leben haben, ein tägliches Bad, genug saubere Wäsche, ein Dach, durch das es nicht durchregnet, und eine Verkürzung der Arbeitszeit, die dir nach Feierabend noch ein bißchen Energie läßt. Keiner von denen, die gegen den »Materialismus« wettern, würde ein Leben ohne diese Dinge für lebenswert halten. Und wie leicht ließe sich dies Minimum schaffen, wenn wir auch nur zwanzig Jahre lang unsere Aufmerksamkeit darauf richten würden. Den Lebensstandard der gesamten Welt auf das Niveau des englischen zu bringen, wäre kein größeres Unternehmen als der Krieg, den wir gegenwärtig führen. Ich behaupte nicht, und mir ist nicht bekannt, daß sonst jemand es tut, daß damit alles an sich bereits gelöst wäre. Es geht mir nur darum, daß Entbehrung und Knochenarbeit abgeschafft sein müssen, ehe man an die eigentlich menschlichen Probleme herangehen kann. Das größte unter ihnen ist heutzutage der Verfall des Glaubens an die persönliche Unsterblichkeit. Damit kann man sich nicht auseinandersetzen, solange menschliche Wesen sich wie Ochsen abschinden oder vor einer Geheimpolizei zittern müssen. Wie recht hat die Arbeiterklasse mit ihrem »Materialismus«! Wie richtig ist ihre Überzeugung, daß erst der Bauch und dann die Seele kommt, nicht hinsichtlich ihres Stellenwertes, aber in zeitlicher Abfolge. Das muß man begreifen, und all das Furchtbare, das wir durchmachen, wird zumindest verständlich. Alle Einwände, die geeignet sind, einen zum Nachgeben zu verleiten – die Sirenentöne eines Pétain oder Ghandi, die unausweichliche Tatsache, daß man, um zu kämpfen, sich erniedrigen muß, die moralisch fragwürdige Haltung Großbritanniens mit seinen demokratischen Phrasen und seinem Kuli-Empire, die düstere Entwicklung in Sowjet-Rußland, die Schmierenkomödie der linken Politik – das alles fällt in sich zusammen, und man sieht nur den Kampf des langsam erwachenden Volkes gegen die Lords des Privateigentums mit ihren gekauften Lügnern und Arschleckern. Die Frage ist sehr einfach. Sollen Menschen wie jener italienische Soldat ein anständiges, volles menschliches Leben führen dürfen, was heute technisch möglich ist, oder nicht? Soll der einfache Mann in den Dreck zurückgestoßen werden, oder nicht? Ich selbst glaube, vielleicht ohne ausreichenden Grund, daß der einfache Mann früher oder später seinen Kampf gewinnen wird, aber ich will, daß das früher geschieht und nicht später – sagen wir, innerhalb der nächsten hundert Jahre und nicht innerhalb der nächsten zehntausend Jahre. Darum ist es im Spanischen Bürgerkrieg in Wahrheit gegangen, und darum geht es auch in diesem Krieg und vielleicht auch in den noch kommenden.

Den italienischen Milizsoldaten habe ich nie wieder gesehen, ich habe auch nie erfahren, wie er hieß. Es dürfte ziemlich sicher sein, daß er gefallen ist. Fast zwei Jahre später, als der Krieg offensichtlich verloren war, schrieb ich die folgenden Verse zu seinem Gedächtnis:

The Italian soldier shook my hand
Beside the guard-room table;
The strong hand and the subtle hand
Whose palms are only able

To meet within the sound of guns,
But oh! what peace I knew then
In gazing on his battered face
Purer than any woman's!

For the flyblown words that make me spew
Still in his ears were holy,
And he was born knowing what I had learned
Out of books and slowly.

The treacherous guns had told their tale
And we both had bought it,
But my gold brick was made of gold –
Oh! who ever would have thought it?

Good luck go with you, Italian soldier!
But luck is not for the brave;
What would the world give back to you?
Always less than you gave.

Between the shadow and the ghost,
Between the white and the red,
Between the bullet and the lie,
Where would hide your head?

For where is Manuel Gonzales,
And where is Pedro Aguilar,
And where is Ramon Fenellosa?
The earthworms know where they are.

Your name and your deeds were forgotten
Before your bones were dry,

And the lie that slew you is buried
Under a deeper lie;

But the thing that I saw in your face
No power can disinherit:
No bomb that ever burst
Shatters the crystal spirit.

[Der italienische Soldat schüttelte mir die Hand neben dem Tisch des Waschraums; die starke und die feine Hand, deren Flächen sich nur/im Gewehrfeuer berühren können. Aber ach! welch einen Frieden gab es mir, in dieses zerschlagene Gesicht zu schauen, reiner als nur je das Gesicht einer Frau!/ Denn die abgestandenen Worte, die mich speien machen, sind noch heilig in seinen Ohren, und er wußte schon bei der Geburt, was ich erst langsam aus Büchern lernte./Die verräterischen Gewehre hatten ihre Geschichte erzählt, und wir hatten sie beide geschluckt, aber ich habe wirklich etwas gewonnen – Oh! wer hätte das jemals geglaubt?/Glück sei mit Dir, du italienischer Soldat, aber Glück ist nicht für den Tapferen; was würde die Welt dir zurückgeben? Immer weniger als du ihr gabst./Zwischen Schatten und Gespenst, zwischen den Weißen und den Roten, zwischen der Kugel und der Lüge, wo würdest du deinen Kopf verstecken?/Denn wo ist Manuel Gonzales, und wo ist Pedro Aguilar, und wo ist Ramon Fenellosa? Die Regenwürmer wissen es./Dein Name und deine Taten waren vergessen, bevor deine Knochen trockneten; und die Lüge, die dich erschlagen hat, ist unter einer noch größeren Lüge begraben./Aber was ich in deinem Gesicht gesehen habe, kann keine Gewalt mir nehmen: keine je gezündete Bombe zerreißt den kristallenen Geist.]

Geschrieben 1942, erste vollständige Veröffentlichung in
Such, Such Were the Joys 1953

Macht

Besprechung von *Power: A New Social Analysis*,
von Bertrand Russell

Wenn gewisse Seiten in Bertrand Russells Buch *Macht* etwas leer scheinen, dann heißt das nur, daß wir nun so tief gesunken sind, daß die Wiederholung des Offensichtlichen zur ersten Pflicht der Intelligenten geworden ist. Nicht allein, daß zur Zeit die nackte Gewalt fast überall herrscht. Was unser Zeitalter von den unmittelbar vorangehenden abhebt, ist das Fehlen einer liberalen Intelligenz. Kraftprotzverehrung ist, in mannigfaltiger Verkleidung, zur allgemeinen Religion geworden, und Binsenweisheiten – wie etwa, daß ein Maschinengewehr auch dann noch ein Maschinengewehr bleibt, wenn ein »guter« Mann abdrückt (und das ist so ungefähr Russells Aussage) – sind zu Ketzereien geworden, die nur noch unter Gefahr geäußert werden können.

Der interessanteste Teil von Russells Buch sind die frühen Kapitel, worin er die verschiedenen Spielarten der Macht analysiert – priesterliche, oligarchische, diktatorische usw. Weniger befriedigend ist die Auseinandersetzung mit der Gegenwart, weil es ihm wie allen Liberalen besser gelingt, das Wünschenswerte zu bezeichnen, als anzugeben, wie es zu bewerkstelligen ist. Er sieht mit aller Klarheit, daß das wesentliche Problem heute »die Zähmung der Macht« ist und daß wir, um uns vor unbeschreiblichen Schrecken zu bewahren, auf kein anderes System als die Demokratie vertrauen können. Auch daß Demokratie ohne annähernde wirtschaftliche Gleichheit und ohne ein Bildungssystem, das Toleranz und Illusionslosigkeit fördert, sehr wenig taugt. Doch leider sagt er uns nicht, wie wir das alles in die Wege leiten können;

er äußert lediglich als eine Art frommer Hoffnung, daß der gegenwärtige Zustand nicht andauern wird. Er neigt dazu, in die Vergangenheit zu verweisen; alle Tyranneien sind früher oder später untergegangen, und »es gibt keinen Grund zu der Annahme, daß Hitler länger währen wird als seine Vorgänger«.

Zugrunde liegt der Gedanke, daß Commonsense schließlich immer obenaufschwingen wird. Der Horror der gegenwärtigen Lage ist jedoch, daß wir da nicht mehr so sicher sein können. Es ist durchaus denkbar, daß wir in ein Zeitalter hinabsteigen, wo zwei und zwei fünf ergeben, wenn unsere Führer es so sagen. Bertrand Russell weist nach, daß das Riesensystem organisierter Lüge, auf das sich Diktatoren stützen, ihre Anhänger von den Fakten abschneidet und sie gegenüber denen benachteiligt, die diese Fakten kennen. Das ist soweit ganz richtig, nur bedeutet es nicht, daß die Sklavengesellschaft, auf die Diktaturen hintreiben, deswegen unbeständig sein muß. Man kann sich leicht einen Staat vorstellen, wo die regierende Kaste die Untertanen, nicht aber sich selbst, täuscht. Kann jemand behaupten, daß etwas Derartiges nicht bereits schon im Entstehen ist? Man braucht nur an die unheimlichen Möglichkeiten von Rundfunk, staatlich verwalteter Erziehung und so weiter zu denken, um den Spruch »Die Wahrheit wird sich durchsetzen« als frommen Wunsch zu erkennen – und nicht als ein Axiom.

Bertrand Russell ist einer der lesbarsten heutigen Schriftsteller, und es ist schon tröstlich zu wissen, daß es ihn gibt. So lange wie er und ein paar andere am Leben und aus dem Gefängnis sind, wissen wir, daß die Welt zum Teil noch immer gesund ist. Er hat etwas Eklektisches an sich und kann seichte und wiederum profund anregende Gedanken in loser Folge vortragen, und gelegentlich, sogar in diesem Buch, ist er weniger ernst, als es das Thema verdient. Doch er hat einen im Wesentlichen *anständigen* Intellekt, eine Art intellektueller Ritterlichkeit, die viel seltener ist als Klugheit. In den letzten dreißig Jahren sind wenige so konsequent gegen den modischen Humbug des jeweiligen Augenblicks gefeit gewesen. In einer Zeit allgemeiner Panik und Lüge ist es wohltuend, mit ihm in Verbindung zu kommen. Aus diesem Grund ist das Buch, wenngleich nicht auf der Stufe von *Freiheit und Organisation*, äußerst lesenswert.

Adelphi, Januar 1939

Auf eine europäische Einheit zu

Ein Sozialist ist heutzutage in der gleichen Lage wie ein Arzt, der einen beinahe hoffnungslosen Fall behandelt. Als Arzt ist es seine Pflicht, den Patienten am Leben zu erhalten und daher davon auszugehen, daß der Patient mindestens eine Aussicht auf Genesung hat. Als Wissenschaftler ist es seine Pflicht, sich mit den Tatsachen abzufinden und daher zuzugeben, daß der Patient wahrscheinlich sterben wird. Unsere Tätigkeiten als Sozialisten haben nur einen Sinn, wenn wir annehmen, daß der Sozialismus errichtet werden *kann*, doch wenn wir innehalten, um zu überlegen, was wahrscheinlich passieren *wird*, dann müssen wir meiner Ansicht nach zugeben, daß die Umstände gegen uns sind. Wenn ich ein Buchmacher wäre, der bloß die Wahrscheinlichkeit berechnet und seine eigenen Wünsche außer Betracht läßt, würde ich darauf setzen, daß die Zivilisation innerhalb der nächsten paar hundert Jahre zugrundegeht. Soweit ich sehen kann, haben wir drei Möglichkeiten vor uns:

1. Daß die Amerikaner beschließen, die Atombombe zu benutzen, solange sie sie haben und die Russen nicht. Damit würde nichts gelöst. Es würde die spezielle Gefahr, die die UdSSR jetzt darstellt, zwar beseitigen, würde aber zur Entstehung neuer Imperien, zusätzlicher Rivalitäten, von mehr Kriegen, mehr Atombomben, usw., führen. Auf jeden Fall glaube ich, daß dies das unwahrscheinlichste Resultat der drei ist, weil ein Präventivkrieg ein Verbrechen ist, das nicht ohne weiteres von einem Land begangen wird, wenn es noch irgendwelche Spuren einer Demokratie aufweist.

2. Daß der gegenwärtige »kalte Krieg« andauern wird, bis die UdSSR, und mehrere andere Länder, auch Atombomben haben. Dann wird es nur eine kurze Atempause geben, bevor

uns die Raketen und die Bomben um die Ohren sausen und die Industriezentren der Welt ausradiert werden, wahrscheinlich auf irreparable Weise. Selbst wenn irgendein einzelner Staat, oder eine Gruppe von Staaten, aus einem solchen Krieg als technischer Sieger hervorgeht, wird er wahrscheinlich unfähig sein, die Maschinenzivilisation von neuem aufzubauen. Die Welt wird daher abermals von einigen Millionen oder einigen hundert Millionen Menschen bewohnt sein, die knapp von der Landwirtschaft leben und wahrscheinlich nach einigen Generationen nicht mehr von der Kultur der Vergangenheit behalten haben als das Wissen, wie man Metalle schmilzt. Es ist denkbar, daß dies eine wünschenswerte Entwicklung wäre, doch hat dies offensichtlich nichts mit Sozialismus zu tun.

3. Daß die durch die Atombombe und andere Waffen der Zukunft eingeflößte Angst so groß sein wird, daß jeder die Hände davon läßt. Dies scheint mir die schlimmste aller Möglichkeiten. Es würde die Aufteilung der Welt unter zwei oder drei riesige Superstaaten bedeuten, die außerstande wären, einander zu besiegen, und unfähig, von einer inneren Rebellion gestürzt zu werden. Aller Wahrscheinlichkeit nach wäre ihre Struktur hierarchisch, mit einer halbgöttlichen Schicht am oberen und totaler Sklaverei am unteren Ende, und die Freiheit würde noch perfekter zertreten, als es die Welt bis jetzt erlebt hat. Innerhalb jedes Staates würde die nötige psychologische Atmosphäre durch vollständige Trennung von der Außenwelt und durch einen ständigen Scheinkrieg gegen rivalisierende Staaten aufrechterhalten. Zivilisationen dieser Art können unter Umständen Tausende von Jahren statisch bleiben.

Die meisten Gefahren, die ich skizziert habe, bestanden und waren absehbar, schon lange bevor die Atombombe erfunden wurde. Der einzige Weg, sie zu vermeiden, den ich mir vorstellen kann, ist der, irgendwo in größerem Umfang eine Gemeinschaft zur Schau zu stellen, in der die Leute relativ frei und glücklich sind und in der das Hauptmotiv im

Leben nicht das Streben nach Geld oder Macht ist. Mit anderen Worten, es muß erreicht werden, daß der demokratische Sozialismus in einem großen Gebiet durchweg funktioniert. Aber das einzige Gebiet, in dem es möglicherweise zum Funktionieren gebracht werden könnte, jedenfalls in naher Zukunft, ist Westeuropa. Abgesehen von Australien und Neuseeland läßt sich nur von Skandinavien, Deutschland, Österreich, der Tschechoslowakei, der Schweiz, den Niederlanden, Frankreich, Großbritannien, Spanien und Italien behaupten, daß dort eine Tradition des demokratischen Sozialismus existiert – und auch dort existiert sie nur in einer fragwürdigen Weise. Nur in jenen Ländern gibt es noch eine große Anzahl Menschen, auf die der Begriff »Sozialismus« eine gewisse Anziehungskraft hat und für die er mit Freiheit, Gleichheit und Internationalismus verbunden ist. Anderswo hat er entweder keinen festen Stand oder er bedeutet etwas anderes. In Nordamerika ist die breite Masse mit dem Kapitalismus zufrieden, und man kann nicht sagen, welche Richtung sie einschlagen wird, wenn er einmal zusammenzubrechen beginnt. In der UdSSR herrscht eine Art oligarchischer Kollektivismus, der sich nur gegen den Willen der herrschenden Minderheit zum Sozialismus entwickeln könnte. In Asien ist sogar der Begriff Sozialismus kaum eingedrungen. Die nationalistischen Bewegungen Asiens sind entweder dem Wesen nach faschistisch oder auf Moskau ausgerichtet, oder bringen es fertig, beide Haltungen zu verbinden: und zur Zeit sind alle Bewegungen unter den Farbigen von rassistischer Mystik durchdrungen. Im größten Teil von Südamerika ist die Lage im wesentlichen ähnlich, und auch in Afrika und dem Mittleren Osten. Der Sozialismus existiert nirgends, doch selbst als Idee ist er nur in Europa gegenwärtig. Natürlich kann man erst dann wirklich behaupten, daß der Sozialismus errichtet ist, wenn er auf der ganzen Welt besteht, doch muß der Prozeß irgendwo einsetzen, und ich kann mir den Beginn nicht anders vorstellen, als wenn sich die westeuropäischen Staaten, in sozialistische Republiken ohne

Kolonialgebiete umgewandelt, zu einem Staatenbund zusammenschließen. Daher erscheinen mir heute die Sozialistischen Vereinigten Staaten von Europa das einzige lohnenswerte politische Ziel. Ein solcher Staatenbund würde ungefähr 250 Millionen Menschen enthalten, darunter vielleicht die Hälfte der gelernten Industriearbeiter der Welt. Man braucht mir nicht zu sagen, daß die Schwierigkeiten einer Verwirklichung etwas enorm und schrecklich sind, und ich werde einige von ihnen gleich aufzählen. Aber wir sollten nicht das Gefühl haben, daß das von Natur aus unmöglich ist oder daß Länder, die so verschieden voneinander sind, sich nicht freiwillig vereinigen würden. Ein westeuropäischer Bund ist an sich eine weniger unwahrscheinliche Verknüpfung als die Sowjetunion oder das Britische Reich.

Nun zu den Schwierigkeiten. Die größte ist die Apathie und der Konservatismus der Leute überall, ihre Unkenntnis einer Gefahr, ihre Unfähigkeit, sich irgend etwas Neues vorzustellen – im allgemeinen, wie Bertrand Russell es kürzlich ausdrückte, die Unwilligkeit der menschlichen Rasse, sich in ihr eigenes Überleben zu fügen. Aber es sind auch aktive bösartige Kräfte gegen eine europäische Einheit am Werk, und es gibt bestehende wirtschaftliche Beziehungen, auf die die europäischen Völker für ihren Lebensstandard angewiesen und die nicht mit wahrem Sozialismus vereinbar sind. Ich zähle hier die in meinen Augen vier wichtigsten Hindernisse auf und erkläre jedes so kurz ich es kann:

1. Russische Feindseligkeit. Die Russen können nicht umhin, feindselig gegenüber jedem europäischen Staatenbund zu sein, über den sie nicht die Kontrolle haben. Die Gründe, sowohl die angeblichen als auch die wirklichen, sind offensichtlich. Man muß daher mit der Gefahr eines Präventivkrieges, mit der systematischen Einschüchterung der kleineren Nationen und mit der Sabotage der kommunistischen Partei überall rechnen. Vor allem besteht die Gefahr, daß die breite Masse Europas an den russischen Mythos zu glauben fortfährt. Solange sie an ihn glauben, wird die Idee eines

sozialistischen Europa nicht anziehend genug sein, um die nötige Anstrengung hervorzurufen.

2. Amerikanische Feindseligkeit. Wenn die Vereinigten Staaten kapitalistisch bleiben und besonders, wenn sie Exportmärkte brauchen, können sie ein sozialistisches Europa nicht mit Wohlwollen betrachten. Zweifellos werden sie mit weniger Wahrscheinlichkeit als die UdSSR mit roher Gewalt eingreifen, aber amerikanischer Druck ist ein wichtiger Faktor, weil er am leichtesten auf Großbritannien, dem einen Land in Europa, das außerhalb des russischen Machtbereiches liegt, ausgeübt werden kann. Seit 1940 hat sich Großbritannien standhaft gegen die europäischen Diktatoren gewehrt mit dem Nachteil, daß es beinahe ein Schutzgebiet der USA geworden ist. Tatsächlich kann Großbritannien nur von Amerika unabhängig werden, wenn es den Versuch aufgibt, eine außereuropäische Macht zu sein. Die englischsprachigen Dominions, die Kolonialgebiete, bis auf Afrika vielleicht, und sogar Großbritanniens Ölvorrat sind alle ein Pfand in amerikanischen Händen. Daher besteht immer die Gefahr, daß die Vereinigten Staaten jede europäische Koalition zerstören, indem sie Großbritannien aus ihr herausholen.

3. Imperialismus. Die europäischen Völker, und besonders das britische Volk, verdankten lange Zeit ihren hohen Lebensstandard der direkten oder indirekten Ausbeutung der farbigen Völker. Diese Beziehung ist nie von der offiziellen sozialistischen Propaganda klar gemacht worden, und man hat den britischen Arbeiter gelehrt, sich für einen überarbeiteten, unterdrückten Sklaven zu halten, statt ihm zu sagen, daß er, gemessen an internationalen Normen, über seinem Einkommen lebt. Überall auf der Welt ist »Sozialismus« für die breite Masse gleichbedeutend oder wird zumindest assoziiert mit höheren Löhnen, kürzeren Arbeitszeiten, besseren Wohnungen, einer umfassenden Sozialversicherung usw. usw. Aber es ist keineswegs sicher, daß wir uns diese Dinge leisten können, wenn wir die Vorteile preisgeben, die wir aus der kolonialen Ausbeutung ziehen. Wie gleichmäßig auch

immer das Volkseinkommen verteilt wird, wenn das Einkommen als Ganzes sinkt, muß der Lebensstandard der Arbeiterklasse mit ihm sinken. Bestenfalls könnte es eine lange und unangenehme Periode des Wiederaufbaus geben, auf die die öffentliche Meinung nirgends vorbereitet worden ist. Aber gleichzeitig *müssen* die europäischen Nationen aufhören, im Ausland Ausbeuter zu sein, wenn sie daheim einen echten Sozialismus aufbauen wollen. Der erste Schritt zu einem europäischen sozialistischen Staatenbund ist der, daß die Briten sich aus Indien entfernen. Aber das zieht etwas anderes nach sich. Wenn die Vereinigten Staaten von Europa autark und imstande sein sollen, sich gegen Rußland und Amerika zu behaupten, müssen sie Afrika und den Mittleren Osten einschließen. Aber das bedeutet, daß die Stellung der einheimischen Völker in jenen Ländern aus Anerkennung verändert werden muß – daß Marokko oder Nigeria oder Abessinien aufhören müssen, Kolonien oder Halbkolonien zu sein und autonome Republiken auf völlig gleicher Stufe mit den europäischen Völkern werden müssen. Dies erfordert eine große Änderung der Einstellung und einen bitteren, schwierigen Kampf, der höchstwahrscheinlich nicht ohne Blutvergießen beigelegt werden kann. Wenn es zum Äußersten kommt, wird sich die Streitmacht des Imperialismus als äußerst stark entpuppen, und der britische Arbeiter kann, wenn er gelernt hat, den Sozialismus im materialistischen Sinne zu betrachten, zum Schluß kommen, daß es besser ist, eine imperialistische Macht zu bleiben, um den Preis, die zweite Geige nach Amerika zu spielen. In verschiedenen Graden werden alle europäischen Völker, zumindest jene, die einen Teil des vorgeschlagenen Staatenbundes bilden sollen, vor derselben Wahl stehen.

4. Die katholische Kirche. Sowie der Kampf zwischen Ost und West offener wird, besteht die Gefahr, daß demokratische Sozialisten und reine Reaktionäre dazu getrieben werden, sich in einer Art Volksfront zusammenzuschließen. Die Kirche ist die geeignetste Brücke zwischen ihnen. Auf jeden

Fall wird die Kirche sich alle Mühe geben, jede Bewegung, die auf eine europäische Einheit zielt, an sich zu reißen und zu sterilisieren. Das Gefährliche an der Kirche ist, daß sie *nicht* reaktionär im üblichen Sinne ist. Sie ist nicht dem *Laisser-faire*-Kapitalismus oder dem bestehenden Klassensystem verpflichtet und wird nicht unbedingt mit ihnen zugrunde gehen. Sie ist vollkommen imstande, die Bedingungen des Sozialismus anzunehmen oder sich den Anschein davon zu geben, vorausgesetzt, daß ihre eigene Stellung gesichert ist. Aber wenn sie als mächtige Organisation weiterleben darf, wird sie die Errichtung des wahren Sozialismus unmöglich machen, weil sie immer gegen die Meinungs- und Redefreiheit, gegen menschliche Gleichberechtigung und gegen jede Gesellschaftsform, die dazu neigt, irdisches Glück zu fördern, wirkt und wirken wird.

Wenn ich an diese und andere Schwierigkeiten denke, wenn ich an die ungeheure geistige Neuorientierung denke, die vollzogen werden müßte, erscheint es mir sehr unwahrscheinlich, daß die Sozialistischen Vereinigten Staaten von Europa jemals aufkommen werden. Ich meine damit nicht, daß die Mehrheit der Leute nicht darauf vorbereitet ist, in einer passiven Weise. Ich meine, daß ich keine Person oder Gruppe von Personen sehe, die die geringste Chance hat, Macht zu erlangen, und gleichzeitig die Vorstellungskraft, zu sehen, was getan werden muß, und die nötigen Opfer von ihren Anhängern zu verlangen. Aber ich kann gegenwärtig auch kein anderes hoffnungsvolles Ziel sehen. Einst glaubte ich, daß es vielleicht möglich wäre, das Britische Reich zu einem Staatenbund von sozialistischen Republiken zu formen, aber wenn diese Möglichkeit je bestanden hat, dann haben wir sie verloren, indem wir es unterlassen haben, Indien freizulassen, und ganz allgemein durch unsere Einstellung den farbigen Völkern gegenüber. Es mag sein, daß Europa erledigt ist und daß auf die Dauer in Indien oder China eine bessere Gesellschaftsform aufkommen wird. Aber ich glaube, daß nur in Europa, wenn überhaupt irgendwo, der demokratische Sozialismus in genügend kurzer Zeit verwirklicht werden könnte, um das Abwerfen der Atombombe noch zu verhindern.

Natürlich gibt es Grund, wenn nicht gerade zum Optimismus, so doch dazu, gewisse Punkte nicht vorschnell abzuurteilen. Günstig ist die Unwahrscheinlichkeit, daß ein schwerer Krieg sofort stattfindet. Wir könnten vermutlich eine Art von Krieg haben, wo Raketen geschossen, aber nicht, wo viele Millionen Menschen mobilisiert werden. Gegenwärtig würde sich jede große Armee einfach auflösen, und das könnte noch weitere zehn oder zwanzig Jahre zutreffen. Innerhalb dieser Zeitspanne können einige unerwartete Dinge geschehen. Zum Beispiel könnte zum ersten Mal eine starke sozialistische Bewegung in den Vereinigten Staaten aufkommen. In England ist es jetzt große Mode, die Vereinigten Staaten als »kapitalistisch« zu bezeichnen mit der stillschweigenden Folgerung, daß dies etwas Unveränderliches ist, eine Art rassisches Merkmal wie die Augen- oder Haarfarbe. Aber im Grunde kann es nicht unveränderlich sein, da der Kapitalismus selbst offensichtlich keine Zukunft hat, und wir können im voraus nicht sicher sein, daß der nächste Wandel in den Vereinigten Staaten nicht zum Guten sein wird.

Andererseits wissen wir nicht, welche Veränderungen in der UdSSR stattfinden werden, wenn ein Krieg noch etwa eine Generation lang abgewendet werden kann. In einer Gesellschaft dieser Art erscheint einem eine radikale Änderung der Einstellung immer unwahrscheinlich, nicht nur weil es keinen offenen Widerstand geben kann, sondern auch weil das Regime, mit seiner totalen Macht über Erziehung, Nachrichten, usw., bewußt darauf zielt, den Pendelschlag zwischen den Generationen zu verhindern, der sich in einer liberalen Gesellschaft auf natürlichem Wege zu ereignen scheint. Aber soviel wir wissen, ist die Tendenz der einen Generation, die Vorstellungen der letzten abzulehnen, ein beständiges menschliches Merkmal, das sogar die Parteispitze nicht gänzlich ausrotten kann. In diesem Falle könnte es bis

1960 unter Umständen Millionen junger Russen geben, die, von Diktatur und Treueparaden gelangweilt, begierig nach mehr Freiheit sind und freundlich in ihrer Haltung dem Westen gegenüber.

Oder ebenso kann es möglich sein, daß, wenn die Welt in drei unbesiegbare Superstaaten zerfällt, die liberale Tradition innerhalb des anglo-amerikanischen Teiles der Welt stark genug sein wird, um das Leben erträglich zu machen und sogar etwas Hoffnung auf Fortschritt zu bieten. Aber das alles ist reine Spekulation. Die eigentlichen Aussichten, sofern ich die Wahrscheinlichkeit berechnen kann, sind sehr unklar, und jeder ernste Gedanke sollte von dieser Tatsache ausgehen.

Partisan Review, Juli-August 1947

Durch einen Spiegel, rosarot

Der kürzlich vom Wiener Korrespondenten der *Tribune* geschriebene Artikel[1] provozierte eine Flut empörter Briefe, in denen er nicht nur als Idiot und Lügner bezeichnet wurde und ihm andere Vorwürfe, die man klischeehaft nennen könnte, gemacht wurden, sondern darüber hinaus die äußerst schwerwiegende Implikation enthalten war, daß er hätte schweigen sollen, auch wenn er wußte, daß er die Wahrheit sagte. Er selbst gab eine kurze Antwort in der *Tribune*, doch ist die betreffende Frage derart wichtig, daß sie es verdient, ausführlicher erörtert zu werden.

Immer wenn A und B im Gegensatz zueinander stehen, wird derjenige, der A angreift oder kritisiert, beschuldigt, B zu helfen und zu unterstützen. Und oft stimmt es, objektiv und kurzfristig gesehen, daß er die Dinge für B tatsächlich einfacher macht. Darum sagen die Anhänger von A, haltet den Mund und kritisiert nicht: oder, wenn ihr schon kritisieren müßt, dann wenigstens auf »konstruktive Weise«, was in der Praxis immer gleichbedeutend ist mit günstig. Und von da ist es nur ein kleiner Schritt zur Folgerung, daß die Unterdrückung und Entstellung bekannter Tatsachen die höchste Pflicht eines Journalisten ist.

Wenn man nun die Welt in A und B einteilt und annimmt, daß A den Fortschritt und B die Reaktion verkörpert, ist der Standpunkt gerade noch vertretbar, daß keine Tatsache, die A schadet, je enthüllt werden sollte. Aber bevor man diese Forderung stellt, sollte man sich ausmalen, wohin sie führt.

---

[1] Als der Wiener Korrespondent der *Tribune* über die entsetzlichen Zustände in der Stadt berichtet und, völlig wahrheitsgetreu, das gräßliche Verhalten einiger russischer Besatzungstruppen beschrieben hatte, protestierten einige Leser gegen das, was sie »diese Verleumdung« der Roten Armee nannten.

Was meinen wir mit Reaktion? Ich nehme an, man wäre mit mir einig, daß das nationalsozialistische Deutschland die Reaktion in ihrer schlimmsten Form oder einer ihrer schlimmsten Formen darstellte. Nun, die Leute, die in diesem Land den Nazi-Propagandisten während des Krieges am meisten Munition lieferten, sind genau diejenigen, die uns erzählen, daß es »objektiv« gesehen pro-faschistisch ist, die UdSSR zu kritisieren. Ich beziehe das nicht auf die Kommunisten während ihrer Antikriegs-Phase: ich beziehe das auf die Linke als Ganzes. Im großen und ganzen erhielt der Nazi-Rundfunk mehr Stoff von der linken Presse Englands als von derjenigen der Rechten. Und es konnte kaum anders sein, da man vor allem in der linken Presse eine ernsthafte Kritik der britischen Institutionen findet. Jede Enthüllung über Slums oder soziale Ungerechtigkeit, jeder Angriff auf die Führer der Konservativen Partei, jede öffentliche Brandmarkung des britischen Imperialismus war ein Geschenk für Goebbels. Und nicht unbedingt ein wertloses Geschenk, denn die deutsche Propaganda hinsichtlich der »britischen Plutokratie« hatte eine beträchtliche Wirkung in neutralen Ländern, besonders während der Anfangsphase des Krieges.

Hier sind zwei Beispiele für die Art von Quelle, der die Achsen-Propagandisten ihr Material zu entnehmen geneigt waren. Die Japaner veröffentlichten in einer ihrer englisch-sprachigen Zeitschriften in China Briffaults *Decline and Fall of the British Empire* in Fortsetzungen. Briffault war, wenn auch nicht eigentlich kommunistisch, so doch leidenschaft-lich pro-sowjetisch, und das Buch enthielt zufällig einige Seitenhiebe auf die Japaner selbst; aber vom japanischen Standpunkt aus gesehen spielte das keine Rolle, da die Haupttendenz des Buches antibritisch war. Ungefähr zur selben Zeit sendete der deutsche Rundfunk gekürzte Fassun-gen von Büchern, von denen sie meinten, daß sie dem britischen Ansehen schadeten. Unter anderem sendeten sie E. M. Forsters *A Passage to India*. Und soviel ich weiß, mußten sie nicht einmal zu falschen Zitaten Zuflucht nehmen.

Nur weil das Buch im wesentlichen der Wahrheit entsprach, konnten es die Faschisten für Propagandazwecke benutzen. Blake sagt,

> A truth that's told with bad intent
> Beats all the lies you can invent
> [Eine Wahrheit, die mit böser Absicht erzählt wird,
> schlägt jede Lüge, die man erfinden kann],

und jeder, der erlebt hat, wie ihm seine eigenen Feststellungen am Achsenradio zurückserviert werden, wird dessen Gültigkeit spüren. Tatsächlich kennt jeder, der einmal zur Verteidigung unpopulärer Ziele geschrieben hat oder Zeuge von Ereignissen gewesen ist, die zu Meinungsverschiedenheiten führen können, die furchtbare Versuchung, Tatsachen zu entstellen oder zu unterschlagen, nur weil eine ehrliche Aussage Enthüllungen enthielte, die von skrupellosen Gegnern verwendet werden könnten. Aber was man berücksichtigen muß, sind die langfristigen Auswirkungen. Ist der Sache des Fortschritts letztlich durch Lügen gedient, oder nicht? Die Leser, die den Wiener Korrespondenten der *Tribune* so heftig angriffen, beschuldigten ihn der Falschheit, aber sie schienen auch besagen zu wollen, daß die von ihm vorgebrachten Fakten nicht veröffentlicht werden sollten, selbst wenn sie wahr wären. 100 000 Fälle von Vergewaltigung in Wien sind keine gute Reklame für das Sowjetregime: deshalb dürft ihr sie nicht erwähnen, auch wenn sie sich ereigneten. Die anglo-russischen Beziehungen werden mit größerer Wahrscheinlichkeit blühen, wenn unbequeme Tatsachen geheimgehalten werden.

Das Dumme ist, daß die Reaktion der Leute, wenn man sie belügt, dann umso heftiger ist, wenn die Wahrheit durchsickert, was sie letzten Endes meistens tut. Hier ist ein Beispiel für betrügerische Propaganda, die sich jetzt rächt. Viele aufgeschlossene Engländer beziehen von der linken Presse ein übertrieben günstiges Bild von der Indischen Kongreßpartei.

Sie glauben nicht nur, daß sie im Recht ist (was sie ist), sondern sind auch geneigt zu denken, daß sie eine Art linker Organisation mit demokratischen und internationalistischen Zielen ist. Solche Leute neigen, wenn sie plötzlich einem wirklichen indischen Nationalisten leibhaftig gegenüberstehen, dazu, in die Haltung eines Reaktionärs zurückzuweichen. Ich habe dies viele Male beobachtet. Und dasselbe gilt für die pro-sowjetische Propaganda. Diejenigen, die sie im ganzen geschluckt haben, sind immer in Gefahr, plötzlich umzukippen und die ganze Idee des Sozialismus zurückzuweisen. In dieser und anderer Beziehung würde ich sagen, daß der Nutzeffekt der kommunistischen und ähnlich gesinnter Propaganda lediglich der gewesen ist, die Sache des Sozialismus zu verzögern, obwohl sie vorübergehend der russischen Außenpolitik geholfen haben mag.

Es gibt immer ausgezeichnete, edle Gründe, die Wahrheit zu verbergen, und diese Gründe werden von Verfechtern der verschiedensten Sachen fast in denselben Worten vorgebracht. Mir wollte man einige meiner eigenen Schriften nicht drucken, weil man fürchtete, daß die Russen sie nicht mögen würden, und andere wurden nicht gedruckt, weil sie den britischen Imperialismus angriffen und von antibritischen Amerikanern zitiert werden könnten. *Jetzt* wird uns gesagt, daß jede offene Kritik des stalinistischen Regimes »das Mißtrauen der Russen verstärke«, doch sind es erst sieben Jahre her, seit uns gesagt wurde (in manchen Fällen von denselben Zeitungen), daß eine offene Kritik des Nazi-Regimes Hitlers Mißtrauen verstärken würde. Noch 1941 erklärten einige der katholischen Blätter, daß die Anwesenheit von Labour-Ministern in der britischen Regierung Francos Mißtrauen verstärke und ihn mehr zu der Achse neigen lasse. Zurückblickend kann man sehen, daß, wenn die Briten und Amerikaner um 1933 nur begriffen hätten, wofür Hitler steht, der Krieg hätte abgewendet werden können. Ähnlich ist der erste Schritt zu anständigen anglo-russischen Beziehungen die Aufgabe von Illusionen. Im Prinzip wären die meisten Leute damit einverstanden: aber die Aufgabe von Illusionen bedeutet die Veröffentlichung von Fakten, und Fakten können im allgemeinen recht unangenehm sein.

Das ganze Argument, daß man nicht offen sprechen darf, weil man damit dieser oder jener unheilvollen einflußreichen Persönlichkeit »in die Hände spielt«, ist insofern unehrlich, als die Leute es nur verwenden, wenn es ihnen paßt. Wie ich dargelegt habe, waren diejenigen, die am meisten besorgt sind, den Tories in die Hände zu spielen, am wenigsten besorgt, in die Hände der Nazis zu spielen. Die Katholiken, die sagten »Beleidigt Franco nicht, da ihr damit Hitler helft«, hatten Hitler mehr oder weniger bewußt schon Jahre vorher geholfen. Unter diesem Argument liegt immer die Absicht, Propaganda für irgendeine einzelne Interessengruppe zu betreiben und Kritiker so weit einzuschüchtern, daß sie schweigen, indem man ihnen sagt, daß sie »objektiv gesehen« reaktionär sind. Es ist ein verlockendes Manöver, und ich habe es selbst mehr als einmal benutzt, aber es ist unehrlich. Ich glaube, man ist weniger dazu geneigt, wenn man sich daran erinnert, daß die Vorteile einer Lüge immer kurzlebig sind. Wie oft erscheint es einem eine ausdrückliche Pflicht, die Fakten zu verheimlichen oder zu färben! Und trotzdem kann ein echter Fortschritt nur durch vermehrte Aufklärung stattfinden, was soviel bedeutet wie die fortwährende Zerstörung von Mythen.

Unterdessen liegt eine merkwürdige indirekte Anerkennung der Werte des Liberalismus in der Tatsache, daß die Gegner der freien Meinungsäußerung überhaupt Briefe an die *Tribune* schreiben. Wenn die Leute sagen »Kritisiert nicht«, dann meinen sie in Wirklichkeit »Enthüllt keine unangenehmen Fakten. Spielt nicht in die Hände des Feindes!« Doch sie selbst greifen die Politik der *Tribune* mit der ganzen ihnen zur Verfügung stehenden Macht an. Kommt es ihnen denn nicht in den Sinn, daß ihre Briefe, wenn man die von ihnen befürworteten Prinzipien in die Praxis umsetzte, niemals abgedruckt würden?   *Tribune*, 23. November 1945

Literarische Säuberungen

Eine Zeitungsmeldung des Inhalts, daß Jugoslawien jetzt eine Säuberungsaktion bei Schriftstellern und Künstlern durchführt, bewog mich, noch einmal die Berichte über die kürzlich in der UdSSR durchgeführte literarische Säuberungsaktion anzuschauen, als Soschtschenko, Achmatowa und andere vom Schriftstellerverband ausgeschlossen wurden.

In England geschieht noch nichts Derartiges mit uns, so daß man es mit einer gewissen Distanz betrachten kann, und merkwürdigerweise tun mir, da ich wieder die Berichte des Geschehens anschaue, die Verfolger etwas mehr leid als ihre Opfer. Oberhaupt der Verfolger ist Andrej Schdanow, von manchen als Stalins wahrscheinlicher Nachfolger angesehen. Schdanow ist, obwohl er schon literarische Säuberungsaktionen geleitet hat, ein hauptamtlicher Politiker mit – nach seinen Reden zu urteilen – ungefähr so viel Kenntnis der Literatur, wie ich von der Aerodynamik habe. Er macht nicht den Eindruck eines, gemessen an seinen eigenen Kriterien, gemeinen oder unehrlichen Menschen. Er ist aufrichtig empört über den Treuebruch mancher sowjetischer Schriftsteller, der ihm wie ein unbegreiflicher Fall von Verrat erscheint, wie eine Meuterei der Soldaten mitten in einer Schlacht. Der Zweck der Literatur ist die Verherrlichung der Sowjetunion: das müßte doch wohl jedem klar sein, oder nicht? Aber anstatt ihre reine Pflicht zu erfüllen, weichen diese irregeleiteten Schriftsteller dauernd von den Pfaden der Propaganda ab und schreiben unpolitische Werke und lassen es, im Falle von Soschtschenko, sogar zu, daß sich ein satirischer Ton in ihre Werke einschleicht. Das alles schmerzt und verwirrt sehr. Es ist, als ob man einen Menschen in eine ausgezeichnete, moderne, klimatisierte Fabrik arbeiten schickte, ihm einen

hohen Lohn, kurze Arbeitszeiten, gute Kantinen und Spiel-
plätze, eine gemütliche Wohnung, einen Kindergarten für
seine Kinder, eine umfassende Sozialversicherung und Musik
bei der Arbeit gäbe – nur um festzustellen, daß der undankbare Kerl an seinem allerersten Tag Knüppel zwischen die
Maschinen wirft.

Was das Ganze etwas kläglich macht, ist das allgemeine
Eingeständnis – ein ehrliches Eingeständnis, da doch die
sowjetischen Tagesschriftsteller nicht die Angewohnheit haben, ihr eigenes Land schlechtzumachen –, daß die russische
Literatur als Ganzes nicht dem entspricht, was sie sein sollte.
Da die UdSSR die höchste bestehende Form der Zivilisation
darstellt, liegt es auf der Hand, daß sie die Welt in der
Literatur so wie in allem anderen anführen sollte. »Selbstverständlich«, sagt Schdanow, »ist unser neues sozialistisches
System, das all das verkörpert, was an der Geschichte der
menschlichen Zivilisation am besten ist, imstande, die fortge-
schrittenste Literatur hervorzubringen, die die besten Schöp-
fungen der alten Zeiten weit hinter sich lassen wird.« Die
Iswestija (laut Zitat von der New Yorker Zeitung *Politics*)
geht noch weiter: »Unsere Kultur steht auf einem unermeß-
lich höheren Niveau als die bürgerliche Kultur . . . Ist es nicht
klar, daß unsere Kultur das Recht hat, nicht als Schüler und
Nachahmer zu fungieren, sondern im Gegenteil andere die
allgemeine menschliche Moral zu lehren?« Und trotzdem
geschieht das Erwartete irgendwie nie. Direktiven werden
erlassen, Resolutionen werden einstimmig angenommen, wi-
derspenstige Schriftsteller werden zum Schweigen gebracht:
und trotzdem entwickelt sich aus irgendeinem Grunde keine
kraftvolle und ursprüngliche Literatur, die derjenigen der
kapitalistischen Länder unverkennbar überlegen wäre.

Das alles ist bereits dagewesen, und zwar mehr als einmal.
Die Meinungsfreiheit hat in der UdSSR ihre Höhen und
Tiefen erlebt, doch die allgemeine Tendenz ist die in Richtung
einer strengeren Zensur gewesen. Was die Politiker anscheinend nicht verstehen können, ist, daß man nicht eine kraftvol-

le Literatur hervorbringen kann, indem man jedermann durch Terror zur Anpassung zwingt. Die schöpferischen Fähigkeiten werden nicht spielen, wenn der Schriftsteller nicht annähernd sagen darf, was er fühlt. Man kann Spontaneität zerstören und eine Literatur schaffen, die zwar orthodox aber schwach ist, oder man kann die Leute sagen lassen, was sie wollen, und riskieren, daß einige von ihnen Häresien äußern. Es gibt keinen Ausweg aus dem Dilemma, solange Bücher von Individuen geschrieben werden müssen.

Darum tun mir die Verfolger in gewisser Weise mehr leid als die Opfer. Es ist wahrscheinlich, daß Soschtschenko und die anderen zumindest die Genugtuung haben, zu verstehen, was ihnen widerfährt: die Politiker, die sie quälen, versuchen lediglich das Unmögliche. Es wäre vernünftig von Schdanow und seinesgleichen, zu sagen »Die Sowjetunion kann ohne Literatur auskommen«. Aber das ist genau das, was sie nicht sagen können. Sie wissen nicht, was Literatur ist, aber sie wissen, daß sie wichtig ist, daß sie Prestige-Wert hat und daß sie aus Gründen der Propaganda notwendig ist, und sie würden sich gern für sie einsetzen, wenn sie nur wüßten, wie. So fahren sie denn mit ihren Säuberungsaktionen und Direktiven fort, wie ein Fisch, der immer wieder mit seiner Nase gegen die Wand eines Aquariums schlägt, zu dämlich, um einzusehen, daß Glas und Wasser nicht dasselbe sind.

»As I Please«, *Tribune,* 3. Januar 1947

Der Verfall des Christentums

Vor einigen Wochen protestierte eine katholische Leserin der *Tribune* gegen eine Kritik von Charles Hamblett. Sie war mit seinen Bemerkungen über die heilige Theresia und über den heiligen Joseph von Copertino, den Heiligen, der einst mit einem Bischof auf seinem Rücken um eine Kathedrale geflogen war, nicht einverstanden. Ich verteidigte Hamblett und bekam dafür einen noch empörteren Brief als Antwort. Dieser Brief wirft eine Reihe sehr wichtiger Fragen auf, und zumindest eine von ihnen scheint mir einer Diskussion wert. Die Relevanz fliegender Heiliger für die sozialistische Bewegung mag auf den ersten Blick zwar nicht sehr klar sein, doch glaube ich, zeigen zu können, daß der gegenwärtige nebulöse Stand der christlichen Doktrin ernste Implikationen hat, mit denen sich weder Christen noch Sozialisten auseinandergesetzt haben.

Im wesentlichen meint meine Korrespondentin, daß es nicht darauf ankommt, ob die heilige Theresia und all die anderen durch die Luft geflogen sind oder nicht: worauf es ankommt, ist, daß der heiligen Theresia »Weltanschauung den Gang der Geschichte änderte«. Dem würde ich beistimmen. Da ich in einem orientalischen Land gelebt habe, habe ich eine gewisse Gleichgültigkeit Wundern gegenüber entwickelt, und ich weiß sehr wohl, daß Wahnvorstellungen zu haben, oder sogar völlig wahnsinnig zu sein, durchaus mit dem vereinbar ist, was man so allgemein als Genie bezeichnet. William Blake, zum Beispiel, war meiner Ansicht wahnsinnig. Die Jungfrau von Orleans war wahrscheinlich eine Wahnsinnige. Newton glaubte an die Astrologie, Strindberg glaubte an Zauberei. Doch die Wunder der Heiligen spielen eine untergeordnete Rolle. Aus dem Brief meiner Korrespondentin geht auch hervor, daß sogar die wichtigsten Doktrinen der christlichen Religion nicht unbedingt in einem wörtlichen Sinne zu verstehen sind. Es spielt zum Beispiel keine Rolle, ob Jesus Christus überhaupt je existierte. »Die Person Christi (ob Mythos, oder Mensch, oder Gott, das ist einerlei) übertrifft dermaßen alles andere, daß ich nur wollte, jeder würde schauen, bevor er diese Version des Lebens zurückweist.« Folglich könnte Christus ein Mythos oder lediglich ein menschliches Wesen gewesen sein, oder die in den Glaubensbekenntnissen gegebene Darstellung von ihm könnte wahr sein. Wir gelangen also zu folgendem Standpunkt: die *Tribune* darf sich nicht über die christliche Religion lustig machen, aber die Existenz Christi, deren Leugnung unzählige Menschen das Leben gekostet hat, ist belanglos.

Entspricht dies nun aber der orthodoxen katholischen Doktrin? Ich habe den Eindruck, daß das nicht der Fall ist. Ich kann mich an Stellen in den Schriften populärer katholischer Apologeten wie Pater Woodlock und Pater Ronald Knox erinnern, in denen ganz deutlich erklärt wird, daß die christliche Doktrin das bedeutet, was sie zu bedeuten scheint, und nicht in irgendeinem seichten metaphorischen Sinne zu verstehen ist. Pater Knox bezieht sich besonders auf den Gedanken, daß es nicht darauf ankomme, ob Christus tatsächlich als »schreckliche« Idee existierte. Aber was meine Korrespondentin sagt, würde von vielen katholischen Intellektuellen wiederholt werden. Wenn man mit einem nachdenklichen Christen spricht, ob katholisch oder anglikanisch, sieht man sich oft ausgelacht, weil man so naiv ist, anzunehmen, daß irgend jemand die Doktrinen der Kirche tatsächlich einmal wörtlich aufgefaßt hat. Diese Doktrinen, so wird einem gesagt, haben eine ganz andere Bedeutung, die zu verstehen man zu simpel ist. Unsterblichkeit der Seele »bedeutet« nicht, daß du, John Smith, bewußt bleibst, wenn du tot bist. Auferstehung des Leibes bedeutet nicht, daß John Smiths Leib tatsächlich wieder zum Leben erweckt wird – und so weiter und so fort. Somit ist der katholische Intellektuelle imstande, für umstrittene Zwecke eine Art Knobelspiel zu spielen und die Artikel des Glaubensbekenntnisses in genau denselben Worten wie seine Vorfahren zu wiederholen, während er sich gleichzeitig gegen den Vorwurf des Aberglaubens mit der Erklärung verteidigt, daß er in Gleichnissen spricht. Im wesentlichen besteht seine Behauptung darin, daß, obwohl er selbst nicht in irgendeiner sehr bestimmten Weise an das Leben nach dem Tod glaubt, kein Wandel im christlichen Glauben stattgefunden hat, da unsere Vorfahren im Grunde auch nicht daran geglaubt haben. Unterdessen wird eine grundlegend wichtige Tatsache – nämlich daß eine der Stützen der westlichen Zivilisation umgestoßen worden ist – verschleiert.

Ich weiß nicht, ob es offiziell eine Veränderung in der christlichen Doktrin gegeben hat. Pater Knox und meine Korrespondentin sind offensichtlich verschiedener Meinung. Aber was ich sicher weiß, ist, daß der Glaube an das Fortleben nach dem Tod – das individuelle Fortleben von John Smith, der sich seiner selbst als John Smith immer noch bewußt ist – sehr viel weniger stark verbreitet ist, als er es war. Selbst unter Leuten, die sich zum Christentum bekennen, ist er wahrscheinlich am Schwinden: andere Leute ziehen in der Regel nicht einmal die Möglichkeit in Betracht, daß er wahr sein könnte. Aber soviel wir wissen, glaubten unsere Vorfahren wirklich an das Leben nach dem Tod. Sofern nicht alles, was sie darüber schrieben, auf Irreführung angelegt ist, glaubten sie daran in einer äußerst wörtlichen, konkreten Weise. Das Leben auf Erden war in ihren Augen nur ein kurzer Zeitabschnitt der Vorbereitung auf ein unendlich viel wichtigeres Leben jenseits des Grabes. Aber diese Vorstellung ist verschwunden oder ist am Verschwinden, und man hat sich nicht mit den Konsequenzen davon auseinandergesetzt.

Die westliche Zivilisation gründete sich, im Gegensatz zu manchen östlichen, teilweise auf den Glauben an die individuelle Unsterblichkeit. Wenn man die christliche Religion von außen betrachtet, erscheint einem jener Glaube sehr viel wichtiger als der Glaube an Gott. Die westliche Auffassung von Gut und Böse läßt sich nur schwer davon trennen. Es bestehen kaum Zweifel, daß der moderne Kult der Machtanbetung eng mit dem Gefühl des modernen Menschen verknüpft ist, daß das Leben hier und jetzt das einzige Leben ist, das es gibt. Wenn der Tod allem ein Ende setzt, wird es viel schwieriger zu glauben, daß man auch dann im Recht sein kann, wenn man besiegt worden ist. Staatsmänner, Nationen, Theorien, Aktionen werden fast zwangsläufig nach ihrem materiellen Erfolg beurteilt. Angenommen, man könnte die beiden Phänomene trennen, so würde ich sagen, daß der Verfall des Glaubens an die persönliche Unsterblichkeit ebenso wichtig gewesen ist wie der Aufstieg der Maschinen-Zivilisation. Die Maschinen-Zivilisation hat schreckliche Möglichkeiten, was Sie wahrscheinlich neulich abend auch dachten, als die Flakgewehre losdonnerten: aber auch die andere Sache hat schreckliche Möglichkeiten, und man kann nicht behaupten, daß die sozialistische Bewegung sich viele Gedanken darüber gemacht hätte.

Ich will nicht, daß der Glaube an das Leben nach dem Tod wiederkehrt, und auf jeden Fall ist das auch nicht sehr wahrscheinlich. Was ich jedoch klarmachen möchte, ist, daß sein Verschwinden ein großes Loch hinterlassen hat und daß wir dies zur Kenntnis nehmen sollten. Tausende von Jahren mit der Vorstellung erzogen, daß der Einzelne weiterlebt, muß der Mensch eine erhebliche psychische Anstrengung unternehmen, um sich an die Vorstellung zu gewöhnen, daß der Einzelne zugrunde geht. Er wird die Zivilisation kaum retten können, wenn er nicht ein System von Gut und Böse entwickeln kann, das von Himmel und Hölle unabhängig ist. Der Marxismus liefert tatsächlich ein solches System, doch ist es nie richtig popularisiert worden. Die meisten Sozialisten begnügen sich mit dem Hinweis, daß wir, sobald der Sozialismus errichtet worden ist, materiell glücklicher sein werden, in der Annahme, daß alle Probleme verschwinden, wenn man einen vollen Bauch hat. Aber genau das Gegenteil trifft zu:

wenn man einen leeren Bauch hat, ist das einzige Problem der leere Bauch. Erst wenn wir uns von Plackerei und Ausbeutung losgemacht haben, fangen wir wirklich an, uns über das Schicksal des Menschen und den Grund seiner Existenz Gedanken zu machen. Man kann nicht ein lohnendes Bild von der Zukunft haben, solange man nicht einsieht, wieviel wir durch den Verfall des Christentums verloren haben. Wenige Sozialisten scheinen sich dessen bewußt zu sein. Und die katholischen Intellektuellen, die sich starr an den Buchstaben der Glaubensbekenntnisse halten und gleichzeitig Bedeutungen in sie hineinlesen, die ihnen nie zugedacht worden waren, und die über jeden kichern, der naiv genug ist anzunehmen, daß die Kirchenväter meinten, was sie sagten, wenden einfach Verschleierungstaktiken an, um ihren eigenen Unglauben vor sich selbst zu verbergen.

»As I Please«, *Tribune*, 3. März 1944

Beiträge zum Begriff der Kultur
von T. S. Eliot

In seinem neuen Buch, *Beiträge zum Begriff der Kultur*,
macht T.S. Eliot geltend, daß eine zivilisierte Gesellschaft
unter anderem als Grundlage ein Klassensystem braucht. Er
spricht natürlich nur negativ. Er behauptet nicht, daß es eine
Methode gibt, durch die eine hohe Zivilisation geschaffen
werden kann. Er hält es bloß für unwahrscheinlich, daß eine
solche Zivilisation gedeihen kann, wenn bestimmte Voraussetzungen, deren eine die Klassenunterschiede sind, fehlen.

Dies öffnet düstere Perspektiven, denn einerseits ist es fast
sicher, daß Klassenunterschiede der alten Sorte aussterben,
und andererseits hat Eliots These viel unmittelbare Glaubwürdigkeit für sich.

Der Kern seiner Aussage ist, daß die höchsten Kulturni-
veaus nur von kleinen Gruppen – entweder sozialen Gruppen
oder regionalen Gruppen – erreicht worden sind, die imstande waren, ihre Traditionen über längere Zeitabschnitte hin-
weg zu vervollkommnen. Der wichtigste aller kulturellen
Einflüsse ist die Familie, und die Familientreue ist am stärksten, wenn die Mehrheit der Leute es für selbstverständlich
hält, auf der gesellschaftlichen Stufe, auf der sie geboren
wurden, durchs Leben zu gehen. Überdies wissen wir, da wir
keine Präzedenzfälle haben, nach denen wir uns richten
können, nicht, wie eine klassenlose Gesellschaft aussähe. Wir
wissen lediglich, daß, da die Funktionen immer noch variiert
werden müßten, die Klassen durch »Eliten« ersetzt werden
müßten, ein Begriff, den Eliot mit offenkundigem Widerwillen vom verstorbenen Karl Mannheim entlehnt. Die Eliten
werden planen, organisieren und verwalten: ob sie zu den
Hütern und Übermittlern der Kultur werden können, wie es

bestimmte soziale Klassen in der Vergangenheit gewesen sind, bezweifelt Eliot, möglicherweise zu Recht.

Wie immer betont Eliot nachdrücklich, daß Tradition nicht gleichbedeutend ist mit Kult der Vergangenheit; im Gegenteil, eine Tradition ist nur dann lebendig, wenn sie wächst. Eine Klasse kann eine Kultur erhalten, weil sie selbst etwas Organisches und Wandelbares ist. Aber hier übersieht Eliot merkwürdigerweise, was das stärkste Argument in seinem Beweismaterial hätte sein können. Nämlich, daß eine klassenlose Gesellschaft, die von Eliten geleitet wird, sehr schnell verknöchern kann, und zwar einfach deshalb, weil deren Herrscher ihre Nachfolger wählen können und immer dazu neigen werden, Leute zu wählen, die ihnen ähnlich sind.

Erbliche Einrichtungen – so hätte Eliot folgern können – haben den Vorzug der Instabilität. Das muß so sein, da die Macht ständig auf Leute übertragen wird, die entweder unfähig sind, sie zu behaupten, oder sie für Zwecke benutzen, für die sie von ihren Ahnen nicht bestimmt worden ist. Es ist unmöglich, sich vorzustellen, daß irgendein erblicher Körper so lange dauert und sich so wenig verändert wie eine adoptive Organisation wie die katholische Kirche. Und es ist zumindest denkbar, daß eine andere adoptive und autoritäre Organisation, die Kommunistische Partei Rußlands, einen ähnlichen Werdegang haben wird. Wenn sie sich zu einer Klasse verfestigt, was sie nach Ansicht mancher Beobachter bereits tut, dann wird sie sich verändern und entwickeln, wie das Klassen immer tun. Aber wenn sie fortfährt, ihre Mitglieder aus allen Gesellschaftsschichten zu wählen und sie auf die erwünschte Gesinnung auszurichten, könnte sie ihre Form fast unverändert von Generation zu Generation beibehalten. In aristokratischen Gesellschaften ist der exzentrische Aristokrat eine vertraute Gestalt, aber der exzentrische Kommissar ist fast ein Widerspruch in sich selbst.

Obwohl Eliot dieses Argument nicht verwendet, behauptet er doch, daß die Feindschaft zwischen den Klassen fruchtbare Folgen für die Gesellschaft als Ganzes haben kann. Dies wiederum trifft wahrscheinlich zu. Und doch hat man, das ganze Buch hindurch, weiterhin das Gefühl, daß etwas nicht stimmt und daß er selbst sich dessen bewußt ist. Tatsache ist, daß Standesprivilegien, ebenso wie die Sklaverei, nicht länger vertretbar sind. Sie stehen im Widerspruch zu bestimmten moralischen Postulaten, die Eliot zu teilen scheint, obwohl er intellektuell mit ihnen vielleicht nicht einverstanden ist.

Das ganze Buch hindurch ist seine Haltung auffällig defensiv. Als man noch lebhaft an Klassenunterschiede glaubte, hielt man es nicht für nötig, sie mit sozialer Gerechtigkeit oder mit Wirksamkeit in Einklang zu bringen. Die Überlegenheit der herrschenden Klasse galt als selbstverständlich, und die bestehende Ordnung war ohnehin, was Gott gefügt hatte. Der stumme unrühmliche Milton war ein trauriger Fall, dem aber auf dieser Seite des Grabes nicht abzuhelfen ist.

Dies ist jedoch keinesfalls, was Eliot meint. Er möchte, sagt er, daß Klassen *und* Eliten existieren. Es sollte für den Durchschnittsmenschen normal sein, auf seiner prädestinierten sozialen Ebene durchs Leben zu gehen, doch andererseits muß der richtige Mensch imstande sein, seinen Weg in den richtigen Beruf zu finden. Indem er dies sagt, scheint er fast seine ganzen Argumente zu opfern. Denn wenn Klassenunterschiede an sich wünschenswert sind, dann ist die Vergeudung von Talenten, oder Unfähigkeit in hohen Stellungen, relativ unwichtig. Der gesellschaftlich Unangepaßte sollte, statt nach oben oder nach unten gelenkt zu werden, sich an seinem eigenen Platz bescheiden lernen.

Das sagt Eliot nicht: in der Tat würden dies sehr wenige Leute heutzutage sagen. Es käme einem moralisch ungehörig vor. Wahrscheinlich glaubt Eliot daher nicht an Klassenunterschiede wie noch unsere Großväter. Seine Billigung der Klassenunterschiede ist nur negativ. Das heißt, er kann nicht verstehen, wie irgendeine Zivilisation, die zu haben sich lohnt, in einer Gesellschaft fortbestehen kann, in der die von dem sozialen Milieu oder der geographischen Herkunft stammenden Unterschiede geglättet worden sind.

Es ist schwierig, darauf irgendeine positive Antwort zu geben. Allem Anschein nach sind die alten sozialen Unterschiede überall am Verschwinden, weil man dabei ist, ihre wirtschaftliche Grundlage zu zerstören. Möglicherweise sind neue Klassen am Auftauchen, oder möglicherweise befinden wir uns in Sichtweite einer wirklich klassenlosen Gesellschaft, von der Eliot annimmt, daß sie eine kulturlose Gesellschaft wäre. Er mag ja recht haben, doch an einigen Stellen scheint sein Pessimismus übertrieben. »Wir können mit einiger Zuversicht behaupten«, sagt er, »daß unsere eigene Zeit eine Zeit des Verfalls ist; daß die kulturellen Maßstäbe niedriger sind, als sie es vor fünfzig Jahren waren; und daß die Anzeichen für diesen Verfall in jedem Bereich des menschlichen Wirkens sichtbar sind.«

Dies scheint zu stimmen, wenn man an die Hollywood-Filme oder die Atombombe denkt, jedoch weniger, wenn man an die Kleider und die Architektur von 1898 oder daran denkt, wie das Leben damals für einen arbeitslosen Arbeiter im Ostteil von London ausgesehen hat. Auf jeden Fall können wir, wie Eliot am Anfang selbst zugibt, die gegenwärtige Entwicklung nicht durch bewußtes Handeln rückgängig machen. Kulturen werden nicht hergestellt, sie wachsen aus eigenem Antrieb. Darf man hoffen, daß die klassenlose Gesellschaft eine eigene Kultur absondern wird? Und bevor wir unser eigenes Zeitalter als unwiderruflich verdammt abschreiben, wäre es nicht lohnenswert, sich daran zu erinnern, daß Matthew Arnold und Swift und Shakespeare – um die Sache nur drei Jahrhunderte zurückzuverfolgen – alle ebenso sicher waren, daß sie in einer Zeit des Verfalls lebten?

Observer, 28. November 1948

Was ist Wissenschaft?

In der *Tribune* der letzten Woche war ein interessanter Brief von J. Stewart Cook mit der Ansicht, der beste Weg, die Gefahr einer »wissenschaftlichen Hierarchie« zu vermeiden, wäre, dafür zu sorgen, daß jedes Mitglied der breiten Öffentlichkeit so weit wie möglich wissenschaftlich geschult würde. Gleichzeitig sollten die Wissenschaftler aus ihrer Isolation herausgebracht und dazu angeregt werden, sich mehr an der Politik zu beteiligen.

Allgemein gesprochen glaube ich, daß die meisten von uns mit dieser Behauptung einverstanden wären, doch stelle ich, wie gewöhnlich, fest, daß Cook Wissenschaft nicht definiert und lediglich beiläufig andeutet, daß er damit bestimmte exakte Wissenschaften meint, deren Experimente unter Laborbedingungen durchgeführt werden können. Somit zeigt sich in der Erwachsenenbildung die Tendenz, »wissenschaftliche Studien zugunsten der literarischen, wirtschaftlichen und sozialen Fachgebiete zu vernachlässigen«, wobei Wirtschaft und Soziologie anscheinend nicht als Zweige der Wissenschaft betrachtet werden. Dieser Punkt ist von großer Bedeutung. Denn der Begriff Wissenschaft hat gegenwärtig mindestens zwei Bedeutungen, und die ganze Frage der wissenschaftlichen Ausbildung wird verdunkelt durch die gegenwärtige Tendenz, von einer Bedeutung zur anderen zu hüpfen.

Unter Wissenschaft versteht man im allgemeinen entweder (a) die exakten Wissenschaften, wie die Chemie, die Physik, usw., oder (b) eine Denkmethode, die verifizierbare Ergebnisse erzielt, indem sie von der beobachteten Wirklichkeit logische Schlüsse zieht.

Wenn man einen Wissenschaftler, oder überhaupt irgendeine gebildete Person, fragt, »Was ist Wissenschaft?«, wird man höchstwahrscheinlich eine Antwort bekommen, die näher bei (b) liegt. Im Alltag meinen die Leute jedoch, wenn sie Wissenschaft sagen, sowohl beim Sprechen als auch beim Schreiben, (a). Wissenschaft bedeutet etwas, das in einem Labor vor sich geht: allein schon der Begriff weckt in uns die Vorstellung von Kurven, Reagenzgläsern, Waagen, Bunsenbrennern, Mikroskopen. Ein Biologe, ein Astronom, vielleicht auch ein Psychologe oder Mathematiker, werden als »Wissenschaftler« bezeichnet: niemand würde daran denken, diesen Begriff auf einen Staatsmann, einen Dichter, einen Journalisten oder gar einen Philosophen anzuwenden. Und diejenigen, die uns sagen, daß die jungen Leute wissenschaftlich ausgebildet werden müssen, meinen damit fast immer in erster Linie, daß man ihnen mehr über Radioaktivität oder die Sterne oder die Physiologie ihres eigenen Körpers beibringen sollte, und nicht exakteres Denken.

Diese Sinnverwirrung, die zum Teil bewußt ist, birgt eine große Gefahr in sich. Die Forderung nach mehr wissenschaftlicher Ausbildung unterstellt, daß, wenn man wissenschaftlich geschult worden ist, dann *alle* Themen intelligenter angeht. Die politische Meinung eines Wissenschaftlers, so wird angenommen, seine Meinungen über soziologische Probleme, über Moral, über Philosophie, vielleicht sogar über die schönen Künste, sind immer wertvoller als die eines Laien. Mit anderen Worten: das Leben hier auf Erden wäre besser, wenn die Wissenschaftler es in die Hand nähmen. Aber ein »Wissenschaftler« bedeutet, wie wir soeben gesehen haben, in der Praxis einen Spezialisten in einer der exakten Wissenschaften. Daraus folgt, daß ein Chemiker oder ein Physiker an sich politisch intelligenter ist als ein Dichter oder ein Anwalt an sich. Und tatsächlich glauben dies bereits Millionen von Menschen.

Aber stimmt es wirklich, daß ein Wissenschaftler, in diesem engeren Sinne, mit größerer Wahrscheinlichkeit als andere Leute nicht wissenschaftliche Probleme auf eine objektive Weise angeht? Es gibt wenig Grund, dies zu glauben. Machen Sie eine einfache Probe – die Fähigkeit, sich dem Nationalismus zu widersetzen. Oft wird leichthin gesagt, daß die »Wissenschaft international ist«, aber in der Praxis stellen sich die Wissenschaftler aller Länder mit weniger Skrupeln hinter ihre eigene Regierung als die Schriftsteller und Künstler. Die deutsche wissenschaftliche Gemeinschaft bot Hitler als Ganzes keinen Widerstand. Hitler mag zwar vielleicht die langfristigen Aussichten der deutschen Wissenschaft verdorben haben, doch gab es immer noch eine Menge begabter Menschen, um über Dinge wie künstliches Öl, Düsenflugzeuge, Raketengeschosse und die Atombombe die nötigen Forschungen anzustellen. Ohne sie hätte der deutsche Kriegsapparat nie errichtet werden können.

Was, hingegen, geschah mit der deutschen Literatur, als die Nazis an die Macht kamen? Soviel ich weiß, sind keine vollständigen Listen veröffentlicht worden, doch vermute ich, daß die Zahl der deutschen Wissenschaftler – Juden ausgenommen –, die freiwillig in die Verbannung gingen oder vom Regime verfolgt wurden, viel kleiner war als die Zahl der Schriftsteller und Journalisten. Ja, was noch übler ist, eine Reihe deutscher Wissenschaftler schluckte die Monstrosität der »rassischen Wissenschaft«.

Aber man sieht, in etwas anderen Formen, überall das gleiche Bild. In England akzeptiert ein großer Prozentsatz unserer führenden Wissenschaftler die Struktur der kapitalistischen Gesellschaft, was man aus der relativ großen Freiheit ersehen kann, mit der ihnen der Titel eines Baronets, die Ritterwürde und sogar die Peerswürde verliehen wird. Seit Tennyson ist keinem lesenswerten englischen Schriftsteller – mit Ausnahme vielleicht von Sir Max Beerbohm – ein Titel verliehen worden. Und jene englischen Wissenschaftler, die nicht einfach den *status quo* akzeptieren, sind häufig Kommunisten, was bedeutet, daß sie, wie gewissenhaft auch immer sie intellektuell gesehen in ihrer eigenen Arbeitsweise sein mögen, bereit sind, hinsichtlich bestimmter Themen unkritisch und sogar unehrlich zu sein. Tatsache ist, daß eine Ausbildung in einer oder mehreren exakten Wissenschaften allein, sogar wenn sie mit sehr großen Fähigkeiten einhergeht, keine Garantie für eine menschliche oder skeptische Auffassung ist. Die Physiker von einem halben Dutzend großer Nationen, die alle fieberhaft und heimlich immerzu an der Atombombe arbeiten, sind ein Beweis dafür.

Aber bedeutet das alles, daß die breite Öffentlichkeit *nicht* vermehrt wissenschaftlich ausgebildet werden sollte? Im Gegenteil: Es bedeutet nur, daß die wissenschaftliche Ausbildung der Massen wenig nützen und wahrscheinlich sehr schaden wird, wenn sie auf mehr Physik, mehr Chemie, mehr Biologie, usw. zum Schaden der Literatur und Geschichte hinausläuft. Ihre wahrscheinliche Wirkung auf den Durchschnittsbürger wäre die, seinen geistigen Horizont einzuschränken und ihn all das Wissen, das er vorher nicht besaß, noch mehr verachten zu lassen: und seine politischen Reaktionen wären wahrscheinlich etwas weniger intelligent als die eines ungebildeten Bauern, der sich einige historische Erinnerungen und einen ziemlich gesunden Schönheitssinn bewahrte.

Es ist klar, daß wissenschaftliche Ausbildung das Einpflanzen einer rationalen, skeptischen, auf Erfahrung gegründeten Geisteshaltung bedeuten sollte. Sie sollte bedeuten, eine *Methode* zu erlernen – eine Methode, die auf jedes Problem, dem man begegnet, angewandt werden kann – und nicht bloß, eine Menge Fakten anzuhäufen. Wenn man es so ausdrückt, wird der Verteidiger der wissenschaftlichen Erziehung gewöhnlich zustimmen. Dringt man jedoch weiter in ihn und bittet ihn, dies zu spezifizieren, so stellt sich irgendwie immer heraus, daß wissenschaftliche Schulung gleichbedeutend ist mit einer größeren Beachtung der exakten Wissenschaften, mit anderen Worten – mehr *Fakten*. Der Gedanke, daß die Wissenschaft eine Weltanschauung bedeutet, und nicht bloß ein Wissensgebäude, stößt in der Praxis auf starken Widerstand. Meiner Ansicht nach ist reiner Brotneid ein Teil des

Grundes hierfür. Denn, wenn die Wissenschaft lediglich eine Methode oder eine Haltung ist, so daß jeder, dessen Gedankengänge genügend rational sind, in irgendeinem Sinne als Wissenschaftler bezeichnet werden kann – was wird dann aus dem ungeheuren Ansehen, das der Chemiker, der Physiker, usw. heute genießen, und aus seinem Anspruch, irgendwie weiser zu sein als der Rest von uns?

Vor hundert Jahren beschrieb Charles Kingsley die Wissenschaft als etwas, das »üble Gerüche in einem Labor verursacht«. Vor ein oder zwei Jahren teilte mir ein junger Industriechemiker selbstgefällig mit, daß er »nicht einsehen könne, was für einen Zweck die Dichtung hätte«. So schwingt denn das Pendel hin und her, doch scheint mir die eine Haltung nicht besser als die andere zu sein. Im Augenblick geht es mit der Wissenschaft aufwärts, und deshalb vernehmen wir – durchaus zu Recht – die Forderung, daß die breite Masse wissenschaftlich ausgebildet werden sollte: wir vernehmen jedoch nicht, wie wir es sollten, die Gegenforderung, daß die Wissenschaftler selbst von etwas Bildung profitieren würden. Gerade bevor ich das schrieb, las ich in einer amerikanischen Zeitschrift, daß eine Reihe britischer und amerikanischer Physiker sich von Anfang an weigerten, Forschungen über die Atombombe anzustellen, weil sie sehr wohl wußten, wie sie verwendet werden würde. Da haben wir eine Gruppe geistig gesunder Menschen inmitten einer Welt von Wahnsinnigen. Und obwohl keine Namen veröffentlicht wurden, kann man meiner Ansicht nach doch ziemlich sicher sein, daß sie alle Menschen mit irgendeiner Art von Allgemeinbildung, einer Kenntnis der Geschichte oder Literatur oder der Geisteswissenschaften waren – kurzum Menschen, deren Interessen nicht im üblichen Sinne des Wortes rein wissenschaftlich waren.

Tribune, 26. Oktober 1945

Wir und die Atombombe

Wenn man bedenkt, mit welcher Wahrscheinlichkeit wir alle innerhalb der nächsten fünf Jahre von ihr in die Luft gesprengt werden, dann hat die Atombombe eigentlich nicht so viele Diskussionen entfacht, wie man es erwartet hätte. Die Zeitungen haben zahlreiche Diagramme, die dem Durchschnittsbürger recht wenig nützen, von Protonen und Neutronen bei ihrem Tagewerk veröffentlicht, und man hat immer wieder die unnütze Behauptung wiederholt, daß die Atombombe »unter internationale Aufsicht gestellt werden sollte«. Aber es ist, zumindest in der Presse, erstaunlich wenig über die Frage gesagt worden, die für uns alle von dringendstem Interesse ist, nämlich: »Wie schwierig ist es, diese Dinge herzustellen?«

Alle Informationen, die wir – das heißt, die breite Öffentlichkeit – über dieses Thema haben, sind auf eine ziemlich indirekte Weise zu uns gelangt, nämlich anläßlich von Präsident Trumans Entschluß, der UdSSR bestimmte Geheimnisse nicht zu übergeben. Vor einigen Monaten, als die Bombe noch lediglich ein Gerücht war, herrschte allgemein die Überzeugung, daß die Atomspaltung nur ein Problem für die Physiker sei und daß, wenn sie es gelöst hätten, sich eine neue und verheerende Waffe in fast jedermanns Reichweite befände. (Jederzeit, so hieß es, könnte irgendein einsamer Wahnsinniger in einem Labor die Zivilisation in Trümmer schlagen, und zwar ebenso mühelos, wie wenn er ein Feuer entzündete.)

Hätte das gestimmt, wäre der ganze Verlauf der Geschichte jäh verändert worden. Die Unterscheidung zwischen großen Staaten und kleinen Staaten wäre ausgelöscht und die Macht des Staates über den einzelnen außerordentlich geschwächt worden. Aus Präsident Trumans Bemerkungen und verschiedenen Kommentaren, die über sie gemacht worden sind, geht jedoch hervor, daß die Atombombe unsinnig teuer ist und daß ihre Herstellung einen riesigen industriellen Aufwand erfordert, wie ihn nur drei oder vier Länder auf der ganzen Welt realisieren können. Dieser Punkt ist von grundsätzlicher Bedeutung, weil das heißen könnte, daß die Entdeckung der Atombombe, so weit davon entfernt, die Geschichte umzukehren, lediglich die Tendenzen verstärken wird, die schon zwölf Jahre lang zu beobachten gewesen sind.

Es ist eine Binsenwahrheit, daß die Geschichte der Zivilisation im wesentlichen die Geschichte von Waffen ist. Namentlich auf den Zusammenhang zwischen der Entdeckung des Schießpulvers und dem Sturz des Feudalismus durch die Bourgeoisie ist immer wieder hingewiesen worden. Und obwohl zweifellos Ausnahmen aufgeführt werden können, glaube ich doch, daß man die folgende Regel allgemein als wahr erachten würde: Zeitalter, in denen die vorherrschende Waffe teuer oder schwierig herzustellen ist, neigen zum Despotismus, während das einfache Volk, wenn die vorherrschende Waffe billig und einfach ist, eine Chance hat. So sind zum Beispiel Panzer, Schlachtschiffe und Bombenflugzeuge dem Wesen nach tyrannische Waffen, während Gewehre, Musketen, Langbogen und Handgranaten dem Wesen nach demokratische Waffen sind. Eine komplizierte Waffe macht die Starken stärker, während eine einfache Waffe – solange es keine Antwort darauf gibt – den Schwachen Klauen gibt.

Das große Zeitalter der Demokratie und der nationalen Selbstbestimmung war das Zeitalter der Muskete und des Gewehres. Nach der Erfindung des Steinschlosses und vor der Erfindung des Zündhütchens war die Muskete eine ziemlich wirksame Waffe, und gleichzeitig so einfach, daß sie fast überall hergestellt werden konnte. Die Kombination ihrer Eigenschaften ermöglichte den Erfolg der Amerikanischen und der Französischen Revolution und machte einen Volksaufstand zu einer ernsteren Angelegenheit, als er es heutzutage sein könnte. Nach der Muskete kam der Hinterlader. Dieser war ein relativ kompliziertes Ding, doch konnte er immer noch in einer großen Anzahl Länder hergestellt werden, und er war billig, einfach zu schmuggeln und sparsam im Munitionsverbrauch. Selbst die rückständigste Nation konnte immer von der einen oder anderen Quelle Gewehre in die Hand bekommen, so daß die Buren, Bulgaren, Abessinier, Marokkaner – sogar die Tibetaner – einen harten Kampf für ihre Unabhängigkeit führen konnten – manchmal mit Erfolg. Aber seither hat jede Entwicklung in der militärischen Technik den Staat gegenüber dem Individuum begünstigt, und den Industriestaat gegenüber dem Entwicklungsland. Es gibt immer weniger Brennpunkte der Macht. Bereits im Jahre 1939 gab es nur fünf Staaten, die imstande waren, in großem Umfang Krieg zu führen, und jetzt gibt es nur noch drei – letzten Endes vielleicht nur zwei. Diese Tendenz ist schon seit Jahren offensichtlich und wurde sogar schon vor 1914 von einigen Beobachtern aufgezeigt. Das einzige, was sie umkehren könnte, ist die Entdeckung einer Waffe – oder, um es etwas allgemeiner auszudrücken, einer Kampfmethode –, die nicht von der riesigen Konzentration von Industrieanlagen abhängig ist.

Verschiedene Anzeichen lassen darauf schließen, daß die Russen den Schlüssel zur Herstellung der Atombombe noch nicht haben; hingegen scheint allgemein die Meinung zu bestehen, daß sie innerhalb weniger Jahre so weit sein werden. Wir haben also in Aussicht, daß zwei oder drei monströse Superstaaten, von denen jeder im Besitz einer Waffe ist, mit der Millionen von Menschen in wenigen Sekunden ausgerottet werden können, die Welt unter sich aufteilen. Man hat etwas vorschnell angenommen, daß dies größere und blutigere Kriege bedeutet, und vielleicht das eigentliche Ende der Maschinen-Zivilisation. Aber gesetzt den Fall – und dies ist wirklich die wahrscheinlichste Entwicklung –, daß die übrigbleibenden Nationen ein stillschweigendes Übereinkommen treffen, die Atombombe nie gegen einander einzusetzen? Gesetzt den Fall, daß sie sie, oder ihre Androhung, nur gegen Leute einsetzen, die außerstande sind zurückzuschlagen? Dann sind wir wieder dort angelangt, wo wir vorher waren, mit dem einzigen Unterschied, daß die Macht in noch weniger Händen konzentriert ist und daß die Aussichten für die unterworfenen Völker und unterdrückten Klassen noch hoffnungsloser sind.

Als James Brunham *The Managerial Revolution* schrieb, schien es vielen Amerikanern wahrscheinlich, daß die Deutschen den Krieg in Europa gewinnen würden, und es lag daher auf der Hand anzunehmen, daß Deutschland, und nicht Rußland die eurasische Landmasse beherrschen würde, während Japan Herr über Ostasien bliebe. Dies war eine Fehlkalkulation, doch berührt es das Hauptargument nicht. Denn Burnhams geographisches Bild von der neuen Welt hat sich als richtig erwiesen. Immer deutlicher wird die Erdoberfläche in drei große Reiche aufgeteilt, von denen jedes selbständig und vom Kontakt zur Außenwelt abgeschnitten ist und jedes unter der einen oder anderen Larve von einer selbstgewählten Oligarchie regiert wird. Das Feilschen um die genauen Grenzen geht weiter und wird einige Jahre andauern, und der dritte der drei Superstaaten – das von China beherrschte Ostasien – ist immer noch eher latent als real vorhanden. Aber die allgemeine Tendenz ist unverkennbar, und jede wissenschaftliche Entdeckung der letzten Jahre hat sie beschleunigt.

Einst hieß es, daß das Flugzeug »Grenzen beseitigt« hätte; im Grunde sind die Grenzen jedoch erst endgültig unpassierbar geworden, seit das Flugzeug zur gefährlichen Waffe geworden ist. Vom Radio erwartete man einst, daß es die internationale Verständigung und Zusammenarbeit fördere; es hat sich als Mittel entpuppt, durch das die eine Nation von der anderen isoliert werden kann. Die Atombombe könnte den Prozeß vollenden, indem sie die ausgebeuteten Klassen und Völker der Macht zur Revolte gänzlich beraubt und gleichzeitig die Besitzer der Bombe auf die gleiche militärische Stufe stellt. Außerstande, einander zu besiegen, werden sie höchstwahrscheinlich fortfahren, die Welt gemeinschaftlich zu regieren, und es läßt sich nur schwer vorstellen, wie das Gleichgewicht gestört werden kann, außer durch langsame und unvorhersehbare demographische Veränderungen.

Vierzig oder fünfzig Jahre lang haben H. G. Wells und andere uns warnend darauf hingewiesen, daß der Mensch in Gefahr ist, sich selbst mit seinen eigenen Waffen zu zerstören, so daß die Ameisen oder irgendeine andere in Herden lebende Spezies übrigbliebe, um an ihre Stelle zu treten. Jeder, der die zerstörten Städte Deutschlands gesehen hat, wird diese Vorstellung zumindest für denkbar halten. Dennoch hat sich die Welt, als Ganzes betrachtet, viele Jahrzehnte lang nicht in Richtung Anarchie, sondern in Richtung der Wiedereinführung der Sklaverei entwickelt. Vielleicht steuern wir nicht auf den allgemeinen Zusammenbruch zu, sondern auf eine Epoche, die ebenso schrecklich stabil ist wie die Sklavenreiche der Antike. James Burnhams Theorie ist zwar viel diskutiert worden, doch haben bis jetzt wenige über ihre ideologischen Konsequenzen nachgedacht – das heißt, über die Art von Weltanschauung, die Art von Überzeugungen, und die Gesellschaftstruktur, die wahrscheinlich in einem Staat vorherrschen würden, der auf einmal *unbesiegbar* und in einem permanenten Zustand des »kalten Krieges« mit seinen Nachbarn wäre.

Wenn sich herausgestellt hätte, daß die Atombombe ebenso billig und leicht herzustellen wäre wie ein Fahrrad oder ein Wecker, dann hätte sie uns sehr wohl in den Barbarismus zurückversetzen können, doch hätte es andererseits das Ende der nationalen Souveränität und des hochzentralisierten Polizeistaates bedeuten können. Wenn sie, wie es der Fall zu sein scheint, ein seltener und kostspieliger Gegenstand ist, der ebenso schwierig herzustellen ist wie ein Schlachtschiff, ist es wahrscheinlicher, daß sie großangelegten Kriegen ein Ende setzen wird, doch um den Preis, auf unabsehbare Zeit einen »Frieden, der keiner ist«, zu verlängern. *Tribune,* 19. Oktober 1945

Allerlei Vorurteile

Die Diskriminierung Farbiger

Vor einigen Tagen schrieb uns ein Westafrikaner, daß ein gewisses Londoner Tanzlokal vor kurzem eine »Rassenschranke« errichtet hatte, vermutlich um die amerikanischen Soldaten zufriedenzustellen, die einen wichtigen Teil seiner Kundschaft bildeten. Telefongespräche mit der Leitung des Tanzlokals brachten uns die folgenden Antworten ein: (a) daß die »Rassenschranke« aufgehoben worden und (b) daß sie überhaupt nie auferlegt worden war; aber man kann sich wohl darauf verlassen, daß der Vorwurf unseres Informanten schon irgendwie fundiert war. Kürzlich haben sich andere ähnliche Vorfälle ereignet. Zum Beispiel brachte letzte Woche ein Fall vor einem Friedensgericht die Tatsache ans Licht, daß einem in diesem Land arbeitenden Neger der Zutritt zu einem Unterhaltungslokal verweigert worden war, als er die Uniform der Bürgerwehr trug. Und es hat viele Fälle von Indern, Negern und anderen gegeben, die von Hotels mit der Begründung »Wir nehmen keine Farbigen« abgewiesen wurden.

Es ist ungeheuer wichtig, auf solche Anzeichen zu achten und um jeden solchen Vorfall möglichst viel Wirbel in der Öffentlichkeit zu machen. Denn dies ist eine jener Angelegenheiten, bei denen ein Wirbel etwas nützt. Es gibt in diesem Land keinerlei Art von gesetzlicher Diskriminierung Farbiger, und was noch wichtiger ist, es bestehen sehr wenige Vorurteile gegen Farbige unter der Bevölkerung. (Dies ist nicht irgendeiner angeborenen Tugend der Briten zuzuschreiben, wie unser Verhalten in Indien beweist. Es ist der Tatsache zuzuschreiben, daß es in Großbritannien selbst kein Rassenproblem gibt.)

Das Problem entsteht immer auf dieselbe Weise. Ein

Hotel, Restaurant oder sonst etwas wird von Leuten frequentiert, die eine Menge Geld zum Ausgeben haben, die sich aber weigern, mit Indern oder Negern zu verkehren. Sie sagen dem Inhaber, daß sie woanders hingehen, wenn er nicht eine Rassenschranke errichtet. Sie mögen zwar eine sehr kleine Minderheit sein, doch ist es schwierig für ihn, gute Kunden zu verlieren; und so führt er die Schranke ein. Etwas Derartiges kann nicht passieren, wenn die öffentliche Meinung auf der Hut ist und jedes Etablissement, in dem Farbige beleidigt werden, in der Öffentlichkeit ungünstig dargestellt wird. Jeder, der einen nachweisbaren Fall von Rassendiskriminierung kennt, sollte ihn entlarven. Andernfalls kann der winzige Prozentsatz von Farbigen-Snobs, den es unter uns gibt, endloses Unheil anrichten und das britische Volk in einen schlechten Ruf geraten, den es als Ganzes gesehen nicht verdient.

In den zwanziger Jahren, als amerikanische Touristen ebenso zur Szenerie von Paris gehörten wie Tabakkioske und Zinn-Pissoirs, begannen sogar in Frankreich die Anfänge einer Rassenschranke sichtbar zu werden. Die Amerikaner gaben Geld wie Wasser aus, und Restaurantsbesitzer und dergleichen konnten es sich nicht leisten, sich über sie hinwegzusetzen. Eines Abends, an einem Tanzabend in einem sehr bekannten Nachtklub, protestierten einige Amerikaner gegen die Anwesenheit eines Negers, der mit einer ägyptischen Frau dort war. Nach einigen schwachen Protestversuchen gab der Inhaber sich geschlagen, und der Neger wurde hinausgeworfen.

Am nächsten Morgen gab es einen schrecklichen Rummel und der Nachtklub-Inhaber wurde vor einen Minister der Regierung geschleppt, und es wurde ihm eine Strafverfolgung angedroht. Es hatte sich herausgestellt, daß der beleidigte Neger der Botschafter von Haiti war. Leute von diesem Stand können sich gewöhnlich Genugtuung verschaffen, doch die meisten von uns haben nicht das Glück, Botschafter zu sein, und der gewöhnliche Inder, Neger oder Chinese kann nur gegen kleinliche Beleidigungen geschützt werden, wenn andere Leute bereit sind, sich für ihn einzusetzen.

»As I Please«, *Tribune*, 11. August 1944

Antisemitismus in Großbritannien

Es gibt ungefähr 400 000 bekannte Juden in Großbritannien und zusätzlich einige tausend oder höchstens hunderttausend jüdische Flüchtlinge, die ab 1934 ins Land gekommen sind. Die jüdische Bevölkerung ist fast gänzlich in einem halben Dutzend großer Städte konzentriert und hauptsächlich in der Nahrungsmittel-, Kleidungs- und Möbelbranche tätig. Einige der großen Monopole, wie die ICI, ein oder zwei führende Zeitungen und mindestens eine große Warenhauskette sind in jüdischem Besitz oder teilweise in jüdischem Besitz, aber es wäre alles andere als wahr, zu sagen, daß das britische Geschäftsleben von Juden beherrscht wird. Die Juden scheinen es im Gegenteil nicht fertiggebracht zu haben, mit der modernen Tendenz zu großen Zusammenschlüssen Schritt zu halten, und auf jene Branchen fixiert geblieben zu sein, die notwendigerweise in kleinem Umfang und mit altmodischen Methoden betrieben werden.

Ich beginne mit diesen Hintergrundinformationen, die jede gut unterrichtete Person bereits kennt, um zu betonen, daß es kein wirkliches jüdisches »Problem« in England gibt. Die Juden sind nicht zahlreich oder mächtig genug, und nur in dem, was vage als »intellektuelle Kreise« bezeichnet wird, haben sie irgendeinen sichtlichen Einfluß. Es wird jedoch allgemein eingeräumt, daß der Antisemitismus am Zunehmen und durch den Krieg außerordentlich verschlimmert worden ist und daß humane und aufgeklärte Leute nicht immun dagegen sind. Er nimmt keine gewalttätigen Formen an (die Engländer sind fast stets sanft und gesetzestreu), doch ist er recht bösartig, und unter ihm günstigen Umständen könnte er politische Auswirkungen haben. Hier sind einige typische Beispiele von antisemitischen Bemerkungen:

Büroangestellter mittleren Alters: »Ich komme gewöhnlich mit dem Bus zur Arbeit. Ich brauche dann zwar länger, doch habe ich heutzutage keine Lust, von Golders Green an die U-Bahn zu benutzen. Zu viele vom Auserwählten Volk fahren mit der Linie.«

Tabakhändlerin: »Nein, ich habe keine Streichhölzer für Sie. Probieren Sie's doch einmal bei der Dame etwas weiter unten in dieser Straße. *Sie* hat immer Streichhölzer. Eine vom Auserwählten Volk, wissen Sie.«

Junger Intellektueller, Kommunist oder fast Kommunist: »Nein, ich mag die Juden *nicht*. Ich habe nie ein Geheimnis daraus gemacht. Ich kann sie nicht ausstehen. Wohlgemerkt, ich bin natürlich kein Antisemit.«

Frau aus der Mittelschicht: »Nun, niemand könnte mich eine Antisemitin nennen, aber ich glaube doch, daß die Art, wie sich diese Juden verhalten, zum Himmel stinkt. Wie sie sich in einer Schlange nach vorne drängeln, und so weiter. Sie sind so gräßlich egoistisch. Ich glaube, sie sind für vieles von dem verantwortlich, was mit ihnen geschieht.«

Milchmann: »Ein Jude, der arbeitet doch einfach nich, nich so wie'n Engländer. Zu schlau. Wir arbeiten mit dem hier (spannt seinen Bizeps). Die arbeiten mit dem da« (tippt sich an die Stirn).

Rechnungsprüfer, intelligent, politisch eher links: »Diese verdammten Itzige sind alle so pro-deutsch. Sie würden morgen zur anderen Seite überwechseln, wenn die Nazis hierherkämen. Ich habe in meinem Beruf viel mit ihnen zu tun. Sie bewundern Hitler im Grunde ihres Herzens. Die kriechen doch jedem in den Arsch, der sie tritt.«

Intelligente Frau, als ihr ein Buch über den Antisemitismus und deutsche Greueltaten angeboten wird: »Zeigen Sie es mir nicht, *bitte* zeigen Sie es mir nicht. Es wird mich die Juden nur noch mehr denn je hassen lassen.«

Ich könnte ganze Seiten mit ähnlichen Bemerkungen füllen, aber diese genügen als Unterlage. Zwei Tatsachen ergeben sich. Die eine – die sehr wichtig ist und auf die ich gleich zurückkommen muß – ist, daß über einem bestimmten intellektuellen Niveau die Leute sich schämen, antisemitisch zu sein, und einen Unterschied zwischen »Antisemitismus« und »Juden nicht leiden können« betonen. Die andere ist, daß der Antisemitismus etwas Irrationales ist. Die Juden werden bestimmter Vergehen beschuldigt (zum Beispiel des schlechten Benehmens in Lebensmittel-Schlangen), über die der Sprechende sich erregt, aber es ist offenkundig, daß diese Beschuldigungen lediglich irgendein tiefverwurzeltes Vorurteil rational verankern. Ihnen mit Fakten und Statistiken zu entgegnen ist nutzlos und kann manchmal schlimmer als nutzlos sein. Wie die letzte der oben zitierten Bemerkungen zeigt, können Leute antisemitisch, oder zumindest antijüdisch bleiben und sich gleichzeitig bewußt sein, wie unhaltbar ihre Auffassung ist. Wenn man jemanden nicht mag, mag man ihn nicht, und damit hat sich's: die Gefühle, die man hat, werden durch eine Aufzählung ihrer Vorzüge nicht besser gemacht.

Zufälligerweise hat der Krieg das Wachsen des Antisemitismus begünstigt und, in den Augen vieler gewöhnlicher Leute, dafür sogar eine gewisse Rechtfertigung geliefert. Erstens einmal sind die Juden ein Volk, von dem mit absoluter Sicherheit gesagt werden kann, daß es von einem Sieg der Alliierten profitiert. Folglich hat die Theorie, daß »dies ein jüdischer Krieg ist«, eine gewisse Plausibilität, um so mehr, als die jüdischen Kriegsanstrengungen selten das ihnen zustehende Maß an Anerkennung bekommen. Das Britische Reich ist ein riesiger heterogener Organismus, der größtenteils durch gegenseitiges Einverständnis zusammengehalten wird, und oft ist es nötig, den weniger zuverlässigen Elementen auf Kosten der loyaleren zu schmeicheln. Die großen Leistungen der jüdischen Soldaten bekanntzumachen, oder gar die Existenz einer bedeutenden jüdischen Armee im Mittleren Osten anzuerkennen, erregt Feindseligkeit in Südafrika, den arabischen Ländern und anderswo: es ist einfacher, das ganze Thema zu ignorieren und den Mann von der Straße weiterhin denken zu lassen, daß sich Juden außergewöhnlich geschickt vor dem Militärdienst drücken. Dazu kommt, daß man sie in genau jenen Berufen findet, die zwangsläufig in Kriegszeiten bei der Zivilbevölkerung in Unbeliebtheit geraten müssen. Die Juden beschäftigen sich hauptsächlich mit dem Verkauf von Lebensmitteln, Kleidern, Möbeln und Tabak – genau jenen Waren, an denen eine chronische Knappheit herrscht, was überhöhte Preise, Schwarzhandel und Günstlingswirtschaft zur Folge hat. Und ebenso bekam der allgemeine Vorwurf, daß Juden sich während der Luftangriffe außergewöhnlich feige verhalten, den Anstrich von Wahrscheinlichkeit durch die großen Luftangriffe von 1940. Wie es sich traf, war das jüdische Viertel Whitechapel eines der ersten Gebiete, das schwer bombardiert wurde, mit der natürlichen Folge, daß sich Scharen von jüdischen Flüchtlingen über ganz London ausbreiteten. Wenn man lediglich nach diesem Kriegszeit-Phänomen urteilte, könnte man sich leicht vorstellen, daß der Antisemitismus eine quasi-rationale Sache ist, die eben auf falschen Voraussetzungen beruht. Und natürlich hält sich der Antisemit für ein vernünftiges Wesen. Jedesmal, wenn ich dieses Thema in einem Zeitungsartikel berührt habe, sind ziemlich viele schlagfertige Antworten eingegangen, und immer kommen einige der Briefe von ausgeglichenen, mittelmäßigen Leuten – Ärzten, zum Beispiel – ohne ersichtlichen wirtschaftlichen Grund zur Klage. Diese Leute sagen immer (wie Hitler in *Mein Kampf* sagt), daß sie anfangs keine Vorurteile gegen die Juden hatten, sondern erst durch reine Beobachtung in diese Haltung getrieben wurden. Doch eines der Merkmale des Antisemitismus ist die Fähigkeit, Geschichten zu glauben, die unmöglich stimmen können. Ein gutes Beispiel hierfür war der seltsame Unfall, der sich 1942 in London ereignete, als eine Menschenmenge, eingeschüchtert durch eine Bombenexplosion in der Nähe, in den Eingang einer U-Bahn-Station floh und etwas mehr als hundert Menschen zu Tode gequetscht wurden. An demselben Tag wurde in ganz London wiederholt, daß »die Juden verantwortlich waren«. Es ist klar, daß man, wenn die Leute so etwas glauben, durch Diskutieren nicht viel weiterkommt. Das einzig nützliche Vorgehen ist, zu entdecken, *warum* sie Unsinnigkeiten über ein bestimmtes Thema schlucken können, während sie sonst recht vernünftig bleiben.

Aber lassen Sie mich nun zu dem früheren Punkt zurückkehren – daß die Leute von der weiten Verbreitung der antisemitischen Gesinnung wissen und nicht gewillt sind, zuzugeben, daß sie sie teilen. Unter gebildeten Leuten gilt der Antisemitismus als unverzeihliche Sünde und als einer ganz anderen Kategorie angehörend als andere Arten von Rassenvorurteilen. Die Leute gehen sehr weit, um zu beweisen, daß sie *nicht* antisemitisch sind. So wurde 1943 ein Bittgottesdienst zugunsten der polnischen Juden in einer Synagoge in St. John's Wood abgehalten. Die Ortsbehörden erklärten, daß sie begierig seien, daran teilzunehmen, und dem Gottesdienst wohnten der Gemeindepräsident in seiner Amtstracht und Kette, Vertreter sämtlicher Kirchen und Sonderkommandos der britischen Luftwaffe, die Bürgerwehr, Krankenschwestern, Pfadfinder, und was es sonst noch gibt, bei. Oberflächlich betrachtet war es ein rührender Beweis der Solidarität mit den leidenden Juden. Aber es war im wesentlichen ein bewußter Versuch, sich anständig zu benehmen, von Leuten, deren subjektive Gefühle in vielen Fällen ganz anders gewesen sein müssen. Jenes Viertel von London ist teilweise jüdisch, der Antisemitismus ist dort weitverbreitet, und soviel ich weiß, hatten einige Männer, die in der Synagoge um mich herum saßen, einen Anstrich davon an sich. In der Tat war der Kommandeur meiner eigenen Bürgerwehrabteilung, der zuvor besonders darauf erpicht gewesen war, daß wir am Bittgottesdienst »eine gute Figur machen« würden, ein ehemaliges Mitglied von Mosleys Faschisten. Solange diese Spaltung der Gefühle existiert, ist die Duldung von Massengewalt gegen Juden oder, was wichtiger ist, antisemitische Gesetzgebung in England nicht möglich. Es ist gegenwärtig tatsächlich nicht möglich, daß der Antisemitismus *schicklich wird.* Aber dies ist kein so großer Vorteil, wie es scheinen mag.

Eine Folge der Verfolgungen in Deutschland war, daß eine ernsthafte Untersuchung des Antisemitismus verhindert wurde. In England wurde vor ein oder zwei Jahren eine kurze unzulängliche Umfrage von der Meinungsforschung durchgeführt, aber wenn es irgendeine andere Erforschung des Themas gegeben hat, dann sind ihre Erkenntnisse streng geheim gehalten worden. Gleichzeitig ist von allen nachdenklichen Leuten alles, was jüdische Gefühle verletzen könnte, bewußt unterdrückt worden. Nach 1934 verschwand der »Judenwitz« wie durch ein Wunder von Postkarten, Zeitschriften und der Varieté-Bühne, und eine unsympathische jüdische Gestalt in einen Roman einzubringen, galt als Antisemitismus. Auch bei der Palästina-Frage war es *de rigueur* unter aufgeklärten Leuten, den jüdischen Standpunkt als »erwiesen« zu akzeptieren und es zu vermeiden, die Forderungen der Araber zu prüfen – ein Entschluß, der an und für sich betrachtet richtig sein mag, der jedoch vor allem getroffen wurde, weil die Juden in Nöten waren und man das Gefühl hatte, daß man sie nicht kritisieren dürfe. Somit hatte man dank Hitler eine Situation, in der die Presse in Wirklichkeit zugunsten der Juden zensiert wurde, während der private Antisemitismus im Ansteigen begriffen war, sogar, bis zu einem gewissen Grad, unter empfindsamen und intelligenten Leuten. Dies war besonders auffällig im Jahre 1940 zur Zeit der Internierung der Flüchtlinge. Natürlich hatte jede denkende Person das Gefühl, daß es ihre Pflicht sei, gegen die Masseneinsperrung unglücklicher Ausländer, die zum größten Teil nur in England waren, weil sie Gegner von Hitler waren, zu protestieren. Privat hörte man die Leute jedoch ganz andere Gefühle äußern. Eine Minderheit der Flüchtlinge benahm sich auf eine äußerst taktlose Art, und die Einstellung ihnen gegenüber hatte notgedrungenermaßen eine antisemitische Unterströmung. Eine sehr berühmte Persönlichkeit von der Labour Partei – ich werde sie nicht nennen, aber sie ist einer der geachtetsten Menschen in England – sagte mir mit ziemlicher Heftigkeit: »Wir haben diese Leute nie gebeten, in dieses Land zu kommen. Wenn sie sich entschließen, hierher zu kommen, dann laßt sie die Konsequenzen tragen.« Und doch wäre es für diesen Mann eine Selbstverständlichkeit gewesen, sich jeder Art von Petition oder Manifest gegen die Internierung der Fremden anzuschließen. Dieses Gefühl, daß Antisemitismus etwas Sündhaftes und Schändliches ist, etwas, an dem eine zivilisierte Person nicht leidet, ist nachteilig für eine wissenschaftliche Behandlung des Themas, und tatsächlich werden viele Leute zugeben, daß sie Angst haben, zu tief darein einzudringen. Das heißt, sie haben Angst zu entdecken, nicht nur, daß sich der Antisemitismus ausbreitet, sondern auch, daß sie selbst davon befallen sind.

Um dies in der richtigen Perspektive zu sehen, muß man einige Jahrzehnte zurückschauen, zu den Tagen, da Hitler ein arbeitsloser Anstreicher war, von dem niemand je gehört hatte. Man würde dann wohl feststellen, daß der Antisemitismus, obwohl er heute genügend deutlich in Erscheinung tritt, wahrscheinlich in England weniger weit verbreitet ist als noch vor dreißig Jahren. Es stimmt, daß der Antisemitismus als voll durchdachte rassische oder religiöse Doktrin nie in England floriert hat. Die Leute haben nie sehr viel gegen Mischehen oder dagegen gehabt, daß Juden eine führende Rolle im öffentlichen Leben spielen. Dennoch wurde es vor dreißig Jahren mehr oder weniger als Naturgesetz akzeptiert, daß ein Jude eine komische Figur sei und es ihm – obwohl an Intelligenz überlegen – etwas an »Charakter« ermangele. Theoretisch litt der Jude unter keinerlei rechtlicher Diskriminierung, aber praktisch war er von bestimmten Berufen ausgeschlossen. Er wäre zum Beispiel wahrscheinlich weder als Offizier in der Marine angenommen worden noch in einem sogenannten »schicken« Regiment in der Armee. Einem jüdischen Jungen erging es an einer Public School fast immer schlecht. Er konnte natürlich sein Jüdischsein vergessen lassen, wenn er besonders charmant oder sportlich war, aber es war erst mal eine Unzulänglichkeit, einem Stottern oder einem Muttermal vergleichbar. Wohlhabende Juden neigten dazu, sich unter aristokratischen englischen oder schottischen Namen zu tarnen, und der Durchschnittsperson erschien dies ganz natürlich, so wie es einem bei einem Verbrecher natürlich erscheint, daß er, wenn möglich, seine Identität ändert. Ungefähr vor zwanzig Jahren, in Rangoon, war ich gerade dabei, mit einem Freund in ein Taxi einzusteigen, als ein kleiner zerlumpter Junge mit heller Gesichtsfarbe auf uns losstürzte und eine komplizierte Geschichte begann, wie er auf einem Schiff von Colombo gekommen sei und Geld wolle, um zurückzugelangen. Sein Auftreten und Aussehen waren schwer »unterzubringen«, und ich sagte zu ihm:

»Du sprichst sehr gut Englisch. Was für eine Nationalität hast du?«

Er antwortete eifrig mit seiner gezierten Aussprache: »Ich bin ein Juude, Sir!«

Und ich erinnere mich, daß ich mich meinem Begleiter zuwandte und, nur halb im Scherz, sagte: »Er gibt es offen zu.« Alle Juden, die ich bis dahin gekannt hatte, waren Leute, die sich schämten, Juden zu sein, oder es zumindest vorzogen, nicht über ihre Abstammung zu sprechen, und, wenn sie doch dazu gezwungen waren, dazu neigten, das Wort »Hebräer« zu verwenden.

Die Haltung der Arbeiterklasse war kein bißchen besser. Der Jude, der in Whitechapel aufwuchs, hielt es für selbstverständlich, daß er überfallen oder wenigstens verhöhnt wurde, wenn er sich in eines der christlichen Slums in der Nähe wagte, und der »Judenwitz« der Variétés und der Witzblätter war fast durchweg bösartig.[1] Es gab auch eine literarische

---

[1] Es ist interessant, den »Judenwitz« mit jener anderen altbewährten Sache des Variétés, dem »Schottenwitz« zu vergleichen, mit dem er oberflächlich gesehen eine Ähnlichkeit hat. Gelegentlich wird eine Geschichte erzählt (z. B. der Jude und der Schotte, die zusammen in eine Kneipe gingen und beide an Durst starben), die beide Rassen auf die gleiche Stufe stellt, doch im allgemeinen wird dem Juden *nur* Verschlagenheit und Habsucht zugeschrieben, dem Schotten aber auch körperliche Zähigkeit. Dies sieht man

Judenhetze, die bei Belloc, Chesterton und ihren Anhängern ein fast kontinentales Maß an Possenhaftigkeit erreichte. Nichtkatholische Schriftsteller machten sich manchmal der gleichen Sache in einer schwächeren Form schuldig. Von Chaucer an hat die englische Literatur einen merklichen antisemitischen Einschlag gehabt, und ohne von diesem Tisch aufzustehen, um in einem Buch nachzuschlagen, kann ich mich an Stellen erinnern, die, *wenn sie heute geschrieben wären,* als Antisemitismus abgestempelt würden, und zwar in den Werken von Shakespeare, Smollett, Thackeray, Bernard Shaw, H. G. Wells, T. S. Eliot, Aldous Huxley und verschiedenen anderen. Aus dem Stegreif fallen mir als einzige englische Schriftsteller, die sich vor der Zeit Hitlers eindeutig für die Juden einsetzten, Dickens und Charles Reade ein. Und wie wenig der durchschnittliche Intellektuelle auch mit den Meinungen Bellocs und Chestertons einverstanden gewesen sein mag, hat er sie doch nie scharf verurteilt. Chestertons endlose Tiraden gegen die Juden, die er in Geschichten und Essays unter dem fadenscheinigsten Vorwand einflocht, brachten ihn nie in Schwierigkeiten – Chesterton war sogar eine der allgemein am meisten geachteten Persönlichkeiten im literarischen Leben Englands. Jeder, der *heute* in diesem Stil schriebe, würde einen Hagel von Schimpfwörtern entfesseln oder fände es wahrscheinlich unmöglich, seine Werke herauszubringen.

Wenn also, was meiner Ansicht nach der Fall ist, die Voreingenommenheit gegen Juden in England immer schon ziemlich weitverbreitet gewesen ist, so gibt es keinen Grund zu glauben, daß Hitler sie wirklich verringert hätte. Er hat lediglich eine scharfe Spaltung verursacht zwischen der politisch bewußten Person, die realisiert, daß dies nicht der

---

zum Beispiel in der Geschichte von dem Juden und dem Schotten, die zusammen in eine Versammlung gehen, die als kostenlos angepriesen wurde. Unvorhergesehenerweise gibt es eine Kollekte, und um diese zu vermeiden, fällt der Jude in Ohnmacht und der Schotte trägt ihn hinaus. Hier vollbringt der Schotte die athletische Leistung. Es käme einem irgendwie falsch vor, wenn es sich umgekehrt verhielte.

Augenblick ist, einen Stein auf die Juden zu werfen, und der unbewußten Person, deren angeborener Antisemitismus durch die nervliche Belastung des Krieges verstärkt wird. Man kann daher annehmen, daß viele Leute, die eher sterben als antisemitische Gefühle zulassen würden, insgeheim dafür anfällig sind. Ich habe bereits angedeutet, daß ich den Antisemitismus im wesentlichen für eine Neurose halte, aber natürlich hat er seine rationalen Erklärungen, die aufrichtig geglaubt werden und teilweise zutreffen. Die vom Normalbürger vorgebrachte rationale Erklärung ist, daß der Jude ein Ausbeuter ist. Die partielle Rechtfertigung hierfür ist, daß der Jude in England im allgemeinen ein kleiner Geschäftsmann ist – das heißt, eine Person, deren Raubzüge offensichtlicher und verständlicher sind als diejenigen etwa einer Bank oder einer Versicherungsgesellschaft. Weiter oben auf der intellektuellen Skala wird der Antisemitismus rational erklärt, indem man behauptet, daß der Jude Unzufriedenheit verbreitet und die Moral der Nation schwächt. Wiederum gibt es hierfür eine gewisse oberflächliche Rechtfertigung. Während der letzten fünfundzwanzig Jahre sind die Tätigkeiten der sogenannten »Intellektuellen« größtenteils schädlich gewesen. Ich glaube nicht, daß die Behauptung übertrieben ist, wenn die »Intellektuellen« ihre Arbeit ein bißchen gründlicher getan hätten, hätte Großbritannien 1940 kapituliert. Aber zur unzufriedenen Intelligenz gehörte zwangsläufig eine große Anzahl Juden. Mit einiger Glaubwürdigkeit kann gesagt werden, daß die Juden die Feinde unserer einheimischen Kultur und der Moral unserer Nation sind. Sorgfältig geprüft, entpuppt sich diese Behauptung als Unsinn, aber es gibt immer ein paar prominente Individuen, die man zur Unterstützung zitieren kann. Während der letzten paar Jahre hat praktisch so etwas wie ein Gegenangriff gegen die ziemlich seichte Linksorientierung stattgefunden, die im vorangegangenen Jahrzehnt in Mode war und die durch Organisationen wie den »Left Book Club« vertreten wurde. Dieser Gegenangriff (siehe zum Beispiel Bücher wie Arnold Lunns *The Good*

Gorilla oder Evelyn Waughs *Put Out More Flags*) hat einen antisemitischen Einschlag, und er wäre wahrscheinlich ausgeprägter, wenn das Thema nicht so offensichtlich gefährlich wäre. Zufälligerweise hat Großbritannien seit einigen Jahrzehnten keine nationalistische Intelligenz gehabt, um die es sich zu kümmern lohnt. Aber der britische Nationalismus, d.h. ein Nationalismus von der intellektuellen Sorte, kann wiederaufleben und wird wahrscheinlich wiederaufleben, falls Großbritannien aus dem gegenwärtigen Krieg stark geschwächt hervorgeht. Die jungen Intellektuellen von 1950 sind unter Umständen ebenso naiv patriotisch wie jene von 1914. In diesem Falle könnte die Art von Antisemitismus, die unter den Anti-Dreyfußlern in Frankreich gedieh und die Chesterton und Belloc in dieses Land einzuführen versuchten, festen Fuß fassen.

Ich habe keine unumstößliche Theorie über die Anfänge des Antisemitismus. Die zwei üblichen Erklärungen, nämlich einerseits daß er auf wirtschaftliche Ursachen zurückzuführen ist, oder andererseits daß er ein Vermächtnis vom Mittelalter ist, erscheinen unbefriedigend, obwohl ich gestehe, daß sich mit ihrer Verbindung die Tatsachen decken ließen. Alles, was ich mit fester Überzeugung sagen würde, ist, daß der Antisemitismus zum größeren Problem des Nationalismus gehört, das noch nicht ernsthaft untersucht worden ist, und daß der Jude offensichtlich als Sündenbock herhalten muß, obwohl wir noch nicht wissen, *wofür*. In diesem Essay habe ich mich fast gänzlich auf meine eigene beschränkte Erfahrung verlassen, und vielleicht würde jede meiner Schlußfolgerungen von anderen Beobachtern widerlegt werden. Tatsache ist, daß es fast keine Daten über dieses Thema gibt. Aber ich möchte, so gut es geht, meine Ansichten zusammenfassen. Kurz gesagt, laufen sie auf das Folgende hinaus:

Es gibt in England nicht mehr Antisemitismus, als wir anzuerkennen Lust haben, und der Krieg hat ihn zwar akzentuiert, doch ist nicht sicher, daß er am Zunehmen ist, wenn man mit Jahrzehnten und nicht mit Jahren mißt.

Er führt gegenwärtig nicht zu offener Verfolgung, doch macht er die Leute gegenüber den Leiden der Juden in anderen Ländern gleichgültig.

Er ist im Grunde völlig irrational und weicht keinem Argument.

Die Verfolgungen in Deutschland haben bewirkt, daß die antisemitische Gesinnung stark verborgen und somit das ganze Bild getrübt wird.

Das Thema bedarf einer ernsthaften Untersuchung.

Nur der letzte Punkt ist es wert, entwickelt zu werden. Um irgendein Thema wissenschaftlich zu untersuchen, braucht man eine unvoreingenommene Einstellung, was offensichtlich schwieriger ist, wenn die eigenen Interessen oder Empfindungen beteiligt sind. Eine Menge Leute, die durchaus imstande sind, in bezug etwa auf Seeigel oder die Quadratwurzel von 2 objektiv zu sein, werden schizophren, wenn sie an die Quellen ihres eigenen Einkommens denken müssen. Was beinahe alles ungültig macht, was über den Antisemitismus geschrieben wird, ist die Annahme im Geiste des Schriftstellers, daß *er selbst* immun dagegen sei. »Da ich weiß, daß der Antisemitismus irrational ist«, schließt er, »ergibt sich daraus, daß ich ihn nicht teile.« Er unterläßt es also, seine Untersuchung an dem einen Ort zu beginnen, wo er zuverlässige Anhaltspunkte in die Hand bekommen könnte – in seinem eigenen Kopf.

Es scheint mir eine sichere Annahme, daß man die Erkrankung, vage als Nationalismus bezeichnet, heute fast überall antrifft. Der Antisemitismus ist nur eine Manifestation des Nationalismus, und nicht jeder wird an der Erkrankung in jener speziellen Form leiden. Ein Jude zum Beispiel wäre nicht antisemitisch: hingegen scheinen mir viele zionistische Juden lediglich umgekehrte Antisemiten zu sein, so wie viele Inder und Neger die normalen Rassenvorurteile in einer umgekehrten Form an den Tag legen. Der springende Punkt ist, daß der modernen Zivilisation etwas, irgendein psychologisches Vitamin, fehlt, und folglich unterliegen wir alle mehr oder weniger diesem Irrsinn, zu glauben, daß ganze Rassen oder Nationen auf mysteriöse Weise gut oder auf mysteriöse Weise schlecht sind. Ich möchte den modernen Intellektuellen sehen, der genau und ehrlich seine Seele erforscht, ohne auf nationalistische Treue- und Haßgefühle zu stoßen. Es ist die Tatsache, daß er die emotionale Zugkraft solcher Dinge spüren und sie dennoch nüchtern als das sehen kann, was sie sind, die ihm den Status eines Intellektuellen verleiht. Man wird daher einsehen, daß der Ausgangspunkt für jede Erforschung des Antisemitismus nicht sein sollte: »Warum spricht dieser offensichtlich irrationale Glaube andere Leute an?«, sondern »Warum spricht der Antisemitismus *mich* an? Was ist es an ihm, das ich als wahr empfinde?« Wenn man diese Frage stellt, entdeckt man zumindest seine eigenen Rationalisierungen, und es kann dann möglich sein, herauszufinden, was unter ihnen liegt. Der Antisemitismus sollte erforscht werden – und ich meine damit nicht von Antisemiten, sondern auf jeden Fall von Leuten, die wissen, daß sie nicht immun gegen ein solches Gefühl sind. Sobald Hitler verschwunden ist, wird eine wirkliche Erforschung dieses Themas möglich sein, und es wäre wahrscheinlich am besten, nicht damit zu beginnen, den Antisemitismus zu entlarven, sondern alle Rechtfertigungen, die man für ihn finden kann, in seiner eigenen Seele oder in einer anderen zusammenzustellen. Auf diese Weise könnte man vielleicht einige Anhaltspunkte gewinnen, die zu seinen psychologischen Wurzeln führen würden. Aber daß der Antisemitismus endgültig *geheilt* werden wird, ohne daß die größere Erkrankung des Nationalismus geheilt würde, glaube ich nicht.

Contemporary Jewish Record, April 1945

Betrachtungen zur Judenfrage
von Jean-Paul Sartre

Der Antisemitismus ist offensichtlich ein Thema, das einer ernsthaften Untersuchung bedarf, doch scheint es unwahrscheinlich, daß er diese in nächster Zukunft erhalten wird. Der Haken ist, daß, solange der Antisemitismus einfach als schändliche Verirrung, ja fast als Verbrechen betrachtet wird, jeder, der gebildet genug ist, um das Wort schon einmal gehört zu haben, natürlich behaupten wird, immun gegen ihn zu sein; mit dem Ergebnis, daß Bücher über den Antisemitismus meistens reine Übungen darin sind, den Splitter aus dem Auge der anderen zu entfernen. Sartres Buch ist keine Ausnahme, und es ist wahrscheinlich nicht besser, weil es 1944 geschrieben wurde, in jener unsicheren, selbstrechtfertigenden, Quisling-jagenden Zeit, die auf die Befreiung folgte.

Am Anfang teilt uns Sartre mit, daß der Antisemitismus keine rationale Basis hat: am Schluß, daß er in einer klassenlosen Gesellschaft nicht existieren wird, und daß er in der Zwischenzeit vielleicht bis zu einem gewissen Grad durch Erziehung und Propaganda bekämpft werden kann. Diese Schlüsse wären es kaum wert, um ihrer selbst willen erwähnt zu werden, und zwischen ihnen gibt es kaum eine echte Erörterung und keine erwähnenswerten Tatsachenbeweise.

Wir werden feierlich davon unterrichtet, daß der Antisemitismus bei der Arbeiterklasse fast unbekannt ist. Er ist eine Krankheit der Bourgeoisie und, vor allem, des Sündenbocks, dem wir alle unsere Sünden auferlegen, des »Kleinbürgers«. Innerhalb der Bourgeoisie findet man ihn selten unter Wissenschaftlern und Ingenieuren. Er ist eine Eigenheit von Leuten, die unter Nationalität die ererbte Kultur und unter Eigentum Land verstehen.

Warum diese Leute ausgerechnet die Juden auswählen und nicht irgendein anderes Opfer, erörtert Sartre nicht, außer an einer Stelle, indem er die alte und sehr fragwürdige Theorie zur Debatte stellt, daß die Juden gehaßt werden, weil sie für die Kreuzigung verantwortlich gewesen sein sollen. Er unternimmt keinen Versuch, den Antisemitismus mit solch offensichtlich verwandten Phänomenen wie zum Beispiel Rassenvorurteilen in Zusammenhang zu bringen.

Ein Teil von dem, was an Sartres Betrachtungsweise nicht stimmt, läßt sich am Titel erkennen. »Der«[1] Antisemit, so scheint er das ganze Buch hindurch zu implizieren, ist immer die gleiche Art von Person, auf den ersten Blick erkennbar und, sozusagen, die ganze Zeit im Einsatz. Im Grunde muß man nur ein bißchen die Beobachtungsgabe gebrauchen, um zu sehen, daß der Antisemitismus außerordentlich weit verbreitet, nicht auf eine Klasse beschränkt, und, vor allem, in allen außer den schlimmsten Fällen intermittierend ist.

Aber diese Tatsachen wären mit Sartres atomisierter Vision der Gesellschaft nicht in Einklang zu bringen. So etwas wie ein menschliches Wesen gibt es nicht, behauptet er fast; es gibt nur verschiedene Kategorien von Menschen wie »den« Arbeiter und »den« Bourgeois, die alle ziemlich in der gleichen Art klassifizierbar sind wie Insekten. Ein anderes dieser insektenartigen Wesen ist »der« Jude, der, so scheint es, gewöhnlich an seinem körperlichen Aussehen erkannt werden kann. Es stimmt, daß es zwei Arten von Juden gibt, den »authentischen Juden«, der jüdisch bleiben will, und den »unauthentischen Juden«, der gern assimiliert wäre, aber ein Jude, ganz gleich welcher Art, ist nicht bloß ein weiteres menschliches Wesen. Er hat Unrecht, im jetzigen Stadium der Geschichte, wenn er versucht, sich zu assimilieren, und wir haben Unrecht, wenn wir versuchen, seine rassische Abstam-

---

[1] Orwell bezieht sich hier auf den englischen Titel *Portrait of the Antisemite,* während der französische Titel lautet: *Reflexions sur la question juive.*

mung zu ignorieren. Er sollte in die nationale Gemeinschaft aufgenommen werden, und zwar nicht als gewöhnlicher Engländer, Franzose, oder was auch immer, sondern als Jude.

Man wird erkennen, daß dieser Standpunkt selbst gefährlich nahe beim Antisemitismus liegt. Rassenvorurteile jeder Art sind eine Neurose, und es ist zweifelhaft, ob eine Erörterung sie entweder verstärken oder abschwächen kann, doch der Nutzeffekt von Büchern dieser Art, falls sie überhaupt eine Wirkung haben, ist wahrscheinlich der, den Antisemitismus etwas stärker zu verbreiten als vorher. Der erste Schritt in Richtung einer ernsthaften Untersuchung des Antisemitismus ist aufzuhören, ihn als Verbrechen zu betrachten. Unterdessen gilt, je weniger man von »dem« Juden oder »dem« Antisemiten, als Tierart, die anders ist als wir selbst, spricht, desto besser.

Observer, 7. November 1948

Die Veränderbarkeit der menschlichen Natur

Ein Argument, auf das man gefaßt sein sollte, da es sowohl von christlichen Apologeten als auch von Neopessimisten ständig vorgebracht wird, ist die angebliche Unveränderbarkeit der »menschlichen Natur«. Die Sozialisten werden – meiner Ansicht nach zu Unrecht – der Annahme bezichtigt, daß der Mensch vervollkommnungsfähig ist, und dann wird die Geschichte der Menschheit als eine in Wirklichkeit lange Geschichte der Habgier, des Raubes und der Unterdrückung dargelegt. Der Mensch, so heißt es, wird immer versuchen, seinen Mitmenschen zu übervorteilen, er wird immer so viel Vermögen wie möglich für sich und seine Familie erraffen. Der Mensch ist von Natur aus sündhaft und kann nicht durch Gesetzerlasse tugendhaft gemacht werden. Somit ist die klassenlose Gesellschaft, obwohl die wirtschaftliche Ausbeutung bis zu einem gewissen Grad bekämpft werden kann, für immer ausgeschlossen.

Die richtige Antwort hierauf, scheint mir, ist, daß dieses Argument der Steinzeit angehört. Es setzt voraus, daß materielle Güter immer hoffnungslos knapp sein werden. Der Machthunger der Menschen stellt in der Tat ein ernstes Problem dar, aber es besteht kein Grund, zu glauben, daß die Gier nach mehr Reichtum ein permanentes menschliches Merkmal ist. Wir sind wirtschaftlich egoistisch, weil wir alle in Schrecken vor der Armut leben. Aber wenn eine Ware nicht knapp ist, versucht niemand, sich mehr anzueignen, als ihm zusteht. Niemand versucht zum Beispiel, die Luft aufzukaufen. Der Millionär wie auch der Bettler begnügen sich mit genau soviel Luft, wie sie einatmen können. Dasselbe mit Wasser. In diesem Land sind wir nicht von Wassermangel geplagt. Wenn überhaupt, so haben wir zuviel davon, besonders an Bankfeiertagen. Die Folge davon ist, daß das Wasser kaum in unser Bewußtsein dringt. Aber was für Eifersüchteleien, was für Haßgefühle, was für entsetzliche Verbrechen doch der Mangel an Wasser in verdorrten Ländern wie Nordafrika verursachen kann! Dasselbe gilt auch für jede andere Art von Gütern. Wenn man es so einrichten könnte, daß es sie im Überfluß gäbe, was man sehr leicht tun könnte, besteht kein Grund zur Annahme, daß die angeblichen habgierigen Instinkte der Menschen nicht in ein paar Generationen wegerzogen werden könnten. Und wenn sich schließlich die menschliche Natur nie ändert, wie kommt es dann, daß wir nicht nur keinen Kannibalismus mehr betreiben, sondern es nicht einmal wollen?

»As I Please«, *Tribune*, 21. Juli 1944

»Nichts Neues unter der Sonne«

Beim Durchlesen von Chestertons Einführung zu *Hard Times* in der Everyman-Ausgabe (übrigens, Chestertons Einführungen zu Dickens sind so ziemlich das Beste, was er je geschrieben hat) bemerke ich die typisch verallgemeinernde Behauptung: »Es gibt keine neuen Ideen.« Chesterton behauptet hier, daß die Ideen, die die Französische Revolution inspirierten, nicht neu waren, sondern bloß eine Wiederbelebung der Doktrinen, die früher gediehen und danach aufgegeben worden waren. Aber die Behauptung, daß es »nichts Neues unter der Sonne gibt«, ist eines der abgedroschenen Argumente intelligenter Reaktionäre. Insbesondere katholische Apologeten verwenden es beinahe automatisch. Alles, was man sagen oder denken kann, ist schon einmal gesagt oder gedacht worden. Man kann von jeder politischen Theorie, vom Liberalismus bis zum Trotzkismus, nachweisen, daß sie eine Entwicklung irgendeiner Häresie aus der Zeit der frühen Kirche ist. Jedes philosophische System stammt letzten Endes von den Griechen. Jede wissenschaftliche Theorie (wenn wir der katholischen Volkspresse glauben sollen) wurde von Roger Bacon und anderen im dreizehnten Jahrhundert vorweggenommen. Manche indische Denker gehen sogar einen Schritt weiter und behaupten, daß nicht nur die wissenschaftlichen Theorien, sondern auch die Produkte der angewandten Wissenschaft, Flugzeuge, Radio und die ganze Trickkiste den alten Hindus bekannt waren, die sie nachher fallen ließen, weil sie sie als ihrer Aufmerksamkeit unwürdig erachteten.

Es ist nicht sehr schwierig, zu erkennen, daß dieser Gedanke in der Angst vor dem Fortschritt wurzelt. Wenn es nichts Neues unter der Sonne gibt, wenn die Vergangenheit in der einen oder anderen Form immer wiederkehrt, dann wird die Zukunft, wenn sie kommt, etwas Vertrautes sein. Zumindest wird – da es bis jetzt nie gekommen ist – jenes gehaßte, gefürchtete Ding nie kommen – eine Welt freier und gleicher menschlicher Wesen. Besonders tröstlich für reaktionäre Denker ist die Vorstellung eines zyklischen Universums, in dem dieselbe Kette von Ereignissen sich immer wieder und wieder abspult. In einem solchen Universum bedeutet jeder scheinbare Schritt in Richtung Demokratie lediglich, daß das künftige Zeitalter der Tyrannei und des Privilegs ein wenig näher ist. Dieser Glaube, so abergläubisch er auch offensichtlich sein mag, ist heutzutage weitverbreitet und unter Faschisten und ihnen nahestehenden Personen gang und gäbe.

Tatsächlich *gibt* es neue Ideen. Daß eine fortgeschrittene Zivilisation nicht auf der Sklaverei beruhen muß, ist eine relativ neue Idee, zum Beispiel: sie ist ein gutes Stück jünger als die christliche Religion. Aber selbst wenn Chestertons Diktum wahr wäre, wäre es nur insofern wahr, als in jedem Steinblock eine Statue enthalten ist. Die Ideen mögen sich zwar nicht ändern, doch der Schwerpunkt verschiebt sich ständig. Es könnte zum Beispiel behauptet werden, daß der wichtigste Teil von Marx' Theorie in dem Spruch enthalten ist »Denn wo euer Schatz ist, da wird auch euer Herz sein«. Aber was hatte dieser Spruch für eine Macht, bevor Marx ihn weiterentwickelte? Wer hatte ihn beachtet? Wer hatte daraus abgeleitet – was es sicherlich impliziert –, daß Gesetze, Religionen und Moralkodizes ein Überbau sind, den man über bestehende Eigentumsverhältnisse errichtet hat? Es war Christus, der, dem Evangelium zufolge, diesen Bibeltext äußerte, aber es war Marx, der ihn zum Leben erweckte. Und seit er es getan hat, sind die Motive der Politiker, Priester, Richter, Moralisten und Millionäre unter tiefstem Verdacht gestanden – was natürlich der Grund dafür ist, weshalb sie ihn so sehr hassen.

Tribune, 25. Februar 1944

Mein Kampf
von Adolf Hitler

Daß Hurst und Blacketts ungekürzte Ausgabe von *Mein Kampf,* die erst vor einem Jahr veröffentlicht wurde, von einem pro-Hitler'schen Standpunkt herausgegeben wird, ist ein Zeichen der Geschwindigkeit, mit welcher die Ereignisse aufeinanderfolgen. Das Vorwort und die Anmerkungen des Übersetzers dienen offensichtlich dem Zweck, die Grausamkeit des Buches zu mildern und Hitler in einem möglichst günstigen Licht erscheinen zu lassen. Denn zu jenem Zeitpunkt war Hitler noch ehrbar. Er hatte die deutsche Arbeiterbewegung niedergeworfen, und dafür waren die besitzenden Klassen bereit, ihm fast alles zu verzeihen. Sowohl die Linke wie die Rechte stimmten in der sehr seichten Vorstellung überein, der Nationalsozialismus sei lediglich eine Version des Konservativismus.

Dann stellte sich plötzlich heraus, daß Hitler im Grunde doch nicht ehrbar war. Eine Folge davon war, daß die Ausgabe von Hurst und Blackett in einem anderen Umschlag neu herausgegeben wurde mit der Erklärung, daß sämtliche Gewinne dem Roten Kreuz gespendet werden. Dennoch ist es, nur schon auf Grund des Inhaltes von *Mein Kampf,* schwierig, zu glauben, daß in Hitlers Zielen und Ansichten irgendein wirklicher Wandel stattgefunden hat. Wenn man die Äußerungen, die er vor ungefähr einem Jahr getan hat, mit jenen von fünfzehn Jahren vorher vergleicht, fällt die Starrheit seines Geistes auf, die Art, wie seine Weltanschauung sich *nicht* entwickelt. Sie ist die fixe Vision eines Monomanen und wird kaum von den zeitgenössischen Manövern der Machtpolitik stark beeinflußt werden. Wahrscheinlich stellt der deutsch-sowjetische Pakt in Hitlers eigener Vorstellung nichts weiter als eine Änderung des Zeitplans dar. Der in *Mein Kampf* niedergelegte Plan war, zuerst Rußland zu vernichten, mit der Absicht, nachher England zu vernichten. Nun hat sich aber herausgestellt, daß England zuerst erledigt werden muß, weil Rußland das Bestechlichere der beiden war. Aber Rußland wird an die Reihe kommen, sobald England nicht mehr aktuell ist – so, zweifellos, sieht es Hitler. Ob es so herauskommen wird oder nicht, ist natürlich eine andere Frage.

Nehmen wir einmal an, daß Hitlers Programm verwirklicht werden könnte. Was er sich vorstellt, ist, daß in hundert Jahren der ganze Raum zwischen Europa und Afghanistan oder dort irgendwo zu einem einzigen Staat von 250 Millionen Deutschen mit viel »Wohn-Raum« wird, ein schreckliches hirnloses Reich, in dem im wesentlichen nichts je passiert außer der Ausbildung von jungen Männern für den Krieg und der endlosen Zucht von frischem Kanonenfutter. Wie war es möglich, daß er mit dieser monströsen Vision Erfolg haben konnte? Es ist einfach, zu behaupten, daß er an einem bestimmten Punkt seiner Karriere von den Schwerindustriellen finanziert wurde, die in ihm den Mann sahen, der die Sozialisten und Kommunisten vernichten würde. Sie hätten ihn jedoch nicht unterstützt, wenn er nicht mit seinen Reden bereits eine Bewegung ins Leben gerufen hätte. Indessen war die Situation in Deutschland, mit seinen sieben Millionen Arbeitslosen, ganz offensichtlich günstig für Demagogen. Aber Hitler hätte sich nicht gegen seine vielen Rivalen durchsetzen können, wenn seine Persönlichkeit nicht jene Anziehungskraft gehabt hätte, die man sogar in dem unbeholfenen Stil von *Mein Kampf* spüren kann und die ohne Zweifel überwältigend ist, wenn man seine Reden hört. Ich möchte schriftlich festhalten, daß ich nie imstande gewesen bin, gegen Hitler eine Abneigung zu empfinden. Seit er an die Macht kam – bis dahin war ich, wie fast jedermann, zum Glauben verleitet worden, daß er nicht zählte –, habe ich mir überlegt, daß ich ihn sicherlich töten würde, wenn ich in seine Reichweite kommen könnte, daß ich aber keinen persönlichen Groll gegen ihn hegen könnte. Tatsache ist, daß er etwas zutiefst Ansprechendes an sich hat. Man fühlt es abermals, wenn man Bilder von ihm sieht – und ich empfehle Ihnen besonders die Fotografie am Anfang der Ausgabe von Hurst und Blackett, die Hitler in seinen frühen Braunhemd-Tagen zeigt. Es ist ein rührendes, hundeähnliches Gesicht, das Gesicht eines Mannes, der unter unsagbarem Unrecht leidet. In gewisser Hinsicht erinnert sein Ausdruck an den auf zahllosen Bildern dargestellten Ausdruck des gekreuzigten Jesus, nur daß er männlicher ist, und es bestehen wohl kaum Zweifel, daß Hitler sich selber so sieht. Den ursprünglichen, persönlichen Grund seines Grolls gegen das Universum kann man nur erraten; aber auf jeden Fall ist der Groll vorhanden. Er ist der Märtyrer, das Opfer, der an den Fels gekettete Prometheus, der aufopfernde Held, der einhändig einen aussichtslosen Kampf führt. Er wäre imstande, eine Maus zu töten und uns glauben zu machen, daß er einen Drachen erledigt hat. Man spürt wie bei Napoleon, daß er gegen das Schicksal kämpft, daß er nicht gewinnen *kann* und es dennoch eigentlich verdiente. Die Anziehungskraft einer solchen Pose ist natürlich enorm; bei der Hälfte aller Filme, die man sieht, geht es um ein solches Thema.

Auch hat er die Falschheit der hedonistischen Lebenseinstellung erfaßt. Beinahe das gesamte westliche Denken seit dem letzten Krieg, sicherlich das ganze ›progressive‹ Denken, beruht auf der stillschweigenden Annahme, daß der Mensch nichts weiter wünscht als Bequemlichkeit, Sicherheit und die Vermeidung von Schmerz. In einer solchen Lebensauffassung ist beispielsweise kein Platz für Patriotismus und die militärischen Tugenden. Der Sozialist, der seine Kinder mit Soldaten spielen sieht, ist gewöhnlich bestürzt, aber er kann sich einfach keinen Ersatz für die Zinnsoldaten ausdenken: Zinnpazifisten taugen irgendwie nicht. Hitler weiß, weil er es in seiner eigenen freudlosen Seele mit außergewöhnlicher Stärke spürt, daß menschliche Wesen *nicht* nur Bequemlichkeit,

Sicherheit, kurze Arbeitszeiten, Hygiene, Geburtenkontrolle und, im allgemeinen, einen gesunden Menschenverstand wollen; sie wollen, wenigstens ab und zu, auch Kampf und Aufopferung, von Trommeln, Fahnen und Treue-Paraden ganz zu schweigen. Der Faschismus und der Nationalsozialismus sind, wie auch immer sie als Wirtschaftstheorien sein mögen, psychologisch bei weitem gesünder als jede hedonistische Lebensanschauung. Dasselbe gilt wahrscheinlich für Stalins militarisierte Version des Sozialismus. Alle drei großen Diktatoren haben ihre Macht vergrößert, indem sie ihrem Volk unerträgliche Lasten auferlegt haben. Während der Sozialismus – und sogar der Kapitalismus, wenn auch mit etwas mehr Widerwillen – den Leuten gesagt hat: »Ich biete euch ein schönes Leben«, hat ihnen Hitler gesagt: »Ich biete euch Kampf, Gefahr und Tod«, und die Folge davon ist, daß sich eine ganze Nation ihm zu Füßen wirft. Vielleicht werden sie später genug davon haben und ihre Meinung ändern, wie sie es am Ende des letzten Krieges taten. Nach ein paar Jahren des Mordens und des Hungerns ist »Größtes Glück für die größte Anzahl« ein guter Slogan, doch in diesem Augenblick macht »Besser ein Ende mit Schrecken als ein Schrecken ohne Ende« das Rennen. Jetzt, da wir gegen den Mann kämpfen, der diesen Spruch geprägt hat, sollten wir seine emotionale Anziehungskraft nicht unterschätzen.

New English Weekly, 21. März 1940

Aus dem Alltag

Die Titelseite einer Morgenzeitung

Hier ist eine Analyse der Titelseite meiner Morgenzeitung an einem gewöhnlichen, ereignislosen Tag im November 1946.

Die große Schlagzeile fällt der UNO-Konferenz zu, an der die UdSSR Forderungen nach einer Erforschung der Stärke der anglo-amerikanischen Streitmacht in ehemaligen Feindes- und alliierten Ländern vorbringt. Damit wird offensichtlich bezweckt, der Forderung nach einer Prüfung der Streitmacht innerhalb der UdSSR zuvorzukommen, und es ist klar zu erkennen, daß die daraus resultierende Diskussion zu nichts führen wird außer zu Gegenbeschuldigungen und einem Prestige-Sieg für die eine oder andere Seite, ohne irgendwelchen Fortschritt und ohne die Bemühung um irgendeinen Fortschritt in Richtung einer echten internationalen Verständigung.

Der Kampf in Griechenland wird langsam ernster. Die verfassungsmäßige Oppositionspartei schwenkt mehr und mehr in Richtung einer Unterstützung der Rebellen, während die Regierung erklärt, daß die sogenannten Rebellen in Wirklichkeit Guerillas seien, die von jenseits der Grenze operierten.

Es gibt eine weitere Verzögerung bei der Einberufung der indischen konstituierenden Nationalversammlung (diese Spalte hat eine Anmerkung: »Blutbad in Indien: Seite zwei«), und Gandhi hat sich in einen Zustand gehungert, der Besorgnis erregt.

Der amerikanische Kohlenstreik dauert an, und es ist wahrscheinlich, daß er »verheerende Auswirkungen auf den Weltgetreidevorrat haben wird«. Infolge anderer neuer Streiks haben die Vereinigten Staaten die Lieferung von zwei Millionen Tonnen Stahl an Großbritannien gestrichen, was das britische Wohnungsproblem noch komplizierter machen wird. Bei der Great Western Railway findet auch ein inoffizieller »Bummelstreik« statt.

In Jerusalem ist noch eine Bombe losgegangen, mit einer Reihe von Opfern. Es werden auch verschiedene kleinere unvermeidbare Unglücke gemeldet, wie etwa ein Flugzeugabsturz, die Wahrscheinlichkeit von Überschwemmungen in ganz England, und ein Zusammenstoß von Schiffen auf der Mersey, mit dem offenbaren Verlust von 100 Stück Vieh, was vermutlich der Fleischration von einer Woche für etwa 40 000 Menschen entspräche.

Es gibt überhaupt keine ausgesprochen guten Nachrichten auf der Titelseite. Es gibt Notizen, wie etwa über die Zunahme der britischen Exporte im Oktober, die aussehen, als ob sie gut sein könnten, die sich aber als schlecht entpuppen könnten, wenn man genügend Kenntnisse hätte, um sie zu interpretieren. Da ist auch ein kurzer Bericht, daß die Besatzungsmächte in Deutschland »möglicherweise« in Kürze eine bessere Einigung erzielen. Aber dies ist kaum mehr als der Ausdruck eines frommen Wunsches, der durch keinerlei Anhaltspunkte bestätigt wird.

Ich wiederhole, daß diese Seite voll von Katastrophen bloß die Aufzeichnung eines Durchschnittstages ist, an dem nicht viel passiert: übrigens handelt es sich um eine Zeitung, die eher mehr als die meisten anderen versucht, die Dinge von der guten Seite zu zeigen.

Wenn man bedenkt, wie die Dinge seit etwa 1930 verlaufen sind, fällt es einem schwer, an das Überleben der Zivilisation zu glauben. Ich schließe hieraus nicht, daß das einzige, was man tun kann, ist, der praktischen Politik zu entsagen, sich an irgendeinen entlegenen Ort zurückzuziehen und sich entweder auf die persönliche Rettung oder auf den Aufbau sich selbst versorgender Gemeinschaften zu konzentrieren – im Hinblick auf den Tag, da die Atombomben ihre Arbeit geleistet haben werden. Ich glaube, man muß den politischen Kampf weiterführen, so wie ein Arzt versuchen muß, das

Leben eines Patienten zu retten, der wahrscheinlich stirbt. Aber ich möchte behaupten, daß wir nirgendwohin kommen, wenn wir nicht einzusehen beginnen, daß politisches Verhalten hauptsächlich nicht rational ist, daß die Welt an irgendeiner Art von Geisteskrankheit leidet, die diagnostiziert werden muß, bevor sie geheilt werden kann. Das Entscheidende ist, daß fast jedes Unglück, das uns zustößt, völlig unnötig ist. Es wird allgemein angenommen, daß es das Ziel der Menschen ist, es bequem zu haben. Nun, jetzt steht das in unserer Macht, was bei unseren Vorfahren nicht der Fall war. Die Natur mag zwar gelegentlich mit einem Erdbeben oder einem Wirbelsturm zurückschlagen, doch im großen und ganzen ist sie besiegt. Und doch müssen genau in dem Moment, wo genug von allem für alle da ist oder sein könnte, unsere Energien von dem Versuch in Anspruch genommen werden, uns gegenseitig Territorien, Märkte und Rohstoffe streitig zu machen. Genau in dem Moment, wo der Reichtum so allgemein verteilt werden könnte, daß keine Regierung einen ernsthaften Widerstand befürchten muß, wird erklärt, daß politische Freiheit unmöglich sei, und die halbe Welt von Geheimpolizeien beherrscht. Genau in dem Moment, wo der Aberglaube zerbröckelt und eine rationale Haltung dem Universum gegenüber möglich wird, wird einem das Recht, seine eigenen Gedanken zu denken, wie noch nie zuvor verweigert. Tatsache ist, daß die Menschen erst anfingen, sich gegenseitig ernsthaft zu bekämpfen, als es nichts mehr gab, worum sie hätten kämpfen können.

Es ist nicht einfach, eine direkte wirtschaftliche Erklärung für das Verhalten der die Welt Regierenden zu finden. Das Verlangen nach reiner Macht scheint viel dominierender zu sein als das Verlangen nach Reichtum. Darauf ist oft hingewiesen worden, aber merkwürdigerweise scheint das Verlangen nach Macht als natürlicher Instinkt, der in allen Altersstufen gleich häufig ist, für selbstverständlich gehalten zu werden, so wie das Verlangen nach Essen. Im Grunde ist er nicht natürlicher, im Sinne von biologisch notwendig, als Trunkenheit oder Wettsucht. Und wenn er, wie ich glaube, in unserem eigenen Zeitalter neue Grade des Wahnsinns erreicht hat, dann muß die Frage lauten: Welches ist die besondere Eigenschaft im modernen Leben, die aus dem Impuls, andere zu tyrannisieren, eine bedeutende menschliche Triebkraft macht? Wenn wir diese – selten gefragte, nie verfolgte – Frage beantworten könnten, gäbe es vielleicht gelegentlich ein paar gute Nachrichten auf der Titelseite unserer Morgenzeitung.

Es ist jedoch, trotz allem Anschein, immerhin möglich, daß das Zeitalter, in dem wir leben, *nicht* schlimmer ist als andere Zeitalter, die ihm vorausgegangen sind, und vielleicht auch nicht sehr verschieden. Zumindest kommt mir diese Möglichkeit in den Sinn, wenn ich an ein indisches Sprichwort denke, das ein Freund von mir einmal übersetzte:

> In April was the Jackal born,
> In June the rain-fed rivers swelled:
> "Never in all my life", said he,
> "Have I so great a flood beheld."

> Im April war der Schakal geboren,
> Im Juni schwollen die regensatten Flüsse an:
> "Noch nie in meinem Leben,
> Hab solche Fluten ich gesehn."

»As I Please«, *Tribune*, 29. November 1946

Sportgeist

Nun da der kurze Besuch der Dynamo-Fußballmannschaft[1] zu Ende gegangen ist, kann man in der Öffentlichkeit sagen, was viele denkende Leute unter sich sagten, bevor die Dynamos erst auftauchten. Nämlich, daß der Sport eine unfehlbare Ursache von Feindseligkeit ist und daß, wenn ein solcher Besuch wie dieser überhaupt eine Wirkung auf die anglo-sowjetischen Beziehungen hätte, sie nur darin bestehen könnte, sie noch etwas zu verschlechtern.

Sogar die Zeitungen sind nicht imstande gewesen, die Tatsache zu verbergen, daß mindestens zwei der vier ausgetragenen Spiele viel böses Blut verursachten. Im Arsenal-Spiel, so wurde mir von jemandem gesagt, der dort war, kam es zu Handgreiflichkeiten zwischen einem britischen und einem russischen Spieler und die Menge pfiff den Schiedsrichter aus. Das Glasgower Match, so teilt mir jemand anders mit, war von Anfang an einfach eine Massenschlägerei. Und dann gab es die für unser nationalistisches Zeitalter typische Kontroverse über die Zusammensetzung der Arsenal-Mannschaft. War sie wirklich eine Nationalmannschaft, wie von den Russen behauptet wurde, oder lediglich eine Ligamannschaft, wie von den Briten behauptet wurde? Und brachen die Dynamos ihre Tournee abrupt ab, um nicht gegen eine englische Nationalmannschaft spielen zu müssen? Wie gewöhnlich beantwortet jeder diese Fragen nach seinen politischen Neigungen. Nicht ganz jeder, allerdings. Ich bemerke mit Interesse, als Beispiel für die bösartigen Leidenschaften, die der Fußball entfacht, daß der Sportkorrespondent der

---

[1] Im Herbst 1945 besuchte die Fußballmannschaft Dynamo Moskau England und trat gegen führende englische Mannschaften an.

russophilen *News Chronicle* den anti-russischen Standpunkt
vertrat und darauf beharrte, daß Arsenal keine Nationalmannschaft sei. Zweifellos wird die Kontroverse jahrelang in
den Anmerkungen von Geschichtsbüchern weiterhin nach-
hallen. Unterdessen dürfte die Folge der Tournee der Dynamos, sofern sie überhaupt eine gehabt hat, in neuen Animosi-
täten auf beiden Seiten bestehen.

Wie könnte es auch anders sein? Ich bin immer wieder
verblüfft, wenn ich Leute sagen höre, daß der Sport Wohlwollen zwischen den Nationen schaffe und daß das einfache
Volk der verschiedenen Länder, wenn es sich nur beim
Fußball oder Kricket treffen könnte, keine Neigung hätte,
sich auf dem Schlachtfeld zu begegnen. Selbst wenn man nicht
von konkreten Beispielen (wie der Olympischen Spiele 1936)
wüßte, daß internationale Sportwettkämpfe zu Haßorgien
führen, könnte man es aus allgemeinen Prinzipien ableiten.

Fast jeder Sport, der heutzutage betrieben wird, beruht auf
Wettbewerb. Man spielt, um zu gewinnen, und das Spiel hat
wenig Bedeutung, sofern man nicht sein Äußerstes tut, um zu
gewinnen. Auf dem Dorfanger, wo man Mannschaften wählt
und keine lokalpatriotische Gesinnung im Spiel ist, ist es
möglich, einfach spaßes- und übungshalber zu spielen; aber
sobald die Frage des Prestiges auftaucht, sobald man das
Gefühl hat, daß bei einer Niederlage man selbst und irgendeine größere Einheit in Ungnade fällt, werden die wildesten
Kampfinstinkte geweckt. Jeder, der auch nur in einem Schul-
fußballspiel mitgewirkt hat, weiß das. Auf internationaler
Ebene ist der Sport, offen gesagt, ein Kriegsspiel. Aber das
Wesentliche ist nicht das Verhalten der Spieler, sondern die
Haltung der Zuschauer; und, hinter den Zuschauern, der
Nationen, die sich wegen dieser absurden Wettkämpfe in
Wutanfälle hineinsteigern und im Ernst glauben – zumindest
für kurze Zeitabschnitte –, daß Wettlaufen, Springen und
Balltreten Kriterien der nationalen Tugend sind.

Sogar ein gemächliches Spiel wie Kricket, das eher Anmut
als Kraft erfordert, kann viel böses Blut verursachen, wie wir

es bei der Kontroverse über »body-line bowling« (unerlaubtes Körperspiel beim Kricket) und über die grobe Taktik der australischen Mannschaft, die 1921 England besuchte, gesehen haben. Fußball, ein Spiel, bei dem jeder verletzt wird und jedes Land seine eigene Spielweise hat, die Ausländern unfair scheint, ist weit schlimmer. Am schlimmsten ist das Boxen. Einer der schrecklichsten Anblicke der Welt ist ein Kampf zwischen weißen und farbigen Boxern vor einem gemischten Publikum. Aber das Publikum eines Boxkampfes ist immer widerlich, und insbesondere das Verhalten der Frauen ist derart, daß die Armee, glaube ich, ihnen nicht erlaubt, ihren Wettkämpfen beizuwohnen. Auf jeden Fall wurde ich vor zwei oder drei Jahren, als die Bürgerwehr und die regulären Truppen ein Boxturnier abhielten, als Wache am Eingang des Saales aufgestellt mit der Anordnung, keine Frauen hereinzulassen.

In England ist die Sportbesessenheit zwar ziemlich schlimm, doch werden in jungen Ländern, in denen sowohl Wettspiele als auch der Nationalismus neuere Entwicklungen sind, noch heftigere Leidenschaften geweckt. In Ländern wie Indien oder Burma sind bei Fußballspielen starke polizeiliche Absperrungen nötig, um die Menge daran zu hindern, sich über das Spielfeld auszubreiten. In Burma habe ich gesehen, wie die Anhänger der einen Seite durch den Ordnungsdienst brachen und den Torhüter der Gegenseite in einem kritischen Moment spielunfähig machten. Das erste große Fußballspiel, das ungefähr vor fünfzehn Jahren in Spanien gespielt wurde, führte zu einem unkontrollierbaren Aufruhr. Sobald starke Rivalitätsgefühle geweckt werden, verschwindet der Gedanke, das Spiel nach den Regeln zu spielen. Die Leute wollen die eine Seite obenauf und die andere erniedrigt sehen, und sie vergessen, daß ein Sieg, den man durch Betrügen oder das Eingreifen der Menge erringt, bedeutungslos ist. Selbst wenn die Zuschauer nicht physisch eingreifen, versuchen sie doch, das Spiel zu beeinflussen, indem sie ihrer eigenen Seite zujubeln und die Spieler der Gegenseite mit Buhrufen und Beleidigungen nervös machen. Seriöser Sport hat nichts mit

Fairplay zu tun. Er ist eng mit Haß, Eifersucht, Prahlerei, Mißachtung sämtlicher Regeln und einem sadistischen Vergnügen, Gewalt mitzuerleben, verknüpft: mit anderen Worten, er ist ein Krieg ohne das Schießen.

Statt über die saubere, gesunde Rivalität auf dem Fußballfeld und die große Rolle der Olympischen Spiele beim Zusammenbringen der Völker zu quatschen, ist es nützlicher zu fragen, wie und warum dieser moderne Kult des Sports entstanden ist. Die meisten heutigen Spiele sind alten Ursprungs, doch scheint der Sport zwischen dem römischen Zeitalter und dem neunzehnten Jahrhundert nicht sehr ernst genommen worden zu sein. Sogar in den englischen Public Schools kam der Sportkult erst gegen Ende des letzten Jahrhunderts auf. Dr. Arnold, der allgemein als der Gründer der modernen Public School gilt, betrachtet den Sport als reine Zeitverschwendung. Dann wurden, hauptsächlich in England und in den Vereinigten Staaten, die Wettspiele zu einer stark finanzierten Tätigkeit entwickelt, die imstande war, große Menschenmengen anzulocken und wilde Leidenschaften zu entfachen, und ein Land nach dem anderen wurde von dieser Krankheit angesteckt. Es sind die äußerst kampflustigen Sportarten, der Fußball und das Boxen, die sich am weitesten verbreitet haben. Es können kaum Zweifel bestehen, daß die ganze Sache eng mit dem Auftauchen des Nationalismus verknüpft ist – das heißt, mit der irren modernen Gewohnheit, sich mit großen Machteinheiten zu identifizieren und alles in Form von wetteiferndem Prestige zu sehen. Auch gedeihen organisierte Spiele eher in Stadtgemeinden, wo der Durchschnittsmensch eine sitzende oder zumindest eingeschränkte Lebensweise hat und nicht viel Gelegenheit zu kreativer Arbeit erhält. In einer Landgemeinde reagiert ein Bub oder ein junger Mann ziemlich viel von seiner überschüssigen Energie beim Spazierengehen, Schwimmen, Bäumeklettern, Reiten, bei Schneeballschlachten und verschiedenen Sportarten ab, die mit grausamer Tierquälerei verbunden sind, wie etwa Fischen, Hahnenkämpfe und Rattenjagd mit Frettchen. In einer Großstadt muß man zu Gruppenaktivitäten greifen, wenn man ein Ventil für seine Körperkraft oder seine sadistischen Impulse haben will. Kampfspiele werden in London und New York ernstgenommen, und sie wurden in Rom und Byzanz ernstgenommen: im Mittelalter wurden sie gespielt, wahrscheinlich mit viel körperlicher Brutalität, doch waren sie weder in die Politik verwickelt noch eine Ursache für Gruppenhaß.

Wenn man die ungeheure Fülle an Feindseligkeit, die es gegenwärtig auf der Welt gibt, erweitern wollte, könnte man dies kaum besser tun als durch eine Reihe von Fußballspielen zwischen Juden und Arabern, Deutschen und Tschechen, Indern und Briten, Russen und Polen, Italienern und Jugoslawen, wobei jedes Spiel von einem gemischten Publikum von 100 000 Zuschauern verfolgt werden sollte. Natürlich will ich damit nicht sagen, daß Sport einer der Hauptgründe für den internationalen Wettstreit ist: der Massensport ist meiner Ansicht nach selbst bloß eine weitere Folge der Ursachen, die den Nationalismus erzeugt haben. Und dennoch macht man die Dinge schlimmer, wenn man eine Mannschaft von elf Leuten, die als Landesmeister bezeichnet werden, aussendet, um gegen irgendein rivalisierendes Team zu kämpfen, und allgemein das Gefühl zuläßt, daß die Nation, die besiegt wird, ihr »Gesicht verliert«.

Ich hoffe deshalb, daß wir dem Besuch der Dynamos nicht eifrig folgen werden, indem wir ein britisches Team in die UdSSR schicken. Wenn wir es tun müssen, dann laßt uns eine zweitklassige Mannschaft schicken, die mit Sicherheit geschlagen wird und von der nicht behauptet werden kann, daß sie Großbritannien als Ganzes repräsentierte. Es gibt bereits mehr als genug echte Ursachen von Schwierigkeiten, und wir müssen sie nicht noch vermehren, indem wir junge Männer dazu anspornen, einander inmitten des Gebrülls rasender Zuschauer gegen das Schienbein zu treten.

Tribune, 14. Dezember 1945

Über die leiblichen Genüsse
an Weihnachten

Eine Anzeige in meinem Sonntagsblatt stellt in Form eines Bildes die vier Dinge dar, die für eine gelungene Weihnacht nötig sind. Oben im Bild ein gebratener Truthahn; darunter ein Plumpudding; darunter ein Teller voll Mince Pies[1]; und darunter eine Büchse ---s Abführsalz.

Es ist ein einfaches Rezept fürs Glück. Zuerst die Mahlzeit, dann das Gegenmittel, dann noch eine Mahlzeit. Die alten Römer waren die großen Meister dieser Technik. Aber nachdem ich soeben das Wort *vomitorium* im lateinischen Wörterbuch nachgeschlagen habe, stelle ich fest, daß es schließlich doch nicht einen Ort bedeutet, an dem man sich nach dem Essen übergab. Also war dies vielleicht nicht ein alltäglicher Bestandteil jedes römischen Heimes, wie allgemein angenommen wird.

Enthalten in der oben erwähnten Anzeige ist die Vorstellung, daß eine gute Mahlzeit eine Mahlzeit bedeutet, bei der man sich überißt. Im Prinzip stimme ich damit überein. Ich füge nur nebenbei hinzu, daß es sich lohnt, wenn wir uns beim Vollfressen an Weihnachten, falls wir überhaupt die Chance dazu bekommen, über die ungefähr tausend Millionen menschlicher Wesen nachzudenken, die nichts dergleichen tun werden. Denn auf die Dauer wäre unser Weihnachtsessen sicherer, wenn wir uns davon überzeugen könnten, daß alle anderen es auch haben. Aber darauf werde ich gleich zurückkommen.

---

[1] Pasteten mit einer Füllung aus Korinthen, Äpfeln, Rosinen, Zucker, Hammelfett, Rum, etc. – gehören zum traditionellen englischen Weihnachtsessen, nebst Truthahn und Plumpudding.

Der einzige vernünftige Grund, sich an Weihnachten nicht zu überessen, wäre der, daß jemand anders das Essen mehr braucht als man selber. Ein bewußt karges Weihnachten wäre ein Unsinn. Der entscheidende Punkt an Weihnachten ist, daß es eine Schwelgerei ist – was es wahrscheinlich schon lange war, bevor die Geburt Christi willkürlich auf jenes Datum festgelegt wurde. Kinder wissen dies sehr wohl. Von ihrem Standpunkt aus ist Weihnachten nicht ein Tag des mäßigen Genusses, sondern der wilden Freuden; die sie durchaus mit einem gewissen Maß an Schmerzen zu bezahlen bereit sind. Das Erwachen ungefähr um 4 Uhr morgens, um in seinem Strumpf nachzusehen; die Streitereien wegen Spielzeugen den ganzen Morgen hindurch, und die aufregenden Duftwolken von Mincemeat und Salbei und Zwiebeln[2], die aus der Küchentür entweichen; der Kampf mit riesigen Tellern voll Truthahn, und das Ziehen des Brustbeins[3]; das Verdunkeln der Fenster und der Auftritt des flammenden Plumpuddings; die Hast, um sicherzugehen, daß jeder ein Stück auf seinem Teller hat, während der Brandy noch in Flammen ist; die kurze Panik, wenn es heißt, daß das Jüngste das Dreipenny-Stück verschluckt hat; die Benommenheit während des ganzen Nachmittages; der Weihnachtskuchen mit dem zentimeterdicken Marzipan; die Gereiztheit am nächsten Morgen und das Rizinusöl am 27. Dezember – es ist eine Auf-und-ab-Angelegenheit, die zwar keineswegs angenehm ist, sich aber um ihrer spannenden Momente willen lohnt.

Abstinenzler und Vegetarier sind immer über diese Einstellung empört. In ihren Augen besteht das einzige vernünftige Ziel darin, Schmerz zu vermeiden und so lange wie möglich am Leben zu bleiben. Wenn man es unterläßt, Alkohol zu trinken, oder Fleisch oder was auch immer zu

[2] Mincemeat ist die Füllung der Mince Pies; aus Salbei und Zwiebeln besteht die Farce für den Truthahn.
[3] Im Englischen »wishbone« (Wünschknochen): Zwei Leute ziehen mit dem kleinen Finger am Brustbein, und wer das größere Stück erwischt, darf sich etwas wünschen.

essen, darf man damit rechnen, fünf Jahre länger zu leben, während, wenn man sich überißt oder übertrinkt, man dafür mit akuten physischen Schmerzen am folgenden Tag bezahlen muß. Zweifellos folgt doch hieraus, daß alle Ausschweifungen, selbst ein einmal im Jahr stattfindender Ausbruch wie Weihnachten, selbstverständlich vermieden werden sollten?

Eigentlich folgt das überhaupt nicht daraus. Man mag in voller Kenntnis dessen, was man tut, beschließen, daß ein gelegentliches Vergnügen den Schaden wert ist, den es der Leber zufügt. Denn Gesundheit ist nicht alles, worauf es ankommt: Freundschaft, Gastlichkeit, und die gehobene Stimmung und die veränderte Auffassung, die man durch das Essen und Trinken in guter Gesellschaft erhält, sind auch wertvoll. Ich bezweifle, ob, alles in allem genommen, sogar totale Trunkenheit wirklich schadet, sofern sie selten ist – sagen wir zweimal im Jahr. Das ganze Erlebnis, mitsamt der anschließenden Reue, bewirkt eine Art Bruch in der eigenen geistigen Routine, vergleichbar mit einem Wochenende in einem fremden Land, was wahrscheinlich förderlich ist.

Zu allen Zeiten haben die Menschen dies wahrgenommen. Es herrscht allgemeine Übereinstimmung, bis zurück zu den Tagen vor dem Alphabet, daß gewohnheitsmäßige Sauferei zwar schlecht, Geselligkeit jedoch gut ist, auch wenn man es manchmal am nächsten Morgen bereut. Wieviele Bücher gibt es doch über das Essen und Trinken, und wie wenig Lohnenswertes ist auf der Gegenseite gesagt worden! Aus dem Stegreif fällt mir kein einziges Gedicht zum Lob des Wassers, d. h. des Wassers als Getränk, ein. Es ist schwierig, sich vorzustellen, was man darüber sagen könnte. Es stillt den Durst: das ist das Ende vom Lied. Was hingegen Gedichte zum Lob des Weines betrifft, so würden sogar die überlieferten ein ganzes Bücherregal füllen. Die Dichter begannen sie genau an dem Tag herauszubringen, an dem die Gärung der Weintraube zuerst entdeckt wurde. Whisky, Kognak und andere gebrannte alkoholische Getränke sind mit weniger Redekunst gelobt worden, teilweise, weil sie zu einem späteren Zeitpunkt aufkamen. Aber Bier hat eine ziemlich gute Presse gehabt, bereits im Mittelalter, lange bevor irgendjemand gelernt hatte, Hopfen hineinzutun. Merkwürdigerweise kann ich mich nicht an ein Gedicht zum Lob des Porterbiers erinnern, nicht einmal des Porterbiers vom Faß, das meiner Ansicht nach viel besser ist als die in Flaschen abgefüllte Sorte. Es gibt eine äußerst widerliche Schilderung der Porterbier-Fässer in Dublin im *Ulysses*. Aber es liegt eine Art indirekter Huldigung des Porters in der Tatsache, daß diese Schilderung, obwohl allgemein bekannt, nicht viel dazu beigetragen hat, die Iren von ihrem Lieblingsgetränk abzubringen.

Auch die Literatur über Essen ist umfangreich, jedoch hauptsächlich in Prosa. Aber bei allen Schriftstellern, die Gefallen daran fanden, Essen zu beschreiben, von Rabelais bis Dickens und von Petronius bis zu Frau Beeton, kann ich mich an keinen einzigen Passus erinnern, der diätetische Erwägungen an erste Stelle setzt. Immer wird Essen als Selbstzweck empfunden. Niemand hat denkwürdige Prosa über Vitamine oder die Gefahren eines Proteinüberschusses oder darüber geschrieben, wie wichtig es ist, alles zweiunddreißig Mal zu kauen. Alles in allem scheint eine schwere Last von Beweisen auf der Seite des Überessens und des Übertrinkens vorzuliegen, immer vorausgesetzt, daß sie an anerkannten Anlässen und nicht zu häufig stattfinden.

Aber sollten wir uns diese Weihnacht überessen und übertrinken? Wir sollten es nicht, noch werden die meisten von uns Gelegenheit dazu haben. Ich schreibe zum Lobe der Weihnacht, aber zum Lobe von Weihnachten 1947, oder vielleicht 1948. Die Welt als Ganzes ist in diesem Jahr nicht gerade in einer Verfassung für Feste. Zwischen dem Rhein und dem Pazifik kann es nicht sehr viele Menschen geben, die --- s Abführsalz brauchen. In Indien gibt es und hat es immer schon ungefähr 100 Millionen Menschen gegeben, die nur eine ordentliche Mahlzeit am Tag bekommen. In China sind die Verhältnisse zweifellos ziemlich ähnlich. In Deutschland, Österreich, Griechenland und anderswo leben viele Millionen Menschen von einer Kost, die zwar den Körper am Leben erhält, aber keine Kraft für Arbeit übrigläßt. Überall in den kriegszerstörten Gebieten von Brüssel bis Stalingrad leben weitere unzählige Millionen in den Kellern zerbombter Häuser, in Verstecken in den Wäldern oder in schäbigen Hütten hinter Stacheldraht. Es ist nicht gerade erfreulich, ungefähr gleichzeitig zu lesen, daß ein großer Prozentsatz unserer Weihnachts-Truthähne aus Ungarn kommen wird und daß die ungarischen Schriftsteller und Journalisten – vermutlich nicht der am schlechtesten bezahlte Teil des Volkes – in einer solch verzweifelten Notlage stecken, daß sie froh wären, wenn sie Saccharin und ausrangierte Kleider von englischen Freunden geschenkt bekämen. Unter solchen Umständen könnten wir kaum ein »richtiges« Weihnachten haben, auch wenn das nötige Zeug vorhanden wäre.

Aber wir werden früher oder später eins haben, 1947, oder 1948, oder vielleicht gar 1949. Und wenn das der Fall ist, wünsche ich, es mögen keine düsteren Stimmen von Vegetariern oder Abstinenzlern laut werden, um uns über Dinge, die wir unserem Magen antun, zu belehren. Man feiert ein Fest um seiner selbst willen, und nicht aus irgendeinem vermeintlichen Nutzen für seinen Magen. Unterdessen ist Weihnachten da, oder fast da. Der Weihnachtsmann ist dabei, seine Rentiere zusammenzutreiben, der Briefträger wankt von Tür zu Tür unter seinem zum Bersten vollgepackten Sack Weihnachtskarten, die Schwarzmärkte sind voll im Schwung, und Großbritannien hat über 7000 Kisten Mistelzweige aus Frankreich importiert. So wünsche ich denn jedem eine altmodische Weihnacht im Jahre 1947, und mittlerweile einen halben Truthahn, drei Mandarinen, und ein Flasche Whisky zu nicht mehr als dem Doppelten des gesetzlich festgelegten Preises.

Tribune, 20. Dezember 1946

Eine gute Tasse Tee

Wenn Sie im ersten Kochbuch, das Ihnen in die Hände fällt, unter »Tee« nachschauen, werden Sie wahrscheinlich feststellen, daß er gar nicht erwähnt wird, oder bestenfalls finden Sie ein paar Zeilen mit skizzenhaften Anweisungen, die keine Regeln über einige der wichtigsten Punkte enthalten.

Dies ist merkwürdig, und zwar nicht nur deshalb, weil der Tee eine der Hauptstützen der Zivilisation in unserem Land sowie in Irland, Australien und Neuseeland ist, sondern auch, weil die beste Art, ihn zuzubereiten, Gegenstand heftiger Auseinandersetzungen ist.

Wenn ich mein eigenes Rezept für die perfekte Tasse Tee durchsehe, finde ich nicht weniger als elf hervorstechende Punkte. Mit vielleicht zwei von ihnen wären die meisten Leute einverstanden, aber mindestens vier von ihnen sind scharf umstritten. Hier sind meine eigenen elf Regeln, von denen ich jede als golden erachte:

Erstens einmal sollte man indischen oder ceylonesischen Tee verwenden. Chinesischer Tee hat zwar Vorzüge, die heutzutage nicht zu verachten sind – er ist wirtschaftlich, und man kann ihn ohne Milch trinken –, aber er wirkt nicht sehr belebend. Man fühlt sich nachher nicht weiser, mutiger oder optimistischer. Jeder, der jenen tröstlichen Ausdruck »eine gute Tasse Tee« verwendet, meint damit immer indischen Tee. Zweitens sollte der Tee in kleinen Mengen gemacht werden – das heißt, in einer Teekanne. Tee von einer Teemaschine ist immer fad, während der Tee von der Armee, der in einem großen Kessel zubereitet wird, nach Schmiere und Tünche schmeckt. Die Teekanne sollte aus Porzellan oder Ton sein. Kannen aus Silber oder Britanniametall erzeugen minderwertigen Tee und Kannen aus Email sind noch schlimmer: obschon merkwürdigerweise eine Teekanne aus Zinn (eine Seltenheit heutzutage) nicht so schlecht ist. Drittens sollte die Kanne vorher angewärmt werden. Dies macht man am besten, indem man sie auf den Kamineinsatz stellt, und nicht, wie es sonst üblich ist, indem man sie mit heißem Wasser ausspült. Viertens sollte der Tee stark sein. Für eine Kanne, die einen guten Liter faßt, sind sechs gehäufte Teelöffel ungefähr richtig, wenn man sie fast bis zum Rand füllen will. In einer Zeit der Rationierung ist diese Idee nicht an jedem Tag der Woche zu verwirklichen, aber ich halte daran fest, daß eine starke Tasse Tee besser ist als 20 schwache. Jeder wahre Teeliebhaber mag seinen Tee nicht nur stark, sondern mag ihn mit jedem Jahr ein wenig stärker – was man daran erkennt, daß Rentnern eine extra Ration zugestanden wird. Fünftens sollte der Tee direkt in die Kanne gegeben werden. Keine Siebe, Baumwollbeutel oder anderen Vorrichtungen, um den Tee einzusperren. In manchen Ländern werden die Teekannen mit kleinen baumelnden Körbchen unter der Tülle versehen, um die losen Blätter aufzufangen, die angeblich schädlich sein sollen. Tatsächlich kann man Teeblätter in beträchtlichen Mengen schlucken, ohne daß etwas Schlimmes passiert, und wenn der Tee in der Kanne nicht lose ist, kann er nie richtig ziehen. Sechstens sollte man die Teekanne zum Kessel mit dem kochenden Wasser nehmen und nicht umgekehrt. Das Wasser sollte im Moment des Auftreffens wirklich kochen, was bedeutet, daß man es auf dem Feuer lassen sollte, während man gießt. Manche Leute fügen hinzu, daß man nur Wasser benutzen sollte, das frisch zum Kochen gebracht wurde, aber ich habe noch nie bemerkt, daß das etwas ausmacht. Siebentens sollte man den Tee, nachdem man ihn aufgegossen hat, umrühren oder, besser noch, die Kanne gut schütteln und dann warten, bis sich die Blätter gesetzt haben. Achtens sollte man aus einer Frühstückstasse trinken – das heißt der zylindrischen Art von Tasse, nicht der flachen, niedrigen Art. Die Frühstückstasse faßt mehr, und mit der anderen Art von Tasse ist der Tee immer schon halbkalt, bevor man überhaupt den ersten richtigen Schluck genommen hat. Neuntens sollte man die Sahne von der Milch abgießen, bevor man sie für den Tee gebraucht. Milch, die zu sahnig ist, erzeugt immer einen widerlichen Geschmack. Zehntens sollte man zuerst den Tee in die Tasse gießen. Das ist einer der umstrittensten Punkte von allen; tatsächlich gibt es wahrscheinlich in jeder Familie in England diesbezüglich zwei Geistesrichtungen. Die Milch-zuerst-Richtung kann zwar recht starke Argumente vorbringen, doch behaupte ich, daß mein eigenes Argument unwiderlegbar ist. Dieses lautet, daß man, wenn man zuerst den Tee hineintut und dann umrührt, während man gießt, die Menge Milch genau regulieren kann, während man leicht zu viel Milch hineintut, wenn man es umgekehrt macht.

Zum Schluß sollte Tee *ohne Zucker* getrunken werden – es sei denn, man trinkt ihn im russischen Stil. Ich weiß sehr wohl, daß ich hier zu einer Minderheit gehöre. Aber trotzdem, wie kann man sich als Teeliebhaber bezeichnen, wenn man das Aroma seines Tees zerstört, indem man Zucker hineintut? Es wäre genauso vernünftig, Pfeffer oder Salz hineinzutun. Tee sollte bitter sein, ebenso wie Bier bitter sein sollte. Wenn man ihn süßt, schmeckt man nicht mehr den Tee, sondern nur noch den Zucker; man könnte ein sehr ähnliches Getränk machen, indem man Zucker in reinem, heißem Wasser auflöst.

Manche Leute würden antworten, daß sie Tee an sich nicht mögen, daß sie ihn nur trinken, um warm oder angeregt zu werden, und daß sie Zucker brauchen, um den Geschmack zu beseitigen. Jenen irregeleiteten Leuten würde ich sagen: Probieren Sie, sagen wir einmal, eine Woche lang Tee ohne Zucker zu trinken, und Sie werden höchstwahrscheinlich nie mehr Ihren Tee verderben wollen, indem Sie ihn wieder süßen.

Dies sind nicht die einzigen umstrittenen Punkte, die im Zusammenhang mit dem Teetrinken auftauchen, doch genügen sie, um zu zeigen, wie verfeinert die ganze Angelegenheit geworden ist. Da sind auch die mysteriösen »gesellschaft-lichen« Bräuche, die die Teekanne umgeben (warum gilt es zum Beispiel als ordinär, aus der Untertasse zu trinken?), und man könnte viel über die sekundäre Verwendung von Tee-blättern schreiben, wie etwa das Wahrsagen, die Ankunft von Besuchern vorhersagen, das Füttern von Kaninchen, das Heilen von Brandwunden und das Fegen des Teppichs. Es lohnt sich, auf solche Details wie das Anwärmen der Kanne und die Verwendung von wirklich kochendem Wasser zu achten, um ganz sicher zu gehen, daß man aus seiner Ration die zwanzig guten, starken Tassen herausdrückt, die zwei Unzen, wenn man richtig mit ihnen umgeht, ergeben sollten.

Evening Standard, 12. Januar 1945

Das moderne Mädchen
und das Schminken

Basil Henriques, Vorsitzender des Jugendgerichtes von Ost-London, hat sich gerade über das Moderne Mädchen ausgelassen. Englische Jungen, so sagt er, sind »einfach großartig«, doch mit den Mädchen ist das etwas anderes:

> Man trifft selten einen wirklich ungezogenen Jungen. Der Krieg scheint sich auf die Mädchen stärker ausgewirkt zu haben als auf die Jungen ... Die Kinder gingen nun mehrere Male die Woche ins Kino und sahen, was sie für das Highlife von Amerika hielten, während es eigentlich eine große Verleumdung jenes Landes war. Sie leiden auch unter den Folgen davon, daß sie durch das Radio wilde, rauhe rockende Geräusche, sogenannte Musik, hören ... 14jährige Mädchen reden und kleiden sich wie 18- und 19jährige und schmieren sich den gleichen Dreck und Mist ins Gesicht.

Ich frage mich, ob Mr. Henriques weiß, (a) daß es schon lange vor dem ersten Krieg üblich war, die Jugendkriminalität dem schlechten Beispiel des Kinos zuzuschreiben, und (b), daß das Moderne Mädchen ganze 2000 Jahre genauso gewesen ist?

Einer der großen Fehlschläge in der Geschichte der Menschheit ist der jahrhundertelange Versuch gewesen, Frauen davon abzuhalten, ihr Gesicht anzumalen. Die Philosophen des Römischen Reiches geißelten die Frivolität der modernen Frau in fast denselben Worten wie heute. Im fünfzehnten Jahrhundert brandmarkte die Kirche die verwerfliche Gewohnheit, die Augenbrauen zu zupfen. Die englischen Puritaner, die Bolschewiken und die Nazis versuchten alle, die Kosmetik zu unterbinden, ohne Erfolg. Im Viktorianischen England galt Rouge als derart schändlich, daß es gewöhnlich unter irgendeinem anderen Namen verkauft wurde, doch benutzt wurde es weiterhin.

Viele Kleidungsstile, von der Elisabethanischen Halskrause bis zum Humpelrock aus der Zeit Eduards VII., sind von der Geistlichkeit gebrandmarkt worden – ohne Wirkung. In den zwanziger Jahren, als die Röcke am kürzesten waren, erließ der Papst ein Dekret, daß unschicklich gekleideten Frauen kein Zutritt zu katholischen Kirchen zu gewähren sei; aber irgendwie blieb die weibliche Mode davon unbeeinflußt. Hitlers »ideale Frau«, ein unansehnliches Exemplar im Regenmantel, wurde in ganz Deutschland und in einem großen Teil der übrigen Welt ausgestellt, inspirierte jedoch wenig Nachahmer. Ich prophezeie, daß die englischen Mädchen sich weiterhin »Dreck und Mist ins Gesicht schmieren« werden, trotz Mr. Henriques. Sogar im Gefängnis, heißt es, sollen die weiblichen Gefangenen ihre Lippen mit dem Farbstoff der Postsäcke rot färben.

Warum Frauen eigentlich Kosmetika benutzen, ist eine andere Sache, doch scheint es zweifelhaft, ob geschlechtliche Anziehungskraft das Hauptziel ist. Es geschieht äußerst selten, daß man einen Mann trifft, der es nicht für eine widerliche Gewohnheit hält, die Fingernägel knallrot anzumalen, und doch fahren Hunderttausende von Frauen damit fort. Unterdessen mag es Mr. Henriques vielleicht trösten, zu wissen, daß das Make-up, obwohl es fortbesteht, heute viel weniger kunstvoll ist als zu der Zeit, da Viktorianische Schönheiten ihr Gesicht »emaillieren« ließen, oder da es üblich war, die Umrisse der Wangen mit »plumpers« zu verändern, wie es in Swifts Gedicht »On a Beautiful Young Nymph Going to Bed« beschrieben wird.

»As I Please«, *Tribune*, 28. April 1944

Eskapismus in Frauenzeitschriften

Vor einigen Jahren machte ich in einem Artikel über Wochenzeitschriften für Knaben einige beiläufige Bemerkungen über Frauenzeitschriften – ich meine die billigen von der *Peg's Paper*-Sorte, die oft als »Liebesromane« bezeichnet werden. Das brachte mir, unter vielen anderen, einen langen Brief von einer Frau, die für den *Lucky Star,* den *Golden Star, Peg's Paper, Secrets,* die Zeitschrift *Oracle* und eine Reihe ähnlicher Zeitschriften geschrieben und gearbeitet hatte. Ihr Haupteinwand war der, daß ich mit meiner Behauptung, alle diese Blätter zielten darauf, Reichtums-Phantasien zu schaffen, unrecht gehabt hatte. Ihre Geschichten seien »in keinem Sinne Aschenputtel-Geschichten« und schlachteten nicht das »Sie heiratete ihren Chef«-Motiv aus. Meine Briefpartnerin fügt hinzu:

Arbeitslosigkeit *wird* erwähnt – recht häufig sogar . . . Die Arbeitslosenunterstützung und die Gewerkschaft werden zweifellos nie erwähnt. Letzteres mag dadurch beeinflußt sein, daß der größte Verlag dieser Frauenzeitschriften keiner Gewerkschaft angehört. Man darf nie das System kritisieren oder den Klassenkampf als das entlarven, was er wirklich ist, und das Wort Sozialist wird *nie* erwähnt – das alles ist durchaus wahr. Aber es dürfte vielleicht interessant sein hinzuzufügen, daß ein gewisses Klassenbewußtsein nicht gänzlich fehlt. Die Reichen werden oft als gemein und als Leute, die auf grausame und unehrliche Weise Geld machen, dargestellt. Der reiche und müßige Beau plant fast immer die Ehe ohne Ring, und das Mädchen wird von ihrem starken, tüchtigen Garagen-Gehilfen gerettet. Männer mit Autos sind im allgemeinen »böse« und Männer in maßgeschneiderten teuren Anzügen sind fast immer Gauner. Das Ideal der meisten dieser Geschichten ist *nicht* ein Einkommen, das der Gattin eines Bankdirektors würdig wäre, sondern ein Leben, das »gut« ist. Ein Leben mit einem aufrechten, gütigen Ehemann, wie arm auch immer, mit Babys und einem »kleinen Häuschen«. Die Geschichten sind so beschaffen, daß sie zeigen, daß das armselige Leben eigentlich doch nicht so schlecht ist, da man zumindest ehrlich und glücklich ist, und daß Reichtümer Unannehmlichkeiten und falsche Freunde mit sich bringen. Den Armen werden moralische Werte gegeben, nach denen sie als etwas in ihrer Reichweite Liegendem streben können.

Es gibt viele Kommentare, die ich dazu machen könnte, doch will ich nur den Punkt der moralischen Überlegenheit der Armen in Verbindung mit der Nichterwähnung der Gewerkschaften und des Sozialismus aufgreifen. Es besteht kein Zweifel, daß dies bewußte Politik ist. In einer Frauenzeitschrift las ich tatsächlich eine Geschichte, bei der es um einen Streik in einem Kohlenbergwerk ging, und sogar in diesem Zusammenhang wurde das Gewerkschaftswesen nicht erwähnt. Als die UdSSR in den Krieg eintrat, profitierte eine Zeitschrift prompt mit einer Serie, die den Titel trug »Ihr sowjetischer Liebhaber«, aber wir dürfen sicher sein, daß der Marxismus darin keine sehr große Rolle spielte.

Tatsache ist, daß diese Geschichte von der moralischen Überlegenheit der Armen eine der verhängnisvollsten Formen des Eskapismus ist, die die herrschende Klasse entwickelt hat. Du magst zwar unterdrückt sein und beschwindelt werden, doch in den Augen Gottes bist du deinen Unterdrückkern überlegen, und durch Filme und Zeitschriften kannst du ein Phantasie-Dasein genießen, in dem du über die Leute triumphierst, die dich im wirklichen Leben unten halten. In jeder Form von Kunst, die eine große Zahl von Leuten ansprechen soll, ist es beinahe noch nie dagewesen, daß ein Reicher einen Armen aussticht. Der Reiche ist gewöhnlich

»böse« und seine Machenschaften werden beständig vereitelt. »Guter armer Mann besiegt bösen reichen Mann« ist eine allgemein anerkannte Formel, während wir, wenn es umgekehrt wäre, das Gefühl hätten, daß etwas nicht stimmt. Dies ist ebenso auffallend in Filmen wie in billigen Zeitschriften, und vielleicht am auffallendsten in den alten Stummfilmen, die von Land zu Land reisten und ein sehr gemischtes Publikum ansprechen mußten. Die große Mehrheit der Leute, die einen Film sehen, sind arm, und also ist es lohnend, einen Armen zum Helden zu machen. Filmmagnaten, Pressekönige und dergleichen häufen ziemlich viel von ihrem Reichtum an, indem sie den Reichtum als sündhaft hinstellen.

Die Formel »guter armer Mann besiegt bösen reichen Mann« ist einfach eine subtilere Version von der »Seligkeit im Himmel«. Sie ist eine Sublimierung des Klassenkampfes. Solange man von sich selbst als einem »starken, tüchtigen Garagisten« träumen kann, der einem reichen Gauner einen Kinnhaken versetzt, braucht man sich um die wirklichen Fakten nicht zu kümmern. Das ist ein geschickterer Trick als die Reichtums-Phantasie. Aber merkwürdigerweise dringt die Realität doch in diese Frauenzeitschriften ein, und zwar nicht durch die Geschichten, sondern durch die Leserspalten, besonders in jenen Zeitschriften, die kostenlos medizinische Ratschläge erteilen. Hier kann man erschütternde Geschichten von »schlimmen Beinen« und Hämorrhoiden lesen, die von Frauen mittleren Alters unter Pseudonymen wie »Eine Leidende«, »Mutter von neun Kindern« und »Immer verstopft«, geschrieben werden. Wenn man diese Briefe mit den Liebesgeschichten vergleicht, sieht man, was für eine ungeheure Rolle reines Tagträumen im modernen Leben spielt.

Ich habe soeben Arthur Koestlers Roman *Die Gladiatoren* gelesen, der den von Spartakus angeführten Sklavenaufstand um 70 v. Chr. beschreibt. Es ist nicht eines seiner besten Bücher, und auf jeden Fall leidet jeder Roman, der einen Sklavenaufstand in der Antike schildert, darunter, daß er den

Vergleich mit *Salammbô*, Flauberts großem Roman über die Revolte der karthagischen Söldner, aushalten muß. Aber es erinnerte mich daran, wie winzig die Zahl der Sklaven ist, von denen man überhaupt etwas weiß. Ich selbst kenne die Namen von genau drei Sklaven – Spartakus selbst, den fabelhaften Äsop, der angeblich ein Sklave gewesen sein soll, und den Philosophen Epiktet, der einer jener gelehrten Sklaven war, den die römischen Plutokraten gern in ihrem Gefolge zu haben pflegten. Alle anderen sind nicht einmal Namen. Zum Beispiel kennen wir – oder zumindest kenne ich – nicht den Namen eines einzigen jener unzähligen menschlichen Wesen, die die Pyramiden bauten. Spartakus ist, vermutlich, bei weitem der bekannteste Sklave, den es je gab. Fünftausend Jahre lang oder mehr gründete sich die Zivilisation auf die Sklaverei. Aber wenn auch nur schon der Name eines Sklaven fortlebt, ist es, weil er nicht dem Gebot »Widerstrebet nicht dem Übel« gehorchte, sondern einen heftigen Aufruhr anstiftete. Ich glaube, daß Pazifisten hieraus eine Lehre ziehen können.

Letzte Woche veröffentlichten wir einen Teil eines sehr vernichtenden Briefes über das Antikriegs-Gedicht »The Little Apocalypse of Obadiah Hornbrook«[1], in dem es hieß: »Ich bin erstaunt, daß Sie es veröffentlichen.« Andere Briefe und private Kommentare nahmen den gleichen Standpunkt ein.

Ich stimme ebensowenig wie unser Briefschreiber mit »Obadiah Hornbrook« überein, aber das ist kein hinreichender Grund, das, was er schreibt, nicht zu veröffentlichen. Jede Zeitung hat eine Politik, und in ihrem politischen Teil wird sie auf dieser Politik nachdrücklich bestehen, und zwar mehr oder weniger unter Ausschluß aller anderen. Etwas anderes zu tun, wäre dumm. Aber das literarische Ziel einer Zeitung

[1] »The Little Apocalypse of Obadiah Hornbrook«, Pseudonym von Alex Comfort, erschien in der *Tribune* vom 30. Juni 1944.

ist etwas anderes. Natürlich wird auch dort keine Zeitung direkten Angriffen auf Dinge, für die sie eintritt, Platz gewähren. Wir würden zum Beispiel keinen Artikel zum Lob des Antisemitismus publizieren. Aber angenommen, das notwendige Minimum an Übereinstimmung besteht, so ist das literarische Verdienst das einzige, was zählt.

Außerdem wird dieser Krieg, wenn überhaupt zugunsten von etwas, dann zugunsten der Gedankenfreiheit gefochten. Ich würde als letzter behaupten, daß wir unseren Feinden überlegen sind, und es gibt ziemlich überzeugende Argumente für den Standpunkt, daß der britische Imperialismus tatsächlich schlimmer ist als der Nazismus. Dennoch bleibt der nicht zu beseitigende Unterschied bestehen, daß man in Großbritannien relativ ungehindert sagen und drucken kann, was man will. Selbst in den schwärzesten Flecken des Britischen Reiches wie Indien herrscht eine sehr viel größere Meinungsfreiheit als in einem totalitären Staat. Ich möchte, daß dies so bleibt, und indem wir manchmal unbeliebten Meinungen Gehör schenken, glaube ich, tragen wir dazu bei.

»As I Please«, *Tribune*, 28. Juli 1944

Diese Kolumne ist hier einmal vollständig wiedergegeben als Beispiel dafür, wie Orwell zu ganz verschiedenartigen Tagesproblemen Stellung nahm.

Verkehrsopfer und Geschwindigkeit

Ein aufschlußreiches Beispiel für unsern Widerwillen gegenüber Tatsachen und unsere entsprechende Bereitschaft zu
öffentlichen Gesten, deren Nutzlosigkeit leicht vorausschau-
bar ist, bietet gegenwärtig unsere Kampagne gegen den »Tod
auf der Straße«.

Die Zeitungen haben soeben gemeldet, daß die Zahl der
Verkehrsopfer für September im Vergleich zum vorangegangenen September fast um 80 gesunken ist. So weit, so gut, aber
wahrscheinlich wird diese Verbesserung nicht anhalten –
zumindest wird sie sich nicht weiterentwickeln – und unterdessen weiß jedermann, daß man das Problem *nicht* lösen
kann, solange unser Verkehrssystem so bleibt, wie es ist.
Unfälle passieren, weil sich auf schmalen, unzulänglichen
Straßen, voller unübersichtlicher Ecken und umgeben von
Wohnhäusern, Fahrzeuge und Fußgänger in alle Richtungen
mit jeder Geschwindigkeit, von drei Meilen pro Stunde bis zu
sechzig oder siebzig, fortbewegen. Wenn man wirklich den
Tod von den Straßen verbannen will, müßte man das ganze
Straßensystem so neu umplanen, daß Zusammenstöße unmöglich wären. Malen Sie sich aus, was das bedeutet (zum
Beispiel ganz London abzureißen und wieder aufzubauen),
und dann können Sie sich vorstellen, daß es im Augenblick
völlig außerhalb der Macht irgendeiner Nation steht. Wenn
das nicht möglich ist, kann man nur mildernde Maßnahmen
ergreifen, die letztlich darauf hinauslaufen, die Leute vorsich-
tiger zu machen.

Aber die einzige Milderung, die wirklich etwas ausrichten
würde, ist eine drastische Senkung der Geschwindigkeit.
Wenn man die Geschwindigkeitsgrenze auf zwölf Meilen pro
Stunde in sämtlichen geschlossenen Ortschaften herabsetzte,

würde man die große Mehrheit der Unfälle ausschalten. Aber dies, so wird Ihnen jedermann versichern, ist »unmöglich«. Warum ist es unmöglich? Nun, es wäre unerträglich mühsam. Es würde bedeuten, daß man für jede Autoreise zwei oder drei Mal so lang bräuchte wie heute. Außerdem könnte man die Leute nie dazu bringen, eine solche Beschränkung einzuhalten. Welcher Fahrer wird mit zwölf Meilen die Stunde dahinkriechen, wenn er weiß, daß sein Motor fünfzig schaffen würde? Es ist nicht einmal einfach, ein modernes Auto auf zwölf Meilen die Stunde zu beschränken und in einem hohen Gang zu bleiben – und so weiter und so fort, was alles auf die Feststellung hinausläuft, daß langsames Reisen von Natur aus unerträglich ist.

Mit anderen Worten, wir schätzen Geschwindigkeit mehr als menschliches Leben. Warum also sagen wir es nicht, anstatt alle paar Jahre eine jener hypokritischen Kampagnen abzuhalten (die gegenwärtige ist »Keep Death off the Roads« – vor ein paar Jahren war es »Learn the Kerb Step[1]«), in voller Kenntnis der Tatsache, daß – solange unsere Straßen so bleiben wie sie sind, und die heute geltenden Geschwindigkeiten beibehalten werden – das Blutbad weitergehen muß?

»As I Please«, *Tribune*, 8. November 1946

---

[1] »Verbannt den Tod von den Straßen«, »Lernt den Bordsteinschritt«

Schriftsteller und Bücher

Bekenntnisse eines Rezensenten

In einem muffigen, kalten Wohn-Schlafzimmer voll von Zigarettenstummeln und halbgeleerten Teetassen sitzt ein Mann in einem von Motten angefressenen Hausrock an einem wackligen Tisch und versucht, zwischen Stößen von angestaubtem Papier Platz für seine Schreibmaschine zu schaffen. Er kann das Papier nicht fortwerfen, da der Papierkorb schon randvoll ist, und weil sich zwischen den Blättern neben unbeantworteten Briefen und unbezahlten Rechnungen ein Scheck über zwei Pfund befinden könnte, den er vermutlich vergessen hat, bei der Bank einzulösen. Ferner sind Briefe mit Adressen dazwischen, die er eigentlich in sein Notizbuch hätte eintragen müssen. Er hat sein Notizbuch verloren, und bei dem Gedanken, danach oder überhaupt nach irgend etwas suchen zu müssen, überkommen ihn selbstmörderische Anfälle.

Der Mann ist fünfunddreißig, sieht aber aus wie fünfzig. Er ist kahl, hat Krampfadern und trägt eine Brille, genau gesagt: er würde sie tragen, wenn sie – seine einzige – nicht ständig unauffindbar wäre. Normalerweise ist er entweder unterernährt, oder er hat einen Kater. Dies nur, falls er kurz zuvor eine Glückssträhne gehabt hat. Im Augenblick ist es halb zwölf Uhr vormittags. Seinem Programm nach sollte er schon zwei Stunden gearbeitet haben, aber selbst wenn er eine ernsthafte Anstrengung in dieser Richtung unternommen hätte, wäre er durch das ununterbrochene Läuten des Telefons, ein schreiendes Baby, das Geknatter eines Preßlufthammers auf der Straße und die schweren Stiefel seiner Gläubiger, welche die Treppe herauf- und hinunterpolterten, daran gehindert worden. Die letzte Störung bestand in der zweiten Post, mit der zwei Rundschreiben und eine rotgedruckte Steuerveranlagung kamen. Überflüssig zu sagen, daß der Mann Schriftsteller ist. Er könnte Gedichte machen oder Romane schreiben oder Drehbücher für den Film oder für den Funk arbeiten – alle, die etwas mit Literatur zu tun haben, sind einander ziemlich ähnlich –, hier aber handelt es sich um einen Rezensenten. Halb unter Stößen von Papier begraben liegt ein umfangreiches Paket, das fünf Bücher enthält. Die Redaktion hat sie ihm mit der Bemerkung zugestellt, er könnte sie vielleicht zusammen besprechen, da sie recht gut zueinander paßten. Die Bücher sind vor vier Tagen eingetroffen, aber moralische Paralyse hielt den Kritiker die letzten achtundvierzig Stunden davon ab, das Paket zu öffnen. Erst gestern hat er wild entschlossen die Schnur durchschnitten und festgestellt, daß es sich bei den Büchern um folgende Titel handelt: *Palästina am Scheideweg, Milchwirtschaft im Lichte der Wissenschaft, Kurze Geschichte der europäischen Demokratie* (680 Seiten, 4 Pfund Gewicht), *Stammesbräuche in Portugiesisch-Ost-Afrika* und einen Roman *Im Liegen lebt sich's leichter* – vermutlich aus Versehen dazwischen geraten. Seine Besprechung, schätzungsweise 800 Worte, muß spätestens bis morgen mittag bei der Redaktion sein.

Bei drei von den Büchern handelt es sich um Themen, von denen er so wenig Ahnung hat, daß er gezwungen sein wird, wenigstens fünfzig Seiten zu lesen, um keinen Blödsinn zu schreiben, wodurch er sich nicht nur beim Autor (der natürlich die Praktiken von Rezensenten kennt), sondern sogar auch beim gewöhnlichen Leser blamieren würde. Etwa um vier Uhr nachmittags hat er endlich die Bücher aus ihrer Umhüllung befreit, doch noch immer leidet er an einer nervösen Lähmung, die ihn hindert, sie aufzuschlagen. Die Aussicht, sie lesen zu müssen, ja nur das Papier zu riechen, stimmt ihn so düster wie der Gedanke an kalten Reispudding mit Lebertran. Trotz allem wird sein Manuskript auf geheimnisvolle Weise pünktlich im Verlag eintreffen. Irgendwie ist es immer noch rechtzeitig eingetroffen. Etwa gegen neun Uhr abends hat er einen verhältnismäßig klaren Kopf, und bis zum frühen Morgen wird er in dem immer kälter werdenden Zimmer sitzen und der Zigarettenrauch sich zu einem undurchdringlichen Nebel verdichten. Mit dem durch Erfahrung geschulten Blick des Kritikers wird er ein Buch nach dem andern durchfliegen, um jedes schließlich mit dem Ausruf aus der Hand zu legen: »Mein Gott, ist das ein Mist!« Wenn der Tag zu grauen beginnt, wird er hohläugig, unrasiert und denkbar schlecht gelaunt ein bis zwei Stunden auf ein leeres Blatt starren, bis ihn der drohende Finger des Uhrzeigers aufschreckt und an die Arbeit treibt. Dann wird er plötzlich loslegen. Alle die alten, abgedroschenen Phrasen wie »Ein Buch, an dem niemand vorübergehen sollte« oder »Keine Seite, auf der nicht etwas Bemerkenswertes steht«, »Von besonderem Wert sind die Kapitel, die sich mit . . .« etc., etc. werden sich reihenweise anordnen wie Eisenfeilspäne unter der Einwirkung eines Magneten, und die Besprechung wird genau die vorgeschriebene Länge haben und genau um die drei Minuten früher fertig sein, die er für den Weg zum Verlag braucht. Inzwischen ist ein neues Paket mit schlecht zusammengestellten, wenig verlockenden Büchern mit der Post gekommen. So geht es weiter, ohne Ende. Und mit welch kühnen, hochfliegenden Hoffnungen hat der nervöse, geschundene und gehetzte Mann vor noch nicht fünf Jahren seine Laufbahn angefangen.

Ist das alles übertrieben? Nun, man braucht nur einen berufsmäßigen Kritiker zu fragen – irgendeinen, der, sagen wir, hundert Bücher im Jahr bespricht – ob er ernstlich bestreiten kann, daß es so ist und sich so verhält, wie ich es beschrieben habe. Jeder Schriftsteller gleicht mehr oder weniger diesem Mann, mit der Einschränkung, daß gerade das unaufhörliche, wahllose Besprechen von Büchern eine besonders undankbare, entnervende und aufreibende Arbeit ist. Sie verlangt nicht nur, daß man für Kitsch und leeres Zeug Worte des Lobes finden muß – obwohl auch das dazugehört, wie ich gleich zeigen werde –, sie verlangt vor allem, daß man sich fortgesetzt zwingen muß, zu Büchern Stellung zu nehmen, zu denen man von sich aus nicht die geringste spontane Beziehung hat. Der Rezensent, so übersättigt er auch sein mag, hat sich doch immer ein Interesse an Büchern bewahrt, und unter den Tausenden, die jährlich erscheinen, wird es vermutlich fünfzig oder hundert geben, über die er wirklich mit Vergnügen schreiben würde. Ist er in seinem Beruf eine Koryphäe, wird er zehn oder zwanzig davon in die Hand bekommen, wahrscheinlicher jedoch nur zwei oder drei. Seine ganze übrige Arbeit, so gewissenhaft er bemüht sein mag, Lob und Tadel gerecht zu verteilen, ist reiner Humbug. Er schüttet seinen unsterblichen Geist in die Gosse, viertelliterweise.

Die meisten Kritiken geben von den Büchern, die sie besprechen, ein unzureichendes oder geradezu irreführendes Bild. Seit dem Kriege ist es Verlegern nicht mehr so leicht möglich wie vorher, literarische Redaktionen unter Druck zu setzen und sich Hymnen auf jedes von ihnen herausgebrachte Buch zu bestellen. Andererseits ist das Niveau der Buchkritik gesunken, teils aus Platzmangel, teils wegen anderer Schwierigkeiten. Bei dem Resultat, das dabei herauskommt, ist man schon auf den Gedanken verfallen, Bücher nicht mehr von Profis, sondern, etwa bei Fachbüchern, von Fachleuten besprechen zu lassen, und den größten Teil, besonders Romane, Amateuren zur Besprechung zu geben. Jedes Buch kann im einen oder andern Leser eine zumindest emotionelle Reaktion hervorrufen, und sei es selbst leidenschaftliche Ablehnung. Seine Ansicht wäre zweifellos interessanter als die eines gelangweilten Berufsschreibers. Leider sind solche Dinge, wie jeder Redakteur weiß, nur schwer zu organisieren. In der Praxis wird er lieber immer wieder auf sein Team von Profis zurückgreifen, seine »Festen«, wie er sie nennt.

Das alles wird sich nur schwer ändern lassen, solange man es selbstverständlich findet, daß jedes Buch eine Besprechung verdiene. Es ist fast unmöglich, Bücher »en masse« zu kritisieren, ohne die meisten über Verdienst zu loben. Erst wenn man so etwas wie eine berufliche Beziehung zu Büchern bekommen hat, merkt man, wie schlecht die meisten sind. In mehr als neun von zehn Fällen müßte das einzig objektive, wahrheitsgemäße Urteil lauten: »Völlig wertlos«, und die Wahrheit über die Reaktion des Kritikers wäre: »Das Buch interessiert mich in keiner Weise, und bekäme ich nicht dafür etwas bezahlt, würde ich keine Zeile darüber schreiben.« Aber für so etwas zahlt das Publikum nicht. Warum sollte es auch? Es verlangt eine Art Hinführung zu dem Buch, das ihm angeboten wird, eine Wertung. Sobald jedoch die Frage der Wertung angeschnitten wird, brechen alle Maßstäbe zusammen. Erklärt zum Beispiel ein Kritiker – und jeder erklärt so etwas mindestens einmal in der Woche –, *König Lear* sei ein gutes Stück oder *Die vier Gerechten* ein guter Reißer – was heißt da »gut«?

Ich habe es praktisch immer für das Beste gehalten, die meisten Bücher mit Stillschweigen zu übergehen und den wenigen, um die es sich lohnt, mehr Platz einzuräumen, das heißt mindestens tausend Worte. Für Neuerscheinungen könnte sich ein Hinweis von ein bis zwei Zeilen als nützlich erweisen, aber die übliche Besprechung mittlerer Länge, also etwa sechshundert Worte, muß wertlos bleiben, selbst wenn dem Kritiker daran liegt, das Buch zu besprechen. Normalerweise hat er kein Verlangen danach. Der Zwang, Woche für Woche Kritiken von der Länge einer Viertelspalte von sich zu geben, macht aus ihm sehr schnell die unglückliche Figur im Hausrock, wie ich sie eingangs beschrieben habe. Zum Glück gibt es auf dieser Welt immer noch einen, auf den er hinuntersehen kann, und nach meiner Erfahrung auf beiden Gebieten kann ich sagen, daß ein Buchkritiker besser dran ist als ein Filmkritiker, der seine Arbeit nicht einmal zu Hause tun kann, sondern bereits um elf Uhr vormittags zu den Pressevorführungen erscheinen und, von ein, zwei rühmlichen Ausnahmen abgesehen, seine Ehre für ein Glas minderwertigen Sherry verkaufen muß.

Tribune, 3. Mai 1946

Bücher kontra Zigaretten

Vor ein paar Jahren stand ein Freund von mir, ein Zeitungsredakteur, mit einigen Fabrikarbeitern Brandwache. Sie kamen auf seine Zeitung zu sprechen, die die meisten von ihnen lasen und guthießen, doch als er sie fragte, was sie vom literarischen Teil hielten, bekam er die Antwort: »Sie glauben doch nicht etwa, daß wir das Zeug lesen, oder? Sie reden doch die Hälfte der Zeit von Büchern, die zwölf Schillinge und Sixpence kosten: Unsereins kann nicht zwölf und Sixpence für ein Buch ausgeben.« Dies, so sagte er, waren Männer, denen es nichts ausmachte, mehrere Pfund für einen Tagesausflug nach Blackpool auszugeben.

Dieser Gedanke – der Kauf oder sogar das Lesen von Büchern sei ein teures Hobby und für den Durchschnittsmenschen unerschwinglich – ist so weitverbreitet, daß er eine etwas genauere Untersuchung verdient. Was das Lesen genau kostet, errechnet in Form von Pennies pro Stunde, ist schwierig zu schätzen, doch habe ich einmal damit angefangen, daß ich meine Bücher inventarisiert und ihren Preis addiert habe. Nach Abzug verschiedener anderer Unkosten kann ich ziemlich gut raten, was ich in den letzten fünfzehn Jahren ausgegeben habe.

Die Bücher, die ich gezählt und mit einem Preis versehen habe, sind die, die ich hier in meiner Wohnung habe. Ich habe ungefähr die gleiche Menge an einem anderen Ort aufgespeichert, so daß ich den Schlußbetrag verdopple, um den vollständigen Betrag zu erhalten. Einzelstücke wie Probeabzüge, beschädigte Bücher, billige Taschenbuchausgaben, Broschüren oder Zeitschriften, sofern sie nicht in Buchform gebunden sind, habe ich nicht gezählt. Ebensowenig wie die Art wertloser Bücher – alte Schulbücher und so weiter – die sich auf dem Boden von Schränken anhäufen. Ich habe nur jene Bücher gezählt, die ich aus freiem Entschluß erworben habe oder aus freiem Entschluß erworben hätte und die ich zu behalten beabsichtige. In dieser Kategorie komme ich auf 442 Bücher, die ich auf die folgende Weise erworben habe:

Gekauft (hauptsächlich antiquarisch)	251
Geschenkt bekommen oder mit	
Büchergutscheinen gekauft	33
Rezensions- und Freiexemplare	143
Geliehen und nicht zurückgegeben	10
Vorübergehend geliehen	5
Summe	442

Nun zur Methode der Preisbestimmung. Jene Bücher, die ich gekauft habe, habe ich zu ihrem vollen Preis aufgeführt, so genau ich ihn bestimmen kann. Ich habe auch zum vollen Preis diejenigen Bücher aufgeführt, die mir geschenkt wurden, und jene, die ich vorübergehend geliehen oder geliehen und behalten habe. Dies weil sich das Schenken von Büchern, das Leihen von Büchern und das Stehlen von Büchern mehr oder weniger ausgleichen. Ich besitze Bücher, die strenggenommen nicht mir gehören, doch haben viele andere Leute auch Bücher von mir: so daß die Bücher, die ich nicht bezahlt habe, als Ausgleich für diejenigen betrachtet werden können, die ich bezahlt habe aber nicht länger besitze. Hingegen habe ich die Rezensions- und Freiexemplare zum halben Preis aufgeführt. Das ist ungefähr, was ich für sie in einem Antiquariat bezahlt hätte, und es sind hauptsächlich Bücher, die ich, wenn überhaupt, nur antiquarisch gekauft hätte.

Die Kosten waren wie folgt:

	£	s.	d.
Gekauft	36	9	0
Geschenke	10	10	0

Rezenzionsexemplare, usw.	25	11	9
Geliehen und nicht zurückgegeben	4	16	9
Geliehen	3	10	0
Regale	2	0	0
Summe	£ 82	17	6

Wenn ich den anderen Stapel Bücher hinzuzähle, den ich anderswo habe, scheint es, daß ich insgesamt fast 900 Bücher im Wert von £ 165 15s. besitze. Das ist, was sich in fünfzehn Jahren angesammelt hat – ja, eigentlich mehr, da einige dieser Bücher von meiner Kindheit datieren: aber sagen wir einmal fünfzehn Jahre. Dies beläuft sich auf £ 11 1s im Jahr, doch sind da noch andere Unkosten, die hinzugezählt werden müssen, damit meine gesamten Leseausgaben veranschlagt werden können. Die größten dürften die für Zeitungen und Periodika sein, und ich glaube, daß hierfür £ 8 pro Jahr ein vernünftiger Betrag wäre. Acht Pfund im Jahr decken die Kosten von zwei Tageszeitungen, einer Abendzeitung, zwei Sonntagszeitungen, einer Wochenzeitschrift und ein oder zwei Monatsschriften. Dies erhöht die Zahl auf £ 19 1s, doch ist diese Gesamtsumme geschätzt. Offensichtlich gibt man auch oft Geld für Bücher aus, ohne daß man nachher etwas dafür vorzuzeigen hätte. Es gibt die Bibliotheksgebühren, und es gibt auch die Bücher, hauptsächlich Penguin- und andere billige Ausgaben, die man kauft und dann verliert oder wegwirft. Aufgrund meiner anderen Zahlen sieht es jedoch so aus, als ob zusätzlich £ 6 pro Jahr für Ausgaben dieser Art durchaus genug wären. Meine gesamten Lesekosten während der letzten fünfzehn Jahre betrugen also um die £ 25 im Jahr.

Fünfundzwanzig Pfund im Jahr klingt nach ziemlich viel, bis man sie mit anderen Arten von Ausgaben zu vergleichen beginnt. Das sind fast 9 Schilling 9 Pence pro Woche, und gegenwärtig entsprechen 9s 9d ungefähr 83 Zigaretten (Players): sogar vor dem Krieg hätte man damit weniger als 200 Zigaretten kaufen können. Mit den heutigen Preisen gebe ich weit mehr für Tabak aus als für Bücher. Ich rauche sechs

Unzen pro Woche, zu einer halben Krone die Unze, was beinahe £ 40 im Jahr macht. Selbst vor dem Krieg, als derselbe Tabak 8 Pence die Unze kostete, gab ich über £ 10 im Jahr dafür aus: und wenn ich außerdem durchschnittlich ein Pint Bier pro Tag, zu Sixpence, trank, dürften mich diese beiden Posten zusammen an die £ 20 im Jahr gekostet haben. Dies lag wahrscheinlich nicht viel über dem nationalen Durchschnitt. 1938 gab die Bevölkerung dieses Landes beinahe £ 10 pro Kopf jährlich für Alkohol und Tabak aus: allerdings waren 20 Prozent der Bevölkerung Kinder unter fünfzehn und weitere 40 Prozent waren Frauen, so daß der durchschnittliche Raucher und Trinker viel mehr als £ 10 aufgewandt haben muß. 1944 betrugen die jährlichen Ausgaben pro Kopf für diese Artikel nicht weniger als £ 23. Berücksichtigt man wie vorher die Frauen und Kinder, dann sind £ 40 pro Kopf eine vernünftige Zahl. Mit vierzig Pfund pro Jahr konnte man sich knapp ein Päckchen Woodbines am Tag und ein halbes Pint Bier sechs Tage die Woche leisten – keine sehr großartige Ration. Natürlich sind alle Preise heutzutage überhöht, einschließlich die von Büchern: und doch sieht es so aus, als ob die Lesekosten, sogar wenn man Bücher kauft, statt sie zu entleihen, und eine ziemlich große Anzahl Zeitschriften einschließt, nicht mehr betragen als die Kosten vom Rauchen und Trinken zusammen.

Es ist schwierig, irgendeine Beziehung zwischen dem Preis eines Buches und dem Gewinn, den man aus seiner Lektüre zieht, herzustellen. »Bücher« umfaßt Romane, Gedichte, Lehrbücher, Nachschlagewerke, soziologische Abhandlungen und vieles andere, und Umfang und Preis entsprechen einander nicht besonders, wenn man Bücher gewöhnlich antiquarisch kauft. Man kann zehn Schillinge für ein Gedicht von 500 Zeilen ausgeben, oder Sixpence für ein Lexikon, in dem man dann und wann während einer Zeitspanne von zwanzig Jahren etwas nachschlägt. Es gibt Bücher, die man immer wieder liest, Bücher, die Teil unseres geistigen Rüstzeugs werden und unsere ganze Lebenseinstellung ändern, Bücher, die man flüchtig durchblättert, aber nie ganz durchliest, Bücher, die man in einem Zug liest und eine Woche später vergißt: und die Kosten können, finanziell ausgedrückt, in jedem Fall die gleichen sein. Aber wenn man das Leben lediglich als Unterhaltung betrachtet, wie etwa einen Kinobesuch, dann ist es möglich, die Kosten grob zu schätzen. Wenn man nichts als Romane und »leichte« Literatur lesen und jedes Buch, das man liest, kaufen würde, würde man – wenn man acht Schillinge als Preis für ein Buch und vier Stunden als Zeit für die Lektüre ansetzt – zwei Schillinge pro Stunde ausgeben. Das ist ungefähr, was einer der teuersten Plätze im Kino kostet. Wenn man sich auf ernstere Bücher konzentrierte und immer noch alles kaufte, was man liest, wären die Ausgaben ungefähr gleich hoch. Die Bücher würden zwar mehr kosten, doch würde man länger an ihnen lesen. In jedem der beiden Fälle würde man die Bücher immer noch besitzen, nachdem man sie gelesen hätte, und man könnte sie ungefähr zu einem Drittel ihres Kaufpreises verkaufen. Wenn man nur antiquarische Bücher kaufte, wären die Leseausgaben, die man hätte, natürlich viel kleiner: Sixpence pro Stunde wäre vielleicht eine angemessene Veranschlagung. Wenn man andererseits keine Bücher kauft, sondern sie nur aus der Leihbücherei entleiht, kostet einen das Lesen ungefähr einen halben Penny pro Stunde: wenn man sie aus der öffentlichen Bibliothek entleiht, so gut wie nichts.

Ich habe genug gesagt, um zu zeigen, daß das Lesen eine der billigeren Formen der Unterhaltung ist: nach dem Radiohören wahrscheinlich *die* billigste. Unterdessen frage ich mich, was die eigentliche Summe ist, die die britische Öffentlichkeit für Bücher ausgibt? Ich kann keine Zahlen ausfindig machen, obwohl sie zweifellos existieren. Aber was ich weiß, ist, daß dieses Land vor dem Krieg jährlich ungefähr 15 000 Bücher herausbrachte, Neuauflagen und Schulbücher eingerechnet. Wenn überhaupt 10 000 Exemplare von jedem Buch verkauft wurden – und selbst unter Berücksichtigung der Schulbücher ist dies wahrscheinlich eine hohe Schätzung –

kaufte die Durchschnittsperson, direkt oder indirekt, ungefähr drei Bücher im Jahr. Diese drei Bücher kosten vielleicht
zusammen £ 1, wahrscheinlich weniger.

Diese Zahlen sind reine Vermutungen, und ich wäre froh,
wenn jemand sie mir korrigieren könnte. Aber wenn meine
Schätzung auch nur annähernd stimmt, ist dies kein sehr
stolzes Zeugnis für ein Land, in dem beinahe 100 Prozent der
Bevölkerung lesen und schreiben können und der Normalbürger mehr für Zigaretten ausgibt, als ein indischer Bauer für
seinen ganzen Lebensunterhalt hat. Und wenn unser Bücher-
verbrauch so niedrig bleibt, wie er es bis jetzt gewesen ist, so
laßt uns doch zumindest zugeben, daß dies deshalb ist, weil
Lesen ein weniger interessanter Zeitvertreib ist, als zum
Windhundrennen, ins Kino oder in die Kneipe zu gehen, und
nicht, weil Bücher, ob gekauft oder geliehen, zu teuer sind.

Tribune, 8. Februar 1946

Schriftsteller und Gesellschaft

Als ich möglichst gleichzeitig Derrick Leons *Das Leben von Tolstoi,* Gladys Storeys Buch über Dickens, Harry Levins Buch über James Joyce und die (in diesem Land noch nicht veröffentlichte) Autobiographie von Salvador Dali, dem surrealistischen Maler, nebeneinander las, fiel mir noch eindringlicher als sonst der Vorteil auf, den ein Künstler daraus zieht, daß er in eine relativ gesunde Gesellschaft hineingeboren wird.

Als ich zum ersten Mal *Krieg und Frieden* las, muß ich wohl zwanzig gewesen sein, ein Alter, in dem man von langen Romanen nicht eingeschüchtert wird, und das einzige, was ich an diesem Buch (drei dicke Bände – ungefähr die Länge von vier modernen Romanen) auszusetzen hatte, war, daß es nicht lange genug weiterging. Es schien mir, daß Nikolai und Natascha Rostow, Pierre Besuchow, Denissow und all die anderen Menschen waren, über die man gern ewig weiterlesen möchte. In der Tat waren die Angehörigen des niederen russischen Adels jener Zeit, mit ihrer Dreistigkeit und Einfachheit, ihren ländlichen Vergnügen, ihren stürmischen Liebschaften und riesigen Familien, äußerst bezaubernde Leute. Eine solche Gesellschaft könnte unmöglich als gerecht oder fortschrittlich bezeichnet werden. Sie beruhte auf der Leibeigenschaft, was Tolstoi schon in seiner Kindheit Unbehagen verursachte, und selbst der »aufgeklärte« Aristokrat hätte es schwierig gefunden, den Bauern als zur gleichen Tierart gehörig zu betrachten wie sich selbst. Tolstoi selbst hörte erst auf, seine Bediensteten zu schlagen, als er schon lange erwachsen war.

Der Grundbesitzer übte eine Art *droit de seigneur* über die Bauern auf seinem Besitz aus. Tolstoi hatte mindestens einen

Bastard, und sein morganatischer Halbbruder war der Familienkutscher. Und doch kann man für diese naiven, überaus fruchtbaren Russen nicht die gleiche Verachtung empfinden wie für den versnobten, kosmopolitischen Abschaum, der Dali seinen Lebensunterhalt gab. Was einen mit ihnen versöhnt, ist der Umstand, daß sie einfache Landleute sind, sie haben noch nie etwas von Benzedrin oder vergoldeten Zehennägeln gehört, und obwohl Tolstoi später seine Jugendsünden lauter als die meisten Leute bereuen sollte, muß er gewußt haben, daß er seine Kraft – sowohl seine schöpferische Kraft als auch die Kraft seiner ungeheuren Muskeln – von jenem rauhen, gesunden Milieu schöpfte, wo man Waldschnepfen in den Sümpfen schoß und die Mädchen sich glücklich schätzten, wenn sie dreimal im Jahr zu einem Ball gingen.

Eine der großen Lücken bei Dickens ist, daß er nichts, auch nicht in einem burlesken Sinne, über das Landleben schreibt. Von der Landwirtschaft gibt er nicht einmal vor, etwas zu wissen. Es gibt zwar ein paar lächerliche Jagdbeschreibungen in *Die Pickwicker,* doch wäre Dickens, als Radikaler des Mittelstandes, außerstande, solche Vergnügungen mit Sympathie zu beschreiben. Für ihn sind Jagen und Fischen in erster Linie eine Snobismus-Übung, was sie bereits im England jener Zeit waren. Die Umzäunungen, der Industrialismus, die gewaltigen Unterschiede zwischen Arm und Reich und der Kult des Bauern und des Rotwildes hatten zusammen dahin gewirkt, das Gros der Engländer vom Land zu vertreiben und den Jagdinstinkt, den wahrscheinlich fast alle Menschen haben, lediglich als Fetisch der Aristokratie erscheinen zu lassen. Die Beschreibung der Wolfsjagd ist vielleicht das Beste in *Krieg und Frieden.* Am Ende ist es der Hund des Bauern, der die der Adligen hinter sich läßt und den Wolf erwischt; nachher findet Natascha es ganz natürlich, in der Hütte des Bauern zu tanzen.

Um solche Szenen in England zu erleben, müßte man hundert oder zweihundert Jahre zurückgehen, zu einer Zeit, da ein Unterschied in der gesellschaftlichen Stellung keinen großen Unterschied in den Gewohnheiten bedeutete. Dickens' England wurde bereits von dem Schild »Betreten bei Strafe verboten« beherrscht. Wenn man an die allgemein anerkannte Haltung der Linken der Jagd und ähnlichen Sportarten gegenüber denkt, mutet es einen seltsam an, daß Lenin, Stalin und Trotzki alle drei zu ihren Lebzeiten eifrige Jäger waren. Aber dann darf man nicht vergessen, daß sie einem großen leeren Land angehörten, wo die Jagd nicht notgedrungenermaßen mit dem Snobismus verbunden war und die Trennung zwischen Stadt und Land niemals vollständig war. Die Gesellschaft, die fast jeder moderne Romanschreiber als Stoff verwendet, ist sehr viel schäbiger, weniger anständig und weniger sorglos als diejenige Tolstois, und dies zu erfassen ist eines der Zeichen von Talent gewesen. Joyce hätte die Tatsachen verfälscht, wenn er die Leute in den *Dubliner* weniger widerwärtig gezeichnet hätte, als sie es sind. Aber der natürliche Vorteil lag bei Tolstoi: denn wer würde, unter sonst gleichen Bedingungen, nicht lieber über Pierre und Natascha schreiben als über heimliche Verführungen in Pensionen oder betrunkene katholische Geschäftsleute, die einen »Bußgottesdienst« feiern?

In seinem Buch über Joyce gibt uns Harry Levin zwar einige biographische Details, doch ist er nicht imstande, viel über Joyces letztes Lebensjahr zu sagen. Alles, was wir wissen, ist, daß er, als die Nazis in Frankreich eindrangen, über die Grenze in die Schweiz flüchtete, um ein Jahr später in seinem alten Heim in Zürich zu sterben. Sogar den Verbleib seiner Kinder kennt man, so scheint es, nicht mit Sicherheit.

Die akademischen Kritiker konnten der Gelegenheit nicht widerstehen, Joyces Leichnam mit Füßen zu treten. *The Times* widmete ihm einen reservierten, schäbigen kleinen Nachruf und weigerte sich dann – obwohl es *The Times* nie an Platz für Briefe über die Durchschnittsleistung eines Schlägers beim Kricket oder über die erste Schwalbe fehlte –, den Protestbrief von T. S. Eliot abzudrucken. Dies entsprach der großen alten englischen Tradition, wonach man den Toten immer schmeicheln muß, außer wenn sie zufälligerweise Künstler sind. Laßt einen Politiker sterben, und seine ärgsten Feinde werden im Parlament das Wort ergreifen und ihm zu Ehren fromme Lügen äußern, aber über einen Schriftsteller oder Künstler muß man die Nase rümpfen, zumindest, wenn er etwas taugt. Die gesamte britische Presse tat sich zusammen, um D. H. Lawrence zu beleidigen (»Verfasser pornographischer Schriften« war die übliche Bezeichnung), sobald er tot war. Aber die arroganten Nachrufe waren lediglich, was Joyce erwartet hätte. Der Zusammenbruch Frankreichs und die Tatsache, daß er wie ein gewöhnlicher politisch Verdächtiger vor der Gestapo flüchten mußte, waren etwas anderes, und wenn der Krieg vorbei ist, wird es sehr interessant sein, herauszufinden, was Joyce darüber dachte.

Joyce war ein bewußter Verbannter vom anglo-irischen Philistertum. Irland wollte nichts von ihm wissen, England und Amerika duldeten ihn gerade noch. Seinen Büchern wurde die Veröffentlichung verweigert, sie wurden von ängstlichen Verlegern zerstört, als sie gesetzt waren, verboten, als sie herauskamen, mit der stillschweigenden Duldung der Behörden plagiert und bis zur Veröffentlichung des *Ulysses* sowieso größtenteils ignoriert. Er hegte einen aufrichtigen Groll und war sich dessen in extremem Maße bewußt. Aber es war auch sein Ziel, ein »reiner« Künstler zu sein, »über der Schlacht erhaben« und gleichgültig der Politik gegenüber. Er hatte den *Ulysses* in der Schweiz geschrieben, mit einem österreichischen Paß und einer britischen Rente, während des Krieges von 1914–18, dem er sowenig Beachtung wie nur möglich schenkte. Aber der gegenwärtige Krieg ist, wie auch Joyce entdeckte, nicht mehr so beschaffen, daß er sich ignorieren läßt, und ich glaube, er muß ihm beigebracht haben, daß eine politische Wahl notwendig ist und daß sogar Dummheit besser ist als Totalitarismus.

Hitler und seine Freunde haben immerhin gezeigt, wie verhältnismäßig gut es die Intellektuellen während der vergangenen hundert Jahre gehabt haben. Denn was ist schließlich die Verfolgung von Joyce, Lawrence, Whitman, Baudelaire, ja sogar Oscar Wilde, im Vergleich zu dem, was mit den liberalen Intellektuellen in ganz Europa geschehen ist, seit Hitler an der Macht ist? Joyce verließ Irland mit Abscheu: er mußte nicht um sein Leben rennen, wie er es tun mußte, als die Panzer in Paris einrollten. Die britische Regierung verbot zwar vorschriftsmäßig den *Ulysses*, als er erschien, doch hob sie das Verbot fünfzehn Jahre später auf, und, was wahrscheinlich noch wichtiger ist, sie half Joyce am Leben zu bleiben, während das Buch geschrieben wurde. Und danach konnte Joyce, dank der Großzügigkeit eines anonymen Bewunderers, beinahe zwanzig Jahre lang in Paris ein zivilisiertes Leben führen und, von einem Kreis von Schülern umgeben, an *Finnegans Wake* schreiben, während emsige Teams von Experten den *Ulysses* nicht nur in verschiedene europäische Sprachen, sondern sogar ins Japanische übersetzten. Zwischen 1900 und 1920 hatte er Hunger und Vernachlässigung erfahren: aber als Ganzes gesehen erschiene einem sein Leben doch ziemlich gut, wenn man es vom Innern eines deutschen Konzentrationslagers aus betrachtete.

Was hätten die Nazis mit Joyce gemacht, wenn sie ihn zu fassen gekriegt hätten? Wir wissen es nicht. Sie hätten sich vielleicht sogar bemüht, ihn für sich zu gewinnen und ihn auch in den Sack »bekehrter« Literaten zu stecken. Aber er muß gesehen haben, daß sie nicht nur die Gesellschaft, die er gewohnt war, zerstört hatten, sondern daß sie auch die Todfeinde all dessen waren, was er schätzte. Die Schlacht, über die er hatte »erhaben« sein wollen, ging ihn am Ende doch ziemlich unmittelbar an, und ich bin geneigt zu glauben, daß er sich vor dem Ende dazu durchgerungen hat, irgendeinen nicht neutralen Kommentar über Hitler zu äußern – und da er von Joyce kommt, könnte er ziemlich bissig sein –, der in Zürich liegt und nach dem Krieg zugänglich sein wird.

»As I Please«, *Tribune*, 10. März 1944

Literatur und Totalitarismus

Zu Anfang meiner ersten Ansprache stellte ich fest, daß dies kein kritisches Zeitalter ist. Es ist ein Zeitalter des Parteigängertums und nicht der Unparteilichkeit, ein Zeitalter, in dem es besonders schwierig ist, in einem Buch, mit dessen Schlußfolgerungen man nicht einverstanden ist, ein literarisches Verdienst zu erblicken. Die Politik – die Politik im weitesten Sinne – ist in die Literatur eingedrungen, und zwar in einem Ausmaß, das man gewöhnlich nicht beobachtet, und das hat den Kampf, der ständig zwischen dem einzelnen und der Gesellschaft stattfindet, an die Oberfläche unseres Bewußtseins gebracht. Erst wenn man an die Schwierigkeit denkt, in einer Zeit wie der unseren ehrliche unvoreingenommene Literaturkritik zu schreiben, beginnt man das Wesen der Gefahr zu begreifen, die über der ganzen Literatur des kommenden Zeitalters schwebt.

Wir leben in einem Zeitalter, in dem der autonome einzelne allmählich zu existieren aufhört – oder vielleicht sollte man sagen, in dem der einzelne aufhört, die Illusion zu hegen, daß er autonom ist. Nun, bei allem, was wir über die Literatur sagen, und (vor allem) bei allem, was wir über die Literaturkritik sagen, gehen wir instinktiv davon aus, daß der einzelne autonom ist. Die ganze moderne Literatur Europas – ich spreche von der Literatur der letzten vierhundert Jahre – stützt sich auf das Konzept der intellektuellen Ehrlichkeit oder, wenn Sie es lieber so ausdrücken wollen, auf Shakespeares Maxime »Sei dir selber treu«. Das erste, was wir von einem Schriftsteller verlangen, ist, daß er keine Lügen erzählen soll, daß er sagt, was er wirklich denkt, was er wirklich fühlt. Das Schlimmste, was wir von einem Kunstwerk sagen können, ist, daß es unaufrichtig ist. Und dies gilt sogar noch mehr für die

Kritik als für die kreative Literatur, bei der ein gewisses Maß an Affektiertheit und Manierismus und sogar ein gewisses Maß an völligem Humbug keine Rolle spielt, solange der Schriftsteller von Grund auf ehrlich ist. Die moderne Literatur ist im wesentlichen eine individuelle Angelegenheit. Sie ist entweder der wahrhaftige Ausdruck dessen, was ein Mensch denkt und fühlt, oder sie ist gar nichts.

Wie gesagt, wir nehmen diese Vorstellung für selbstverständlich, doch sobald man sie in Worte faßt, merkt man, wie sehr die Literatur bedroht ist. Denn unseres ist das Zeitalter des totalitären Staates, der dem einzelnen keinerlei Freiheit gewährt und wahrscheinlich auch nicht gewähren kann. Wenn man den Totalitarismus erwähnt, denkt man sofort an Deutschland, Sowjetrußland, Italien, doch glaube ich, daß man der Gefahr ins Auge sehen muß, daß dieses Phänomen einmal weltumfassend sein wird. Es ist offensichtlich, daß die Epoche des freien Kapitalismus zu Ende geht und daß ein Land nach dem anderen ein zentralisiertes Wirtschaftssystem einführt, das man – je nachdem, was einem lieber ist – als Sozialismus oder Staatskapitalismus bezeichnen kann. Damit nimmt die wirtschaftliche Freiheit des einzelnen, und zu einem großen Teil die Freiheit, zu tun und lassen, was er will, seine eigene Arbeit zu wählen, sich auf der Erdoberfläche hin und her zu bewegen, ein Ende. Nun hat man aber bis vor kurzem nicht vorausgesehen, was das impliziert. Es wurde nie vollkommen realisiert, daß das Verschwinden der wirtschaftlichen Freiheit einmal eine Auswirkung auf die intellektuelle Freiheit haben könnte. Der Sozialismus wurde gewöhnlich als eine Art moralisch verbesserter Liberalismus aufgefaßt. Der Staat würde sich um euer wirtschaftliches Leben kümmern und euch von der Angst vor Armut, Arbeitslosigkeit und so weiter befreien, doch hätte er keinen Grund, sich in euer privates Geistesleben einzumischen. Die Kunst würde ebenso gedeihen wie im liberal-kapitalistischen Zeitalter, nur noch ein bißchen mehr, da der Künstler nun nicht länger ökonomischen Zwängen unterworfen wäre.

Nun, aufgrund der bestehenden Anhaltspunkte muß man zugeben, daß diese Ideen verfälscht worden sind. Der Totalitarismus hat die Gedankenfreiheit in einer noch nie dagewesenen Weise abgeschafft. Und es ist wichtig einzusehen, daß er die Gedanken nicht nur negativ, sondern auch positiv kontrolliert. Er verbietet dir nicht nur, bestimmte Gedanken auszudrücken – ja sogar zu denken –, sondern diktiert dir auch, was du denken *sollst*, er schafft eine Ideologie für dich, er versucht sowohl dein Gefühlsleben zu bestimmen als auch einen Verhaltenskodex aufzustellen. Und er isoliert dich so weit wie möglich von der Außenwelt, er schließt dich in ein künstliches Universum ein, in dem du keine Vergleichsmöglichkeiten hast. Der totalitäre Staat versucht jedenfalls die Gedanken und Empfindungen seiner Untertanen mindestens ebenso vollständig zu kontrollieren wie ihre Handlungen.

Die Frage, die für uns wichtig ist, ist die: kann die Literatur in solch einer Atmosphäre überleben? Ich glaube, daß man darauf kurz und bündig mit Nein antworten muß. Wenn der Totalitarismus zu einem weltweiten und dauernden System wird, muß das, was wir unter Literatur verstanden haben, unweigerlich ein Ende nehmen. Und es geht nicht an – wie dies auf den ersten Blick scheinen mag –, zu sagen, daß es nur die Literatur des Europas der Post-Renaissance ist, die ein Ende nehmen wird.

Es gibt mehrere grundlegende Unterschiede zwischen dem Totalitarismus und all den orthodoxen Überzeugungen der Vergangenheit, sowohl in Europa wie im Osten. Der wichtigste ist der, daß die orthodoxen Überzeugungen der Vergangenheit sich nicht verändert haben oder zumindest nicht schnell verändert haben. Im mittelalterlichen Europa diktierte die Kirche, was man zu glauben hatte, doch gestattete sie einem wenigstens, von der Geburt bis zum Tode die gleichen Überzeugungen beizubehalten. Sie befahl einem nicht, am Montag das eine und am Dienstag das andere zu glauben. Und das gleiche gilt mehr oder weniger für jeden orthodoxen Christen, Hindu, Buddhisten oder Moslem heute. In einem gewissen Sinne sind seine Gedanken umschrieben, doch verbringt er sein ganzes Leben innerhalb desselben gedanklichen Rahmens. Es wird nicht an seinen Gefühlen herumgepfuscht.

Heutzutage trifft mit dem Totalitarismus genau das Gegenteil zu. Die Besonderheit des totalitären Staates ist, daß er das Denken zwar bestimmt, aber nicht fixiert. Er schafft über jeden Zweifel erhabene Dogmen und ändert sie von Tag zu Tag. Er braucht die Dogmen, weil er absoluten Gehorsam von seinen Untertanen braucht, doch kann er die Wechsel nicht vermeiden, die von den Erfordernissen der Machtpolitik diktiert werden. Er erklärt sich für unfehlbar, und gleichzeitig greift er eben das Konzept der objektiven Wahrheit an. Um ein krasses Beispiel zu nennen: jeder Deutsche mußte bis zum September 1939 den sowjetischen Bolschewismus mit Schrecken und Abscheu betrachten, und seit dem September 1939 muß er ihn mit Bewunderung und Sympathie betrachten. Wenn Rußland und Deutschland einen Krieg anfangen, was sie innerhalb der nächsten paar Jahre sehr wohl tun könnten, wird ein ebenso gewaltiger Wechsel stattfinden müssen. Von dem Gefühlsleben des Deutschen, seinen Liebes- und Haßgefühlen, wird erwartet, daß sie sich, wenn es nötig ist, über Nacht völlig ändern. Ich brauche wohl kaum darauf hinzuweisen, welchen Einfluß so etwas auf die Literatur hat. Denn das Schreiben ist zu einem großen Teil eine Sache des Gefühls, was nicht immer von außen verwaltet werden kann. Es ist einfach, der orthodoxen Überzeugung des Augenblicks geheuchelte Ergebenheit entgegenzubringen, doch kann ein Werk, das von Bedeutung ist, nur dann geschaffen werden, wenn ein Mensch die Wahrheit dessen, was er sagt, *fühlt*; ohne das fehlt der kreative Impuls. Unsere sämtlichen Anhaltspunkte deuten darauf hin, daß die plötzlichen Gefühlswandel, die der Totalitarismus von seinen Mitläufern verlangt, psychologisch unmöglich sind. Und das ist der Hauptgrund, wieso ich behaupte, daß es mit der Literatur, wie wir sie kennen, aus ist, wenn der Totalitarismus siegt.

Und der Totalitarismus scheint auch bisher diese Wirkung gehabt zu haben. In Italien ist die Literatur verkrüppelt worden, und in Deutschland scheint sie beinahe versiegt zu sein. Die charakteristischste Tätigkeit der Nazis ist das Verbrennen von Büchern. Und sogar in Rußland hat die literarische Renaissance, die wir einst vorhersahen, nicht stattgefunden, die vielversprechendsten russischen Schriftsteller zeigen eine ausgeprägte Neigung, Selbstmord zu begehen oder hinter Gefängnismauern zu verschwinden.

Ich sagte an früherer Stelle, daß der liberale Kapitalismus offensichtlich zu Ende geht, und man könnte daraus schließen, daß ich der Meinung bin, daß auch die Gedankenfreiheit zwangsläufig verdammt ist. Aber ich glaube nicht, daß dies der Fall ist, und zum Abschluß möchte ich nur sagen, daß ich glaube, daß die Überlebenschance der Literatur in jenen Ländern liegt, in denen der Liberalismus seine tiefsten Wurzeln geschlagen hat, den nicht-militärischen Ländern, Westeuropa und den beiden Amerika, Indien und China. Ich glaube – dies mag nichts weiter als eine fromme Hoffnung sein –, daß, obwohl eine kollektivistische Wirtschaft kommen muß, jene Länder imstande sein werden, eine Form des Sozialismus zu entwickeln, die nicht totalitär ist, in der die Gedankenfreiheit das Verschwinden des wirtschaftlichen Individualismus überleben kann. Das ist jedenfalls die einzige Hoffnung, an die sich jeder, dem etwas an der Literatur liegt, noch klammern kann. Wer immer den Wert der Literatur spürt, wer immer die zentrale Rolle sieht, die sie in der Entwicklung der Menschheitsgeschichte spielt, muß auch erkennen, daß es eine Frage von Leben und Tod ist, sich dem Totalitarismus zu widersetzen, ob er uns nun von außen oder von innen aufgezwungen wird.

Rundfunkansprache im BBC Overseas Service;
abgedruckt im *Listener* vom 19. Juli 1941.

Literatur und die Linke

»Wenn ein Mensch von wahrer Genialität in der Welt erscheint, kann man ihn an jenem untrüglichen Zeichen erkennen, daß alle Dummköpfe sich gegen ihn verschworen haben.« Das schrieb Jonathan Swift, 200 Jahre vor der Veröffentlichung des *Ulysses.*

Wenn man irgendein Handbuch oder Jahrbuch über Sport aufschlägt, findet man viele Seiten, die der Fuchs- und Hasenjagd gewidmet sind, aber kein einziges Wort über die Intellektuellenhatz. Dabei ist das, mehr als alles andere, der charakteristische britische Sport, der, das ganze Jahr hindurch in Saison, für Arme wie Reiche gleichermaßen ein Vergnügen, mit keinerlei Komplikationen weder durch Klassenhaß noch durch politische Gesinnung verbunden ist.

Denn es sollte zur Kenntnis genommen werden, daß in ihrer Haltung den »Highbrows« (»Intellektuellen«) gegenüber – das heißt, jedem Schriftsteller oder Künstler gegenüber, der mit der Technik experimentiert – die Linke kein bißchen freundlicher ist als die Rechte. Nicht nur ist der Begriff »Highbrows« beinahe ein ebenso starkes Schimpfwort im *Dayly Worker* wie im *Punch,* sondern es sind genau jene Schriftsteller, deren Werk sowohl Originalität wie Dauerhaftigkeit zeigt, die sich marxistische Doktrinäre für einen Angriff aussuchen. Ich könnte eine lange Liste von Beispielen nennen, doch denke ich vor allem an Joyce, Yeats, Lawrence und Eliot. Insbesondere Eliot wird in der linken Presse fast ebenso automatisch und obenhin verdammt wie Kipling – und das von Kritikern, die noch vor ein paar Jahren über die bereits vergessenen Meisterwerke des Left Book Clubs in Verzückung gerieten.

Wenn Sie einen »treuen Parteimann« fragen (und dies gilt

für fast jede Partei der Linken), was er gegen Eliot einzuwenden hat, bekommen Sie eine Antwort, die sich letzten Endes auf folgendes reduzieren läßt: Eliot ist ein Reaktionär (er bezeichnet sich als Royalist und Anglokatholik, usw.) und er ist auch ein »bourgeoiser Intellektueller«, der keine Beziehung zum gemeinen Mann hat: folglich ist er ein schlechter Schriftsteller. In dieser Behauptung ist eine halbbewußte Gedankenverwirrung enthalten, die fast die ganze politisch-literarische Kritik entkräftet.

Die Politik eines Schriftstellers nicht zu mögen ist eine Sache. Ihn nicht zu mögen, weil er einen zum Denken zwingt, ist eine andere, mit der ersten nicht unbedingt unvereinbare. Aber sobald man anfängt, von »guten« und »schlechten« Schriftstellern zu reden, beruft man sich stillschweigend auf die literarische Tradition und zieht somit völlig andere Wertvorstellungen hinein. Denn was ist ein »guter« Schriftsteller? War Shakespeare »gut«? Die meisten Leute sind dieser Meinung. Und doch ist Shakespeare, und war es vielleicht sogar nach den Normen seiner eigenen Zeit, der Tendenz nach reaktionär; und er ist auch ein schwieriger Schriftsteller, von dem es fragwürdig ist, ob er dem gemeinen Manne leicht zugänglich war. Was also wird aus der Vorstellung, daß Eliot gleichsam disqualifiziert ist, weil er ein anglokatholischer Royalist ist, der gelegentlich lateinischen Zitaten verfällt?

Die Literaturkritik des linken Flügels hatte keineswegs unrecht, auf die Bedeutung des Gegenstandes Gewicht zu legen. Vielleicht hatte sie nicht einmal unrecht, in Anbetracht des Zeitalters, in dem wir leben, zu fordern, daß Literatur zu allererst Propaganda sein sollte. Sie hat aber insofern unrecht gehabt, als sie scheinbar literarische Urteile für politische Zwecke gefällt hat. Um ein krasses Beispiel zu nennen: welcher Kommunist würde es wagen, in der Öffentlichkeit zuzugeben, daß Trotzki ein besserer Schriftsteller ist als Stalin – was er natürlich ist? Zu sagen »X ist ein begabter Schriftsteller, aber er ist ein politischer Feind, und ich werde mein möglichstes tun, um ihn zum Schweigen zu bringen«, ist

durchaus harmlos. Selbst wenn man ihn mit einer Maschinen-
pistole zum Schweigen bringt, sündigt man nicht gegen den
Intellekt. Die Todsünde besteht darin, zu sagen »X ist ein
politischer Feind: deshalb ist er ein schlechter Schriftsteller.«
Und wenn irgend jemand behauptet, daß so etwas nicht
vorkommt, antworte ich lediglich: schlage die Literaturseiten
der linken Presse, vom *News Chronicle* zum *Labour
Monthly*, auf und schau, was du findest.

Man kann nicht wissen, wieviel die sozialistische Bewegung eigentlich dadurch verloren hat, daß sie die literarische
Intelligenz entfremdet hat. Aber sie hat sie entfremdet,
teilweise, weil sie Traktate mit Literatur verwechselt hat, und
teilweise, weil sie keinen Platz für eine humanistische Bildung
hat. Ein Schriftsteller kann ebenso leicht wie jeder andere die
Labour Party wählen, aber es ist sehr schwierig für ihn, an der
sozialistischen Bewegung *als Schriftsteller* teilzunehmen. Sowohl der theoretisch geschulte Doktrinär als auch der prakti-
sche Politiker werden ihn als »bourgeoisen Intellektuellen«
verachten und keine Gelegenheit verlieren, ihm das zu sagen.
Sie werden so ziemlich die gleiche Haltung seinem Werk
gegenüber haben wie ein Golf spielender Börsenmakler. Der
Mangel an Bildung der Politiker ist ein besonderes Merkmal
unserer Zeit – wie G. M. Trevelyan es ausdrückte: »Im
siebzehnten Jahrhundert zitierten die Abgeordneten des Un-
terhauses die Bibel, im achtzehnten und neunzehnten die
Klassiker, und im zwanzigsten gar nichts« – und die natürliche Folge davon ist die [politische] Ohnmacht des Schriftstellers. In den Jahren nach dem letzten Krieg waren die besten
englischen Schriftsteller der Tendenz nach reaktionär, obwohl die meisten von ihnen sich nicht direkt an der Politik
beteiligten. Nach ihnen, um 1930, kam eine Generation von
Schriftstellern, die sich ernsthaft bemühte, aktiv der sozialistischen Bewegung nützlich zu sein. Viele von ihnen wurden
Mitglieder der kommunistischen Partei und fanden dort
genau die gleiche Aufnahme, wie sie sie bei der Konservativen
Partei gefunden hätten. Das heißt, sie wurden zuerst mit

Herablassung und Mißtrauen betrachtet, und dann, als man feststellte, daß sie sich nicht in Grammophon-Platten verwandeln würden oder konnten, wurden sie rausgeschmissen. Die meisten zogen sich in den Individualismus zurück. Zweifellos wählen sie immer noch die Labour Party, aber ihre Talente sind der Bewegung verlorengegangen; und – eine schlimmere Entwicklung – nach ihnen kommt eine neue Generation von Schriftstellern, die, ohne vollkommen unpolitisch zu sein, doch von Anfang an außerhalb der sozialistischen Bewegung stehen. Von den sehr jungen Schriftstellern, die jetzt ihre Karriere beginnen, sind die Pazifisten die begabtesten; ein paar von ihnen neigen sogar vielleicht zum Faschismus hin. Es gibt fast keinen, dem das Mystische der sozialistischen Bewegung etwas zu bedeuten scheint. Der zehnjährige Kampf gegen den Faschismus erscheint ihnen als bedeutungslos und uninteressant, und sie geben das auch ganz offen zu. Man könnte dies auf viele verschiedene Arten erklären, doch ist die verächtliche Haltung der Linken gegenüber »bourgeoisen Intellektuellen« höchstwahrscheinlich ein Teil des Grundes.

Gilbert Murray erzählt an irgendeiner Stelle, daß er einmal vor einem sozialistischen Debattierklub einen Vortrag über Shakespeare hielt. Am Ende forderte er die Zuhörer in der üblichen Weise auf, Fragen zu stellen, worauf er als einzige Antwort die Frage bekam: »War Shakespeare ein Kapitalist?« Das Deprimierende an dieser Geschichte ist, daß sie sehr wohl wahr sein könnte. Gehen Sie ihren Hintergründen nach, und vielleicht bekommen Sie einen Schimmer von dem Beweggrund, aus dem heraus Céline *Mea Culpa* geschrieben hat und Auden dabei ist, seinen Nabel in Amerika zu beobachten.

Tribune, 4. Juni 1943

Die Wiederentdeckung Europas

Als ich ein kleiner Junge war und in Geschichte unterrichtet wurde – sehr schlecht natürlich, wie fast jeder in England –, pflegte ich mir die Geschichte als eine Art langer Schriftrolle vorzustellen, über die in Abständen dicke schwarze Linien gezogen waren. Jede dieser Linien kennzeichnete das Ende einer sogenannten »Periode«, und es wurde einem zu verstehen gegeben, daß das, was nachher kam, völlig anders war als das, was vorher gewesen war. Es war beinahe so, wie wenn eine Uhr schlägt. Im Jahre 1499 zum Beispiel war man immer noch im Mittelalter, mit Rittern in Plattenrüstungen, die mit langen Lanzen aufeinander losritten, und dann schlug die Uhr plötzlich 1500, und man war in einer Zeit, die man Renaissance nannte, und alle trugen Halskrause und Wams und waren damit beschäftigt, Schatzschiffe auf der Spanischen See auszurauben. Beim Jahre 1700 war eine weitere sehr dicke Linie gezogen. Danach kam das achtzehnte Jahrhundert, und die Leute hörten plötzlich auf, Kavaliere und Rundköpfe zu sein, und wurden außerordentlich elegante Gentlemen in Kniehosen und dreieckigen Hüten. Alle puderten sich das Haar, nahmen Schnupftabak und sprachen in exakt ausgewogenen Sätzen, die um so geschraubter erschienen, als sie aus irgendeinem Grund, den ich nicht verstand, die meisten S als F aussprachen. In meiner Vorstellung war die ganze Geschichte so – eine Reihe völlig verschiedener Perioden, die am Ende eines Jahrhunderts, oder zumindest an irgendeinem genau definierten Datum, abrupt wechselten.

Nun kommen solche abrupten Übergänge aber in Wirklichkeit nicht vor, weder in der Politik, in den Sitten, noch in der Literatur. Jedes Zeitalter lebt bis ins nächste fort – das muß es, weil es unzählige Menschenleben gibt, die jede Lücke überbrücken. Und doch gibt es so etwas wie Perioden. Wir halten unser Zeitalter zum Beispiel für völlig verschieden vom frühen Viktorianischen Zeitalter, und ein Skeptiker des achtzehnten Jahrhunderts wie Gibbon hätte das Gefühl gehabt, unter Wilden zu sein, wenn er plötzlich ins Mittelalter versetzt worden wäre. Von Zeit zu Zeit geschieht etwas – zweifellos ist es auf Veränderungen in der industriellen Technik zurückzuführen, obwohl der Zusammenhang nicht immer offensichtlich ist – und der ganze Geist und das Tempo des Lebens verändern sich, und die Leute gewinnen eine neue Einstellung, was sich in ihrem politischen Verhalten, ihren Sitten, ihrer Architektur, ihrer Literatur und in allem anderen widerspiegelt. Niemand könnte beispielsweise heute ein Gedicht wie Grays »Elegy in a Country Churchyard« schreiben, und niemand hätte Shakespeares Lyrik zur Zeit Grays schreiben können. Diese Dinge gehören in verschiedene Perioden. Und obwohl diese schwarzen Linien auf dem Blatt der Geschichte natürlich eine Illusion sind, gibt es doch Zeiten, in denen sich der Übergang relativ rasch vollzieht, manchmal rasch genug, daß man ihn ziemlich genau auf ein Datum festlegen kann. Man kann, ohne allzu stark zu vereinfachen, sagen: »Ungefähr in dem und dem Jahr begann der und der Literaturstil.« Wenn man mich nach dem Beginn der modernen Literatur fragte – und die Tatsache, daß wir sie immer noch »modern« nennen, beweist, daß diese spezielle Periode noch nicht abgeschlossen ist –, würde ich ihn im Jahre 1917 ansetzen, dem Jahr, in dem T. S. Eliot sein Gedicht »Prufrock« veröffentlichte. Jedenfalls irre ich mich mit diesem Datum um höchstens fünf Jahre. Es steht fest, daß sich ungefähr am Ende des letzten Krieges das literarische Klima veränderte, der typische Schriftsteller wurde eine ganz andere Person, und die besten Bücher der folgenden Periode schienen in einer anderen Welt zu existieren als die besten Bücher, die nur vier oder fünf Jahre vorher entstanden waren.

Um zu veranschaulichen, was ich meine, fordere ich Sie auf, im Geiste zwei Gedichte miteinander zu vergleichen, die zwar überhaupt keine Verbindung zueinander haben, die jedoch dem Vergleich dienen können, da jedes ganz und gar typisch für seine Zeit ist. Vergleichen Sie zum Beispiel eines von Eliots charakteristischen frühen Gedichten mit einem Gedicht von Rupert Brooke, der, so meine ich doch, der am meisten bewunderte englische Dichter in den Jahren vor 1914 war. Die vielleicht repräsentativsten Gedichte von Brooke sind seine patriotischen, die Anfang des Krieges geschrieben wurden. Ein gutes ist das Sonett, das mit den Worten beginnt: »If I should die, think only this of me: That there's some corner of a foreign field That is for ever England.«[1] Lesen Sie nun daneben eines von Eliots Sweeney-Gedichten; zum Beispiel »Sweeney among the Nightingales« – Sie wissen schon, »The circles of the stormy moon Slide westward toward the River Plate.« Wie gesagt haben diese Gedichte weder in bezug auf das Thema noch in irgendeiner anderen Hinsicht etwas gemeinsam, doch kann man sie insofern miteinander vergleichen, als jedes stellvertretend für seine eigene Zeit ist und jedes zu jener Zeit für ein gutes Gedicht gehalten wurde. Das zweite auch heute noch.

Nicht nur die Technik, sondern der ganze Geist, die implizierte Lebenseinstellung, das intellektuelle Beiwerk dieser Gedichte sind abgrundtief verschieden. Zwischen dem jungen Engländer mit Internatserziehung und Universitätsausbildung, der voller Begeisterung ins Feld zieht, um für sein Land zu sterben, lauter englische ›lanes‹, wilde Rosen und dergleichen im Kopf, und dem ziemlich abgestumpften kosmopolitischen Amerikaner, der in einem leicht verkommenen Restaurant im Quartier Latin von Paris ab und zu einen Schimmer der Ewigkeit erhascht, besteht eine riesige Kluft. Es mag sich zwar nur um einen individuellen Unterschied handeln, doch stößt man so ziemlich auf dieselbe Art von

[1] »Und sollt ich sterben, denkt nur dies von mir: Ein kleiner Fleck im fernen Feld wird ewig England bleiben.« Anfang des bekannten Gedichts »The Soldier« von Rupert Brooke (1887–1915).

Unterschied, einen Unterschied, der dieselben Vergleiche aufkommen läßt, wenn man zwei beliebige charakteristische Schriftsteller der beiden Perioden nebeneinander liest. Das gleiche wie für die Dichter gilt auch für die Schriftsteller – etwa Joyce, Lawrence, Huxley und Wyndham Lewis auf der einen Seite, und Wells, Bennett und Galsworthy auf der anderen. Die neueren Schriftsteller sind ungemein weniger produktiv als die älteren, viel gewissenhafter, mehr an der Technik interessiert, weniger optimistisch und, im allgemeinen, weniger zuversichtlich in ihrer Einstellung zum Leben. Aber mehr noch, man hat die ganze Zeit das Gefühl, daß ihr intellektueller und ästhetischer Hintergrund anders ist, ähnlich, wie wenn man einen französischen Schriftsteller des neunzehnten Jahrhunderts wie, sagen wir, Flaubert, mit einem englischen Schriftsteller des neunzehnten Jahrhunderts wie Dickens vergleicht. Der Franzose scheint unendlich viel kultivierter als der Engländer, obwohl er deswegen nicht unbedingt ein besserer Schriftsteller ist. Aber lassen Sie mich ein wenig zurückblenden und bedenken, wie die englische Literatur in der Zeit vor 1914 aussah.

Die Riesen jener Zeit waren Thomas Hardy – der allerdings schon etwas früher aufgehört hatte, Romane zu schreiben –, Shaw, Wells, Kipling, Bennett, Galsworthy und, ein wenig anders als der Rest – kein Engländer, wohlgemerkt, sondern ein Pole, der auf englisch zu schreiben beschloß – Joseph Conrad. Da gab es auch A. E. Housman (»A Shropshire Lad«), und die verschiedenen georgischen Dichter, Rupert Brooke und die anderen. Da gab es auch die unzähligen komischen Dichter, Sir James Barrie, W. W. Jacobs, Barry Pain und viele andere. Wenn Sie alle soeben von mir erwähnten Schriftsteller läsen, könnten Sie sich ein nicht irreführendes Bild machen vom englischen Geist vor 1914. Es waren auch andere literarische Tendenzen am Werk; zum Beispiel gab es verschiedene irische Schriftsteller, und in einer ganz anderen Richtung, die derjenigen unserer Zeit viel ähnlicher ist, den amerikanischen Romanschriftsteller Henry

James, doch die Hauptströmung war, wie ich angegeben habe. Aber was ist der gemeinsame Nenner zwischen diesen Schriftstellern, die einzeln gesehen so weit voneinander entfernt sind wie Bernard Shaw und A. E. Housman, oder Thomas Hardy und H. G. Wells? Ich glaube, daß der wesentliche Zug beinahe aller englischen Schriftsteller jener Zeit ihre völlige Unkenntnis von allem, was sich außerhalb der damaligen englischen Szene ereignete, war. Manche sind bessere Schriftsteller als andere, manche haben ein politisches Bewußtsein und manche haben keines, doch gleichen sie einander alle darin, daß sie von jedem europäischen Einfluß unberührt blieben. Dies gilt sogar für Romanschriftsteller wie Bennett und Galsworthy, die in einem sehr oberflächlichen Sinn von französischen und vielleicht russischen Modellen ausgingen. Der Hintergrund ist bei allen diesen Schriftstellern der eines gewöhnlichen, ehrbaren englischen Lebens des Mittelstandes, und alle hegen den halbbewußten Glauben, daß diese Art von Leben ewig dauern und immer menschlicher und aufgeklärter wird. Manche von ihnen, wie Hardy und Housman, haben eine pessimistische Haltung, doch glauben sie alle zumindest daran, daß das, was man Fortschritt nennt, erstrebenswert sei, wenn es nur möglich wäre. Auch haben sie alle kein Interesse an der Vergangenheit, jedenfalls nicht der unmittelbaren Vergangenheit – was im allgemeinen mit einem Mangel an ästhetischem Empfinden einhergeht. Es kommt äußerst selten vor, daß man bei einem Schriftsteller jener Zeit irgend etwas findet, das wir heute als Geschichtsbewußtsein bezeichnen würden. Sogar Thomas Hardy sieht, wenn er sich an ein riesiges politisches Drama über die Napoleonischen Kriege wagt – »The Dynasts« heißt es –, das alles vom Standpunkt eines patriotischen Schulbuches. Darüber hinaus haben sie alle kein ästhetisches Interesse an der Vergangenheit. Arnold Bennett beispielsweise schrieb sehr viele Literaturkritiken, und es ist klar, daß er beinahe unfähig ist, ein Verdienst in einem Buch zu sehen, das vor dem neunzehnten Jahrhundert geschrieben wurde, und tatsächlich kein großes Interesse für andere Schriftsteller als seine Zeitgenossen hat. Für Bernard Shaw ist die Vergangenheit zum größten Teil bloß ein Durcheinander, mit dem im Namen des Fortschritts, der Hygiene, Effizienz und was es sonst noch gibt, aufgeräumt werden sollte. H. G. Wells, der zwar später eine Weltgeschichte schreiben sollte, betrachtet die Vergangenheit mit der selben Art erstaunten Ekels wie ein zivilisierter Mensch einen Stamm von Kannibalen. Alle diese Menschen, ob sie nun ihr eigenes Zeitalter mochten oder nicht, hielten es zumindest für besser, als was vorher gewesen war, und nahmen die literarischen Normen ihrer eigenen Zeit als gegeben an. Sämtliche Attacken Bernard Shaws gegen Shakespeare beruhen im Grunde auf dem – natürlich völlig wahren – Vorwurf, daß Shakespeare kein aufgeklärtes Mitglied der Gesellschaft der Fabier war. Wenn man einem dieser Schriftsteller gesagt hätte, daß die unmittelbar auf sie folgenden Schriftsteller auf die englischen Dichter des sechzehnten und siebzehnten Jahrhunderts, die französischen Dichter der Mitte des neunzehnten Jahrhunderts und auf die Philosophen des Mittelalters zurückgreifen würden, hätten sie es für eine Art Dilettantismus gehalten.

Schauen Sie sich nun aber die Schriftsteller an, die unmittelbar nach dem letzten Krieg Aufsehen zu erregen begannen – manche hatten natürlich schon etwas früher zu schreiben angefangen – Joyce, Eliot, Pound, Huxley, Lawrence, Wyndham Lewis. Ihr erster Eindruck von ihnen, verglichen mit den anderen – dies gilt sogar für Lawrence –, ist der, daß irgendwo die Luft herausgelassen worden ist. Zunächst einmal ist der Begriff des Fortschritts über Bord gegangen. Sie glauben nicht länger, daß Fortschritt stattfindet oder daß er stattfinden sollte, sie glauben nicht länger, daß die Menschen immer besser und besser werden, weil die Sterblichkeitsraten niedriger, die Geburtenkontrolle wirksamer, die sanitären Einrichtungen besser, die Flugzeuge zahlreicher und die Autos schneller sind. Fast alle von ihnen haben Heimweh nach der fernen Vergangenheit, oder sonst einer Periode der Vergangenheit, angefangen bei den alten Etruskern von D. H. Lawrence. Sie sind durchweg politisch reaktionär, oder bestenfalls nicht an Politik interessiert. Keiner von ihnen kümmert sich einen Deut um die verschiedenen heimlichen Reformen, die ihren Vorgängern so wichtig schienen, wie etwa das Frauenstimmrecht, die Abstinenzreform, die Geburtenkontrolle oder der Tierschutz. Alle sind den christlichen Kirchen gegenüber freundlicher, oder mindestens weniger feindlich eingestellt, als es die Generation vor ihnen gewesen war. Und fast alle scheinen ein ästhetisches Bewußtsein zu haben wie kaum ein englischer Schriftsteller seit der Romantik.

Am besten läßt sich das soeben Gesagte an einzelnen Beispielen erläutern, das heißt, indem man hervorragende Bücher aus den beiden Epochen, die in ihrer Art mehr oder weniger vergleichbar sind, miteinander vergleicht. Vergleichen Sie zunächst einmal H. G. Wells' Kurzgeschichten – viele von ihnen sind unter dem Titel *Das Land der Blinden* zusammengefaßt – mit den Kurzgeschichten von D. H. Lawrence, wie etwa denjenigen in *England, mein England* und *Der preußische Offizier*.

Dies ist ein durchaus fairer Vergleich, da bei beiden Schriftstellern die Kurzgeschichten das Beste, oder so ziemlich das Beste, waren, was sie geschrieben haben, und beide eine neue Vision des Lebens ausdrückten, die eine große Wirkung auf die Jugend ihrer Generation hatte. Die Quintessenz von H. G. Wells' Geschichten ist in erster Linie die wissenschaftliche Entdeckung, und darüber hinaus die kleinlichen Snobismen und Tragikomödien des damaligen englischen Lebens, besonders des Lebens der unteren Mittelschicht. Seine grundlegende »Botschaft«, um einen Begriff zu verwenden, den ich nicht mag, ist die, daß die Wissenschaft alle Übel lösen kann, die unserer Menschheit Erbteil sind, daß der Mensch jedoch gegenwärtig zu blind ist, um die Möglichkeiten seiner eigenen Kräfte zu sehen. Der Wechsel zwischen ambitiösen utopischen Themen und leichter Komödie, fast im Stile W. W. Jacobs', ist in Wells' Werk sehr ausgeprägt. Er schreibt über Reisen zum Mond und auf den Meeresgrund, und er schreibt auch über kleine Ladenbesitzer, die geschickt dem Bankrott entgehen und alles tun, um im gräßlichen Snobismus von Provinzstädten gut abzuschneiden. Das Bindeglied ist Wells' Glaube an die Wissenschaft. Die ganze Zeit sagt er eigentlich nichts anderes, als daß jener kleine Ladenbesitzer nur eine wissenschaftliche Einstellung gewinnen müßte, und dann wäre er alle seine Sorgen los. Und natürlich glaubt er, daß dies geschehen wird, wahrscheinlich in ziemlich naher Zukunft. Ein paar Millionen Pfund mehr für die wissenschaftliche Forschung, ein paar Generationen mehr mit wissenschaftlicher Ausbildung, ein paar abergläubische Überzeugungen mehr in die Mülltonne geschaufelt, und die Sache ist gelaufen. Wenn man sich nun Lawrences Geschichten zuwendet, findet man diesen Glauben an die Wissenschaft nicht – eher Feindseligkeit, wenn überhaupt etwas – und man findet auch kein ausgeprägtes Interesse an der Zukunft, jedenfalls nicht an einer rationalisierten hedonistischen Zukunft von der Wellsschen Art. Man findet nicht einmal die Vorstellung, daß der kleine Ladenbesitzer, oder irgendein anderes Opfer unserer Gesellschaft, besser dran wäre, wenn er eine bessere Ausbildung hätte. Doch man findet die hartnäckige Implikation, daß der Mensch dadurch, daß er zivilisiert wurde, sein Geburtsrecht verschenkt hat. Das Grundthema fast aller Bücher von Lawrence ist die Unfähigkeit der heutigen Menschen, besonders in den englischsprachigen Ländern, ihr Leben intensiv genug zu leben. Natürlich richtet er sein Augenmerk zuerst auf ihr Sexualleben, und es ist eine Tatsache, daß sich die meisten Bücher von Lawrence um Sex drehen. Allerdings fordert er damit nicht, wie manchmal angenommen wird, mehr von dem, was die Leute sexuelle Freiheit nennen. Er ist völlig desillusioniert, was das anbelangt, und er haßt die sogenannte Kultiviertheit der bohemehaften Intellektuellen ebenso sehr wie den Puritanismus des Mittelstandes. Er sagt eigentlich nichts anderes, als daß die modernen Menschen nicht voll leben, sei das nun weil sie allzu engstirnige Normen haben, oder sei es, weil sie gar keine haben. Vorausgesetzt, daß sie wirklich voll leben können, kümmert er sich nicht groß darum, in welchem sozialen oder politischen oder wirtschaftlichen System sie leben. In seinen Geschichten nimmt er die Struktur der bestehenden Gesellschaft, mit ihren Klassenunterschieden und so weiter, beinahe als selbstverständlich an und zeigt keinen sehr starken Wunsch, sie zu ändern. Alles was er verlangt, ist, daß die Menschen einfacher, erdverbundener leben, mit mehr Sinn für die magische Seite der Dinge wie Vegetation, Feuer, Wasser, Sex, Blut, als sie es in einer Welt des Zelluloids und Betons tun können, wo die Grammophone nie aufhören zu spielen. Er stellt sich vor – höchstwahrscheinlich ist das falsch –, daß wilde oder primitive Völker intensiver leben als zivilisierte Menschen, und er schafft eine mythische Gestalt, die nicht weit davon entfernt ist, der Edle Wilde von früher zu sein. Schließlich projiziert er diese Tugenden auf die Etrusker, ein altes präromanisches Volk, das in Norditalien lebte und über das wir, genaugenommen, überhaupt nichts wissen. Von Wells' Standpunkt aus gesehen ist dieser ganze Verzicht auf die Wissenschaft und den Fortschritt, dieser eigentliche Wunsch, sich in einen Primitiven zurückzuverwandeln, schlicht und einfach Häresie und Unsinn. Und dennoch muß man zugeben, daß Lawrences Lebensanschauung, mag sie nun echt oder pervertiert sein, zumindest einen Fortschritt gegenüber der Wissenschaftsverehrung von H. G. Wells oder dem seichten fabianischen Fortschrittlertum von Schriftstellern wie Bernard Shaw bedeutet. Es ist insofern ein Fortschritt, als diese Haltung daher stammt, daß er die andere Haltung durchschaut, und nicht daher, daß er hinter ihr zurückbleibt. Zum Teil war dies die Folge des Krieges von 1914–18, dem es gelang, sowohl die Wissenschaft und den Fortschritt als auch den zivilisierten Menschen zu entlarven. Der Fortschritt hatte schließlich mit dem größten Massaker der Geschichte geendet, die Wissenschaft war etwas, das

Bombenflugzeuge und Giftgas erzeugte, der zivilisierte Mensch war, wie sich herausstellte, bereit, sich schlechter zu benehmen als jeder Wilde, wenn es einmal darauf ankam. Doch Lawrences Unzufriedenheit mit der modernen Maschinen-Zivilisation wäre zweifellos auch ohne den Krieg von 1914–18 die gleiche gewesen.

Ich möchte nun einen weiteren Vergleich ziehen, und zwar zwischen James Joyces großem Roman *Ulysses* und John Galsworthys zumindest recht umfangreicher Romanfolge *Die Forsyte Saga*. Dieses Mal ist es kein fairer Vergleich, ja in Wirklichkeit handelt es sich um einen Vergleich zwischen einem guten und einem schlechten Buch, und er ist auch chronologisch gesehen nicht ganz korrekt, da die späteren Teile der *Forsyte Saga* in den zwanziger Jahren des zwanzigsten Jahrhunderts geschrieben wurden. Die Teile davon, an die sich wahrscheinlich die meisten erinnern, wurden jedoch um 1910 geschrieben, und für mein Anliegen ist der Vergleich zweckdienlich, da sowohl Joyce wie Galsworthy sich bemühen, eine riesige Leinwand zu decken und den Geist und die Sozialgeschichte einer ganzen Epoche zwischen die Deckel eines einzigen Buches zu kriegen. *Der reiche Mann* mag uns *heute* nicht als sehr tiefsinnige Gesellschaftskritik erscheinen, doch erschien es seinen Zeitgenossen als solche, wie aus dem, was sie darüber schrieben, ersichtlich wird.

Joyce schrieb den *Ulysses* in den sieben Jahren zwischen 1914 und 1921, arbeitete den ganzen Krieg hindurch, dem er wahrscheinlich wenig oder gar keine Beachtung schenkte, und fristete ein trauriges Dasein als Sprachlehrer in Italien und der Schweiz. Er war durchaus bereit, sieben Jahre lang in Armut und völliger Zurückgezogenheit zu arbeiten, um sein großes Werk zu Papier zu bringen. Doch was war es, was er um jeden Preis ausdrücken mußte? Manche Teile von *Ulysses* sind nicht sehr leicht verständlich, doch vom Buch als ganzem gewinnt man zwei Haupteindrücke. Der erste ist der, daß Joyce bis zur Besessenheit an Technik interessiert ist. Dies ist eines der Hauptmerkmale der modernen Literatur gewesen, obwohl es in letzter Zeit schwächer geworden ist. Man findet eine parallele Entwicklung in den bildenden Künsten, sind doch Maler und sogar Bildhauer mehr und mehr am Material interessiert, das sie bearbeiten, an den Pinselstrichen eines Bildes, etwa, gegenüber seiner Komposition, vom Gegenstand schon ganz zu schweigen. Joyce interessiert sich für bloße Wörter, den Klang und die Assoziationen von Worten, sogar das Muster der Wörter auf dem Papier, in einer Art, die auf keine der vorangegangenen Schriftsteller-Generationen zutraf, außer bis zu einem gewissen Grad auf den polnisch-englischen Schriftsteller Joseph Conrad. Mit Joyce kehrt man zur Konzeption eines Stils, einer gepflegten Schreibweise, oder poetischen Schreibweise, vielleicht sogar zu Prunkpassagen, zurück. Ein Schriftsteller wie Bernard Shaw dagegen hätte als Selbstverständlichkeit vorgebracht, daß Wörter einzig den Zweck haben, exakte Bedeutungen so kurz wie möglich auszudrücken. Das andere Hauptthema des *Ulysses* ist der Schmutz, ja sogar die Bedeutungslosigkeit des modernen Lebens nach dem Sieg der Maschine und dem Zusammenbruch des religiösen Glaubens. Joyce – ein Ire, wohlgemerkt, und es ist erwähnenswert, daß die besten englischen Schriftsteller in den zwanziger Jahren dieses Jahrhunderts in vielen Fällen keine Engländer waren – schreibt als Katholik, der seinen Glauben verloren, aber den geistigen Rahmen, den er in seiner katholischen Kindheit mitbekommen, behalten hat. Der *Ulysses*, ein sehr langer Roman, ist die Beschreibung der Ereignisse eines einzigen Tages, hauptsächlich aus der Sicht eines heruntergekommenen jüdischen Handelsreisenden. Zu der Zeit, als das Buch herauskam, stieß es auf große Entrüstung. Joyce wurde beschuldigt, bewußt das Schmutzige auszuschlachten, doch wenn man bedenkt, wie der Alltag des Menschen wirklich ist, wenn man ihn genauer betrachtet, hat man eigentlich nicht den Eindruck, daß er den Schmutz oder die Blödsinnigkeit der Tagesereignisse übertrieben dargestellt hat. Was man allerdings das ganze Werk hindurch spürt, ist die Überzeugung, der Joyce nicht entrinnen kann, daß diese ganze moderne Welt, die er beschreibt, heute, da die Lehren der Kirche nicht länger glaubwürdig sind, keinen Sinn mehr enthält. Er sehnt sich nach dem religiösen Glauben, den die zwei oder drei Generationen vor ihm im Namen der Religionsfreiheit bekämpfen mußten. Aber letzten Endes ist das Hauptinteresse des Buches technischer Art. Ein ziemlich bedeutender Teil des Buches besteht aus Pastiche oder Parodie – Parodie von allem, angefangen bei den irischen Legenden der Bronzezeit, bis zu zeitgenössischen Zeitungsberichten. Und daran kann man erkennen, daß Joyce, wie alle charakteristischen Schriftsteller seiner Zeit, nicht von den englischen Schriftstellern des Neunzehnten Jahrhunderts, sondern von Europa und der ferneren Vergangenheit ausgeht. Ein Teil seines Geistes ist in der Bronzezeit, ein anderer im Mittelalter, und wieder ein anderer Teil im England Elizabeths I. Das Zwanzigste Jahrhundert, mit seiner Hygiene und seinen Kraftfahrzeugen, spricht ihn nicht besonders an.

Schauen Sie sich nun wieder Galsworthys Buch *Die Forsyte Saga* an, und Sie werden feststellen, wie begrenzt seine Spannweite im Vergleich dazu ist. Ich habe bereits gesagt, daß es kein fairer Vergleich ist, und tatsächlich ist es vom streng literarischen Standpunkt aus ein lächerlicher Vergleich, doch kann er insofern zur Veranschaulichung dienen, als beide Bücher auf ein umfassendes Bild der bestehenden Gesellschaft hinzielen. Bei Galsworthy fällt auf, daß er, obwohl er versucht, ikonoklastisch zu sein, völlig unfähig gewesen ist, sich im Geiste außerhalb der wohlhabenden bürgerlichen Gesellschaft zu bewegen, die er angreift. Mit nur leichten Abänderungen nimmt er alle ihre Werte als gegeben an. Das einzige, was in seinen Augen falsch ist, ist die Tatsache, daß die menschlichen Wesen ein wenig zu unmenschlich sind, ein wenig zu stark am Geld hängen und ästhetisch nicht ganz empfindlich genug sind. Wenn er darangeht, das zu zeichnen, was in seinen Augen der wünschenswerte Typ eines menschlichen Wesens ist, erweist es sich, daß dieser bloß eine kultivierte, humanitäre Version des *Rentiers* der oberen

Mittelklasse ist, die Art von Person, die in jenen Tagen Gemäldegalerien in Italien aufzusuchen und dem Tierschutzverein große Beiträge zu spenden pflegte. Und diese Tatsache – die Tatsache, daß Galsworthy keine wirklich tiefe Aversion gegen die gesellschaftlichen Typen hat, die er anzugreifen vermeint – liefert einem den Schlüssel zu seiner Schwäche. Daß er keinen Kontakt mit irgendetwas außerhalb der englischen Gesellschaft seiner Zeit hat. Er mag zwar glauben, daß er sie nicht mag, aber er ist ein Teil von ihr. Ihr Geld und ihre Sicherheit, der Ring von Schlachtschiffen, die sie von Europa trennen, waren zuviel für ihn. Im Grunde seines Herzens verachtet er Ausländer ebenso sehr wie einen ungebildeten Geschäftsmann aus Manchester. Das Gefühl, das man bei Joyce oder Eliot, oder sogar Lawrence hat, nämlich, daß sie die ganze Menschheitsgeschichte im Kopf haben und von ihrem eigenen Ort und ihrer eigenen Zeit aus nach Europa und der Vergangenheit hinausblicken können, findet man weder bei Galsworthy noch irgendeinem anderen charakteristischen englischen Schriftsteller in der Zeit vor 1914.

Zum Schluß ein weiterer kurzer Vergleich. Vergleichen Sie praktisch irgendeines von H. G. Wells' Utopie-Büchern, zum Beispiel *Jenseits des Sirius* oder *Der Traum* oder *Menschen Göttern gleich,* mit Aldous Huxleys *Tapferer neuer Welt.* Wiederum besteht so ziemlich der gleiche Gegensatz, der Gegensatz zwischen dem allzu zuversichtlichen und dem ernüchterten, zwischen dem Mann, der naiv an den Fortschritt glaubt, und dem Mann, der zufällig später geboren wurde und daher erlebt hat, daß der Fortschritt, wie man ihn sich während der Anfänge des Flugzeuges vorstellte, ebensosehr Schwindel wie Reaktion ist.

Die offensichtliche Erklärung für diesen scharfen Unterschied zwischen den tonangebenden Schriftstellern vor und nach dem Krieg 1914–1918 ist der Krieg selbst. Irgendeine solche Entwicklung hätte in jedem Falle stattgefunden, da sich die Unzulänglichkeit der modernen materialistischen Zivilisation deutlich zeigte, doch beschleunigte der Krieg den

Prozeß, teilweise indem er zeigte, wie oberflächlich doch der Anstrich der Zivilisation ist, teilweise indem er England etwas von seinem Reichtum und damit auch von seiner Isolation nahm. Nach 1918 konnte man nicht mehr in solch einer beschränkten und gepolsterten Welt leben wie zu der Zeit, als Britannia nicht nur die Wellen sondern auch die Märkte regierte. Eine Folge der schrecklichen Geschichte der letzten zwanzig Jahre war die, einen großen Teil der alten Literatur viel moderner erscheinen zu lassen. Vieles von dem, was in Deutschland seit dem Aufstieg von Hitler geschehen ist, hätte direkt aus den späteren Bänden von Gibbons *Verfall und Untergang des Römischen Reiches* stammen können. Vor kurzem sah ich eine Aufführung von Shakespeares *König Johann* – das erste Mal, daß ich es gesehen hatte, weil es ein Stück ist, das nicht oft gespielt wird. Als ich es in meiner Jugend gelesen hatte, erschien es mir völlig veraltet, wie etwas, das man aus einem Geschichtsbuch ausgegraben hatte und das nichts mit unserer eigenen Zeit zu tun hatte. Als ich es aber gespielt sah, mit allen seinen Intrigen und Betrügereien, Nichtangriffspakten, Quislings, Leuten, die mitten in einer Schlacht zur Gegenseite überliefen, und was es sonst noch alles gibt, kam es mir sehr aktuell vor. Und so ziemlich das gleiche geschah in der literarischen Entwicklung zwischen 1910 und 1920. Die vorherrschende Stimmung der Zeit verlieh allen möglichen Themen eine neue Realität, die für veraltet und kindisch galten, als Bernard Shaw und seine Fabier die Welt – so glaubten sie – in eine tolle Super-Gartenstadt verwandelten. Themen wie Rache, Patriotismus, Exil, Verfolgung, Rassenhaß, religiöser Glaube, Treue, Führerkult schienen plötzlich wieder Wirklichkeit geworden zu sein. Timur und Dschingis-Khan erscheinen uns heute als glaubwürdige Gestalten, und Machiavelli erscheint uns als ein ernstzunehmender Denker, was 1910 nicht der Fall war. Wir sind nun aus der Stagnation und zurück in den Strom der Geschichte gelangt. Ich hege keine uneingeschränkte Bewunderung für die Schriftsteller der frühen zwanziger Jahre des

Zwanzigsten Jahrhunderts, die Schriftsteller, unter denen Eliot und Joyce wichtige Namen sind. Diejenigen, die nach ihnen kamen, mußten einen großen Teil dessen, was sie gemacht hatten, wieder rückgängig machen. Ihre Abkehr von einer oberflächlichen Auffassung des Fortschritts trieb sie politisch in die falsche Richtung, und es ist kein Zufall, daß Ezra Pound, zum Beispiel, jetzt laut den Antisemitismus am Römer Radio verkündet. Aber man muß einräumen, daß ihre Schriften erwachsener sind und einen breiteren Horizont haben, als was unmittelbar vor ihnen kam. Sie durchbrachen den kulturellen Kreis, in dem England so ungefähr ein Jahrhundert lang existiert hatte. Sie stellten den Kontakt zu Europa wieder her, und sie brachten das Geschichtsbewußtsein und die Möglichkeit der Tragödie wieder zurück. Auf dieser Grundlage beruht die gesamte nachfolgende englische Literatur, die auch nur einen Deut wert ist, und die Entwicklung, die Eliot und die anderen damals in den Schlußjahren des letzten Krieges einleiteten, hat ihren Lauf noch nicht beendet.

1942

Tolstoi und Shakespeare

Wie ich letzte Woche ausführte, sind Kunst und Propaganda nie ganz zu trennen und werden auch die vermeintlich rein ästhetischen Urteile stets ein wenig von moralischen, politischen oder religiösen Loyalitäten korrumpiert. Und ich fügte hinzu, daß in turbulenten Zeiten wie den letzten zehn Jahren – in denen kein verantwortlicher Mensch die Augen vor dem, was um ihn her vorgeht, verschließen oder sich einer Stellungnahme entziehen kann – diese unterschwelligen Loyalitäten näher an die Oberfläche geschoben werden. Literaturkritik wird zunehmend parteiischer, und selbst der Vorwand von Distanz wird immer schwieriger. Doch läßt sich daraus auch nicht ableiten, daß es kein ästhetisches Urteil überhaupt gebe oder daß jedes Kunstwerk nichts weiter als ein politisches Pamphlet und bloß als solches zu beurteilen wäre. Wenn wir so argumentieren, manövrieren wir uns in eine Sackgasse, in der sich gewisse große und offensichtliche Tatsachen nicht mehr erklären lassen. Und um dies zu veranschaulichen, will ich mich einem der großartigen Beispiele moralischer, nichtästhetischer Kritik – man könnte geradezu sagen: *anti*ästhetischer Kritik – zuwenden: Tolstois Aufsatz über Shakespeare.

Gegen Ende seines Lebens schrieb Tolstoi einen kolossalen Angriff auf Shakespeare, um aufzuzeigen, daß Shakespeare nicht nur nicht die Größe war, als die man ihn ausgegeben hatte, sondern ein Schriftsteller ohne jeglichen Wert, einer der schlimmsten und abscheulichsten, die die Welt je zu Gesicht bekommen hat. Dieser Aufsatz sorgte zu seiner Zeit für erheblichen Aufruhr und ist doch, wie ich glaube, kaum je zufriedenstellend widerlegt worden. Überdies will ich zeigen, daß er im großen und ganzen auch unwiderlegbar ist. Was

Tolstoi sagt, ist teilweise zutreffend, teilweise so sehr eine Sache persönlicher Meinungen, daß darüber zu streiten sich nicht lohnt. Ich meine damit natürlich nicht, daß es keine Details gibt, auf die man nicht antworten könnte. Tolstoi widerspricht sich verschiedentlich; da er sich in einer ihm nicht bekannten Sprache bewegt, ist er Mißverständnissen ausgesetzt, und es gibt wenig Zweifel, daß sein Haß und Neid ihn zu gewissen Verfälschungen verleiteten oder zumindest zu willentlicher Blindheit. Doch das ist unerheblich. In der Hauptsache ist das, was Tolstoi vorbringt, auf seine Weise gerechtfertigt, und zu seiner Zeit wirkte es wohl der dämlichen Anbetung Shakespeares entgegen, die gerade Mode war. Die Antwort besteht weniger in dem, was ich dazu sagen könnte, als in gewissen Dingen, die zu sagen Tolstoi gezwungen ist.

Zur Hauptsache wirft Tolstoi Shakespeare vor, daß er ein trivialer, seichter Schriftsteller sei, dem eine zusammenhängende Weltanschauung, jegliche lohnenswerte Gedanken oder Ideen fehlen, jede Teilnahme an sozialen oder religiösen Problemen, dem Charaktere und Wahrscheinlichkeiten entgleiten und dessen Einstellung, soweit davon die Rede sein kann, zynisch, unmoralisch und weltlich sei. Gemäß Tolstois Anklage kleistert Shakespeare seine Theaterstücke zusammen, ohne sich einen Deut um Glaubwürdigkeit zu kümmern, er ergeht sich in fantastischen Fabeln und unmöglichen Situationen, läßt alle seine Figuren in einer künstlichen blumigen Sprache daherreden, die mit der Wirklichkeit nichts zu tun hat. Auch stopft er alles und jedes in seine Stücke hinein – Monologe, Balladenfetzen, Erörterungen, Zoten und so weiter – ohne sich je zu fragen, ob dies mit der Handlung irgend etwas zu tun hätte, und er stellt auch die rücksichtslose Machtpolitik und die ungerechten Standesunterschiede seiner Zeit nie in Frage. Kurz, so lautet die Anklage, Shakespeare ist ein flüchtiger, schludriger Schriftsteller von zweifelhafter Moral und, vor allem, *kein Denker.*

Nun ließe sich davon einiges widerlegen. Es stimmt nicht,

daß Shakespeare, in dem von Tolstoi unterlegten Sinn, ein unmoralischer Schriftsteller ist. Seine moralischen Ansichten mögen sich von denen Tolstois unterscheiden, aber er vertritt einen Kodex, der in allen Stücken erscheint. Er ist sogar weit mehr Moralist als etwa Chaucer oder Boccaccio. Er ist auch nicht ganz der Narr, als den Tolstoi ihn hinstellt. Gelegentlich hat er sogar eine Vision, die alles andere zu seiner Zeit weit hinter sich zurückläßt. In diesem Zusammenhang möchte ich kurz eine Kritik zu *Timon von Athen* von Karl Marx erwähnen (der, anders als Tolstoi, Shakespeare verehrte).

Doch wiederum hat Tolstoi in der Hauptsache recht. Shakespeare ist kein Denker, und die Literaten, die ihn zu einem der größten Philosophen der Menschheit hochstilisieren, haben Unsinn von sich gegeben. Shakespeares Gedanken sind ein Mischmasch, ein Sammelsurium. Wie die meisten Engländer hatte er einen Verhaltenskodex, aber keine Weltanschauung, keine Begabung zur Philosophie. Und es trifft zu, daß er sich nicht um Wahrscheinlichkeiten kümmert und daß seine Charaktere sich widersprechen. Wie wir wissen, entwendete er seine Plots anderen und schusterte sie eilig zu Stücken zusammen, brachte dabei oft Unstimmigkeiten und Absurditäten hinein, die es im Original noch nicht gab. Hin und wieder, wenn er einen narrensicheren Plot in die Hände bekam – etwa *Macbeth* –, sind seine Charaktere hinlänglich konsequent, aber öfters werden sie in Handlungen getrieben, die nach gewöhnlichen Maßstäben durchaus unglaubwürdig sind. Manche seiner Stücke haben nicht einmal die Glaubwürdigkeit von Märchen. Jedenfalls haben wir keinen Hinweis, daß er sie ernst nahm, außer als Lebensunterhalt. In seinen Sonetten erwähnt er die Stücke nicht als literarische Leistungen, und nur einmal gibt er etwas verlegen zu, daß er Schauspieler war. Soweit ist Tolstoi gerechtfertigt. Die These, daß Shakespeare ein profunder Denker gewesen wäre, der in seinen Stücken von technischer Perfektion und subtiler psychologischer Einsicht eine stimmige Philosophie vorbereitet hätte, ist lächerlich.

Nur, was hat Tolstoi damit erreicht? Sein wütender Bildersturm hätte Shakespeare eigentlich gänzlich demolieren müssen, und Tolstoi glaubt das offensichtlich auch. Vom Zeitpunkt an, da Tolstois Attacke geschrieben und vor allem weitum bekannt geworden war, hätte Shakespeares Ansehen dahinwelken sollen. Die Shakespeare-Liebhaber hätten einsehen sollen, daß ihr Idol entlarvt worden war, daß seine Verdienste in Wirklichkeit überhaupt nie bestanden hatten, und sie hätten fortan kein Vergnügen mehr an ihm empfinden sollen. Das ist nicht geschehen. Shakespeare ist demoliert, aber doch bleibt er irgendwie bestehen. Nicht nur ist er in der Folge von Tolstois Attacke nicht vergessen worden, sondern die Attacke selbst ist beinahe vergessen. Obgleich Tolstoi in England populär blieb, sind beide Übersetzungen seines Essays längst vergriffen, und ich hatte mich vergeblich in ganz London danach umgesehen, bis ich ein Exemplar in einem Museum auftrieb.

So scheint es also, daß Tolstoi fast alles an Shakespeare wegerklären kann, bis auf etwas – seine Beliebtheit. Er bemerkt dies selbst und ist dadurch höchlichst verwirrt. Ich habe schon gesagt, daß die Antwort auf Tolstoi in etwas liegt, was er selber zu sagen gezwungen ist. Er wundert sich, warum dieser schlechte, dumme und unmoralische Dichter überall bewundert wird, und kann das ganze schließlich nur als eine weltweite Verschwörung zur Verkehrung der Wahrheit hinstellen. Oder als eine Art kollektiver Halluzination – Hypnose nennt er es –, auf die außer Tolstoi alle hereinfallen. Wie es zu dieser Verschwörung oder Täuschung gekommen ist – da ist Tolstoi genötigt, sie den Machenschaften gewisser deutscher Gelehrter zu Beginn des 19. Jahrhunderts zuzuschreiben. Die nämlich begannen die boshafte Lüge von Shakespeare als großem Dichter in die Welt zu setzen, und niemand hatte den Mut, ihnen zu widersprechen. Nun braucht man sich über eine solche Theorie nicht lange aufzuhalten. Sie ist Unsinn. Die riesige Mehrheit der Leute, die Shakespeares Stücke mit Vergnügen gesehen haben, sind nie von deutschen Kritikern beeinflußt worden, direkt oder indirekt. Denn Shakespeares Beliebtheit ist wirklich und konkret, und sie erstreckt sich auch auf gewöhnliche, keineswegs intellektuelle, Leute. Shakespeare war auf Anhieb ein Schlager auf Englands Bühne, und er ist nicht bloß in den englischsprechenden Ländern so beliebt, sondern fast überall in Europa und Teilen Asiens. Gerade jetzt feiert die sowjetische Regierung den dreihundertundfünfzigsten Jahrestag seines Todes; und in Ceylon sah ich einst eins seiner Stücke in einer Sprache aufgeführt, von der ich kein einziges Wort verstand. Aus all dem ist zu schließen, daß etwas Gutes – etwas Dauerhaftes – an Shakespeare ist, woran Millionen Gefallen finden, auch wenn gerade Tolstoi dazu nicht fähig war. Shakespeare überlebt die Enthüllung, daß er ein konfuser Denker ist und seine Stücke von Unwahrscheinlichkeiten wimmeln. Mit diesem Verfahren kann er nicht entlarvt werden, sowenig man eine Blume zerstört, indem man gegen sie lospredigt.

Und das, glaube ich, sagt uns ein wenig mehr über mein Thema der letzten Woche: die Grenzen von Kunst und Propaganda. Es zeigt die Beschränkung jeder Literaturkritik, die sich in Subjekt und Inhalt erschöpft. Tolstoi kritisiert nicht den Dichter Shakespeare, sondern den Denker und Philosophen, und da fällt ihm die Demontage nicht schwer. Aber all das ist unerheblich: Shakespeare bleibt davon völlig unberührt. Nicht bloß sein Ansehen, sondern auch das Vergnügen, das er uns gibt, hat nicht abgenommen. Offenbar ist ein Dichter mehr als ein Denker und Lehrer, obwohl er dies auch sein muß. Jedes Stück Geschriebenes hat seine propagandistische Seite, und doch braucht es in jedem Buch oder Stück oder Gedicht oder was immer, das überdauern will, einen Bodensatz von etwas, dem Moral oder Inhalt nichts anhaben können – einen Bodensatz von dem, was wir Kunst nennen. Innerhalb großer Grenzen können schlechte Gedanken und schlechte Moral gute Literatur sein. Wenn ein so großer Mann wie Tolstoi das Gegenteil nicht aufzeigen konnte, dann glaube ich kaum, daß es einem andern je gelingen wird.

BBC-Rundfunkansprache, 7. Mai 1941;
abgedruckt im *Listener* vom 5. Juni 1941

Vergleiche auch den späteren, ausführlicheren Aufsatz »Lear, Tolstoi und der Narr« zum selben Thema, aber mit anderer Gewichtsverteilung, in *Rache ist sauer* (detebe 63/3).

Conrads Rang und Stellung in der englischen Literatur

Wiadomości, in London publizierte literarische Wochenzeitschrift der polnischen Emigranten, schickte mehreren englischen Schriftstellern einen Fragebogen über Joseph Conrad mit den folgenden beiden Fragen:

Welchen permanenten Platz und Rang nimmt er Ihres Erachtens in der englischen Literatur ein?

Nehmen Sie in Conrads Werk irgend etwas Seltsames, Exotisches und Fremdartiges wahr (natürlich vor dem Hintergrund der literarischen Tradition Englands), und wenn ja, schreiben Sie es seiner polnischen Herkunft zu?

Orwell sandte die folgende Antwort:

Ich kann nicht sehr ausführlich antworten, da ich krank im Bett liege, doch freut es mich, Ihnen meine Ansichten so gut ich kann mitzuteilen.

1. Ich halte Conrad für einen der besten Schriftsteller dieses Jahrhunderts und – angenommen, man könnte ihn als englischen Schriftsteller betrachten – einen der sehr wenigen echten Romanschreiber, die England besitzt. Sein Name, der nach seinem Tod etwas in den Schatten gestellt wurde, ist während der letzten zehn Jahre wieder auferstanden, und ich zweifle nicht daran, daß der Großteil seines Werkes fortleben wird. Zu seinen Lebzeiten litt er darunter, daß man ihn zu einem Verfasser von »Seegeschichten« abstempelte, und Bücher wie *Der Geheimagent* und *Mit den Augen des Westens* blieben fast unbeachtet. In Wirklichkeit verbrachte Conrad nur ungefähr ein Drittel seines Lebens auf See, und er hatte nur eine oberflächliche Kenntnis der asiatischen Länder, über die

er in *Lord Jim, Almayers Wahn*, usw. schreibt. Was er jedoch hatte, war eine Art Erwachsenheit und politisches Verständnis, die einem gebürtigen englischen Schriftsteller zu jener Zeit beinahe unmöglich gewesen wäre. Ich bin der Meinung, daß sein bestes Werk zu dem gehört, was man seine mittlere Periode nennen könnte, grob die Zeit zwischen 1900 und 1914. Diese Periode schließt *Nostromo, Spiel des Zufalls, Sieg*, die beiden oben erwähnten, und mehrere hervorragende Kurzgeschichten ein.

2. Ja, Conrad hat entschieden einen leichten Hauch von Exotik für mich. Das ist ein Teil seines Reizes. In den früheren Büchern, wie etwa *Almayer's Folly*, ist sein Englisch manchmal ausgesprochen falsch, jedoch nicht so, daß es etwas ausmacht. Er pflegte, glaube ich, auf polnisch zu denken und dann seine Gedanken ins Französische und schließlich ins Englische zu übersetzen, und man kann manchmal den Prozeß mindestens bis zum Französischen zurückverfolgen, so zum Beispiel bei seiner Tendenz, das Adjektiv hinter das Substantiv zu stellen. Conrad war einer jener Schriftsteller, die im heutigen Jahrhundert die englische Literatur zivilisierten und sie wieder in Berührung mit Europa brachten, von dem sie hundert Jahre lang fast abgeschnitten war. Die meisten Schriftsteller, die dies taten, waren Ausländer, oder jedenfalls nicht ganz englisch – Eliot und James (Amerikaner), Joyce und Yeats (Iren), und Conrad selbst, ein verpflanzter Pole.

Wiadomości, 10. April 1949

Die Frage der Pound-Auszeichnung

Als Ezra Pound der Bollingen Foundation Prize für The Pisan
Cantos *als den besten Gedichtband für 1948 verliehen wurde,
baten die Herausgeber der* Partisan Review *im April 1949
mehrere Schriftsteller, zu der Auszeichnung Stellung zu nehmen, darunter auch Orwell.*

Ich glaube, die Bollingen Foundation tat ganz recht daran,
Pound den Preis zuzuerkennen, falls sie seine Gedichte für
die besten des Jahres hielt, doch glaube ich auch, daß man an
Pounds Karriere denken und nicht das Gefühl haben sollte,
daß seine Gedanken rein durch die Tatsache, daß er einen
literarischen Preis gewonnen hat, ehrbar gemacht werden.
   Wegen der allgemeinen Abneigung gegen die Kriegspropaganda der Alliierten hat – sogar schon vor Ende des Krieges –
eine Tendenz bestanden, zu behaupten, daß Pound »nicht
wirklich« ein Faschist und ein Antisemit sei, daß er sich dem
Krieg aus pazifistischen Gründen widersetzte und daß seine
politischen Aktivitäten sowieso nur zu den Kriegsjahren
gehörten. Vor einiger Zeit las ich in einer amerikanischen
Zeitschrift, daß Pound nur im Römer Rundfunk sprach, als
»sein seelisches Gleichgewicht gestört war«, und später (ich
glaube in der gleichen Zeitschrift), daß die italienische Regierung ihn zu Rundfunksendungen erpreßt hatte, indem sie
seine Verwandten bedrohte. All das ist reine Verfälschung.
Pound war schon in den zwanziger Jahren ein begeisterter
Anhänger Mussolinis und hat nie ein Hehl daraus gemacht.
Er war ein Mitarbeiter von Mosleys Zeitschrift, der *British
Union Quarterly,* und nahm eine Professur von der Römer
Regierung an, bevor der Krieg begann. Ich würde sagen, daß
diese Begeisterung im wesentlichen der italienischen Form

des Faschismus galt. Er schien nicht sehr für die Nazis oder gegen die Russen zu sein, da sein eigentliches Motiv der Haß auf Großbritannien, Amerika und »die Juden« war. Seine Rundfunksendungen waren widerlich. Ich erinnere mich an mindestens eine, in der er das Massaker der osteuropäischen Juden billigte und die amerikanischen Juden davor »warnte«, daß sie bald an der Reihe wären. Diese Sendungen – ich habe sie nicht gehört, sondern sie nur im BBC-Überwachungsbericht gelesen – erweckten bei mir nicht den Eindruck, als seien sie das Werk eines Wahnsinnigen. Übrigens wird mir gesagt, daß Pound bei ihrer Übertragung einen ausgesprochen amerikanischen Akzent anzunehmen pflegte, den er normalerweise nicht hatte, zweifellos mit dem Gedanken, die Isolationisten anzusprechen und antibritische Gefühle auszunutzen.

Dies alles ist kein Grund dagegen, Pound den Bollingen-Preis zuzuerkennen. Es gibt Zeiten, da solche Dinge vielleicht nicht wünschenswert wären – es wäre zum Beispiel nicht wünschenswert gewesen, als die Juden tatsächlich in den Gaswagen getötet wurden –, aber ich glaube nicht, daß dies eine solche Zeit ist. Aber da die Richter praktisch den Standpunkt »l'art pour l'art«, d. h. den Standpunkt eingenommen haben, daß ästhetische Integrität und gewöhnlicher Anstand zwei verschiedene Dinge sind, so laßt uns sie zumindest auseinanderhalten und nicht Pounds Karriere mit der Begründung entschuldigen, daß er ein guter Schriftsteller ist. Er *mag* zwar ein guter Schriftsteller sein (ich muß gestehen, daß ich persönlich ihn immer für einen völlig unechten gehalten habe), aber die Ansichten, die er mittels seiner Werke zu verbreiten versucht hat, sind übel, und ich glaube, daß die Richter dies nachdrücklicher hätten sagen sollen, als sie ihm den Preis zuerkannten.

Partisan Review, Mai 1949

Wortwahl

Ich überfliege, was ich oben geschrieben habe, und finde dort die Phrase »eine total verschiedene Person«. Zum ersten Mal geht mir auf, wie dumm dieser Ausdruck ist. Als gäbe es so etwas wie eine teilweise verschiedene Person! Ich will diese Phrase (und gleichfalls »eine sehr verschiedene Person« und »eine gänzlich verschiedene Person«) aus meinem Vokabular fortan streichen.

Doch gehören auch noch andere Wörter und Phrasen auf den Kehrichthaufen, die aber fortbestehen, weil offenbar kein bequemer Ersatz für sie bei der Hand ist. Ein Beispiel ist das Wort »gewiß«. So sagen wir etwa »Nach einem gewissen Alter wird unser Haar grau«, oder »eine gewisse Anzahl«, »eine gewisse Menge«. In all diesen Zusammenhängen bedeutet »gewiß« *ungewiß*. Warum müssen wir bloß so ein Wort mit gegensätzlichen Bedeutungen verwenden? Und doch scheint es, wenn wir nicht pedantisch sagen wollen »nach einem ungewissen Alter«, kein anderes Wort zu geben, das genau der gewünschten Bedeutung entspricht.

»As I Please«, *Tribune,* 17. Januar 1947

Bemerkung am Weg

Bemerkungen am Weg

Als ich Mr. Malcolm Muggeridges brillantes und deprimierendes Buch *The Thirties (Die dreißiger Jahre)* las, erinnerte ich mich an einen grausamen Scherz, den ich einst mit einer Wespe getrieben hatte. Sie leckte Marmelade von meinem Teller, und ich schnitt sie entzwei. Sie achtete gar nicht darauf, sondern fuhr einfach fort mit ihrem Mahl, während ein spärlicher Strom Marmelade aus ihrer abgetrennten Speiseröhre rann. Erst als sie dann zu fliegen versuchte, merkte sie, was mit ihr Schreckliches geschehen war. Genau so ergeht es dem modernen Menschen. Was weggeschnitten worden ist, ist seine Seele, und es gab eine Zeitspanne, von ungefähr zwanzig Jahren, da hat er es gar nicht gemerkt.

Es war unbedingt nötig, die Seele wegzuschneiden. Religiöser Glaube in der damals bekannten Form mußte abgelegt werden. Im neunzehnten Jahrhundert war er im wesentlichen schon zur Lüge geworden, einem halbbewußten Verfahren, die Reichen noch reicher und die Armen noch ärmer zu machen. Die Armen sollten mit ihrer Armut zufrieden sein, denn alles würde ja wettgemacht werden in der Welt jenseits des Grabs – in der bildlichen Darstellung gewöhnlich ein Zwischending zwischen Kew Gardens und einem Juweliergeschäft. Zehntausend Pfund im Jahr für mich, zwei Pfund in der Woche für dich, aber wir alle sind Kinder Gottes. Und in das Gewebe der kapitalistischen Gesellschaft war eine ähnliche Lüge gewirkt, die es unbedingt herauszureißen galt.

Folgerichtig ergab sich eine lange Periode, in der jeder Denkende irgendwie Rebell war, und gewöhnlich ein recht verantwortungsloser. Die Literatur war zur Hauptsache die Literatur der Revolte und der Desintegration. Gibbon, Voltaire, Rousseau, Shelley, Byron, Dickens, Stendhal, Samuel

Butler, Ibsen, Zola, Flaubert, Shaw, Joyce – auf die eine oder andere Weise waren sie alle Zerstörer, Demolierer, Saboteure. Zweihundert Jahre lang sägten wir munter am Ast herum, auf dem wir saßen. Und schließlich, viel plötzlicher, als es jemand hätte voraussagen können, wurden unsere Anstrengungen belohnt, und wir purzelten hinunter. Nur war da leider ein Fehler gemacht worden. Das Ding dort unten war gar kein Beet von Rosen, sondern eine Jauchegrube mit Stacheldraht.

So war's, als wären wir im Verlauf von zehn Jahren ins Steinzeitalter zurückgeschliddert. Spielarten der Menschheit, die jahrhundertelang ausgestorben gewesen waren, kehrten auf einmal zurück – der tanzende Derwisch, der Räuber-hauptmann, der Großinquisitor –, nicht als Insassen des Irrenhauses, sondern als Beherrscher dieser Welt. Mechani-sierung und kollektive Wirtschaft genügen offensichtlich doch nicht ganz. Sich selbst überlassen, führen sie bloß in den Alptraum, den wir jetzt erleiden: endloser Krieg und endlose Unterernährung zugunsten des Kriegs. Sklavenvölker, die hinter Stacheldraht schuften, Frauen, die kreischend zum Henker geführt werden, schalldichte Keller, wo man dir den Genickschuß gibt. Somit ist die Amputation der Seele doch nicht, wie die Entfernung des Blinddarms, eine rein chirurgi-sche Angelegenheit. Die Wunde hat Neigung zu schwären.

Was Mr. Muggeridge vorträgt, läuft hinaus auf zwei Kernsprüche des Predigers Salomo: »Es ist alles ganz eitel, sprach der Prediger, es ist alles ganz eitel«, und »Fürchte Gott und halte seine Gebote, denn das gilt für alle Menschen.« Diese Ansicht hat in jüngster Zeit auch bei Leuten wieder viel aufgeholt, die vor ein paar Jahren noch darüber gelacht hätten. Wir leben in einem Alptraum, *gerade weil* wir uns ein irdisches Paradies einrichten wollten. Wir haben an den »Fortschritt« geglaubt, an menschliche Führung, wir haben dem Kaiser gegeben, was Gottes ist – so ungefähr verlaufen die Gedankengänge.

Unglücklicherweise gibt auch Mr. Muggeridge kein Zei-chen dafür, daß er an Gott glaubt. Jedenfalls nimmt er es als gegeben, daß dieser Glaube am Verschwinden ist. Damit hat er ohne Zweifel recht, und wenn man voraussetzt, daß keine Sanktionen je so wirkungsvoll sein könnten wie die überirdischen, dann ist die Folgerung klar. Es gibt keine Weisheit außer in der Furcht Gottes; aber niemand mehr fürchtet Gott; so ist denn auch keine Weisheit. Die Menschheitsgeschichte beschränkt sich auf den Aufstieg und Untergang materieller Zivilisationen, ein Turm zu Babel löst den andern ab. In dem Fall wissen wir auch, was uns bevorsteht: Kriege und noch mehr Kriege, Revolutionen und Gegenrevolutionen, Hitlers und Super-Hitlers – und so hinunter bis in die Abgründe, die nur mit Entsetzen zu betrachten sind, obwohl mir da der leise Verdacht aufsteigt, daß sich Mr. Muggeridge am Anblick auch ein bißchen weidet.

Es müssen nun etwa dreißig Jahre her sein, seit Hilaire Belloc in seinem Buch *Der Sklavenstaat* die Geschehnisse von heute erstaunlich genau voraussah. Nur wußte leider auch er kein Heilmittel anzugeben. Er konnte sich nichts ausmalen zwischen Sklaverei und einer Rückkehr zum Kleinbesitz, was weder geschehen wird noch geschehen kann. Eine kollektivistische Gesellschaft läßt sich fraglos nicht mehr abwehren. Es fragt sich einzig, ob sie auf freiwilliger Zusammenarbeit gründen soll oder auf Maschinengewehren. Das Himmelreich alten Stils hat eindeutig versagt, aber der »Marxistische Realismus« auf der andern Seite ebenfalls, was immer er materiell geleistet haben mag. So scheint keine Alternative übrigzubleiben außer der, wovor uns Mr. Muggeridge und seinesgleichen so eindrücklich warnen – das vielgeschmähte »irdische Reich«: die Vorstellung einer Gesellschaft, in der die Menschen ihre Sterblichkeit einsehen und gleichwohl gewillt sind, sich wie Brüder zu vertragen.

Bruderschaft schließt einen gemeinsamen Vater ein. Deshalb wird oft vorgebracht, daß sich ohne einen Glauben an Gott kein Gemeinschaftsgeist entwickeln lasse. Die Antwort darauf ist, daß die meisten Menschen halb bewußt bereits so etwas entwickelt haben. Der Mensch ist kein Individuum, sondern nur eine Zelle in einem fortbestehenden Körper, und davon ahnt er etwas. Es gibt sonst keine Erklärung für die Bereitschaft, auf dem Schlachtfeld umzukommen. Es ist Unsinn zu sagen, das geschähe nur aus Zwang. Wenn ganze Armeen gewaltsam in den Dienst gepreßt werden müßten, könnten Kriege nicht geführt werden. Männer sterben in Schlachten – nicht fröhlich, versteht sich, aber doch freiwillig – auf Grund von Abstraktionen wie »Ehre«, »Pflicht«, »Patriotismus«, und so weiter.

Dies bedeutet lediglich, daß die Menschen etwas spüren von einem Organismus, der größer ist als sie selbst und sich in Vergangenheit und Zukunft erstreckt und innerhalb dessen sie sich unsterblich vorkommen. »Wer stirbt, wenn England lebt?« (von Kipling) tönt recht bombastisch; aber man braucht nur »England« durch was immer man selbst vorzieht zu ersetzen und wird sehen, daß hier ein Grundmotiv menschlichen Verhaltens ausgedrückt ist. Menschen opfern sich zugunsten von fragmentarischen Gemeinschaften – Nation, Rasse, Religion, Klasse – und merken erst, wenn sie den Kugeln ausgesetzt werden, daß sie nicht bloße Individuen sind. Noch ein bißchen mehr Bewußtsein davon – und der Sinn für Loyalität könnte auf die Menschheit selber übertragen werden, was keine bloße Abstraktion ist.

Aldous Huxleys *Tapfere neue Welt* war eine gute Karikatur einer hedonistischen Utopie, die denkbar war oder unmittelbar bevorzustehen schien, bevor Hitler auftauchte; aber sie hatte keinen Bezug auf die tatsächliche Zukunft. Worauf wir uns in diesem Augenblick zubewegen, ist eher etwas wie die Spanische Inquisition und vermutlich, dank Rundfunk und Geheimpolizei, noch viel schlimmer. Es besteht sehr wenig Aussicht, ihr zu entkommen, es sei denn, wir könnten den Glauben an eine menschliche Gemeinschaft wieder einsetzen ohne Absicherung durch eine »nächste Welt«. Dies verleitet unschuldige Leute wie den Dekan von Canterbury zur Ansicht, man habe das wahre Christentum in Sowjetrußland wiederentdeckt. Sie erliegen zweifellos der Propaganda, doch was sie für Täuschung so anfällig macht, ist ihr Wissen, daß das Himmelreich irgendwie auf die Erdoberfläche gebracht werden muß. Wir müssen Kinder Gottes werden, obwohl der Liebe Gott des Gebetsbuchs nicht mehr da ist.

Gerade die Leute, die unsere Zivilisation gesprengt haben, ahnten etwas von alledem. Der berühmte Ausspruch von Marx von der Religion als Opium des Volks wird gewöhnlich aus dem Zusammenhang gezerrt und mit einer leicht andern Bedeutung versehen, als Marx ihm gegeben hat. Marx hat nicht gesagt – wenigstens nicht an jener Stelle –, daß Religion nur eine Droge ist, die von oben verteilt wird; er sagte, daß sie etwas ist, was die Menschen selbst schaffen für ein Bedürfnis, das er als wirklich erkannte. »Die Religion ist der Seufzer der bedrängten Kreatur, das Gemüt einer herzlosen Welt, wie sie der Geist geistloser Zustände ist. Sie ist das Opium des Volks.«

Was sagt er da anders, als daß der Mensch *nicht* vom Brot allein lebt, daß Haß allein nicht genügt, daß eine lebenswerte Welt nicht auf »Realismus« und Maschinengewehre gründen kann? Wenn er vorausgesehen hätte, wie groß sein Einfluß intellektuell einmal sein würde, hätte er es vielleicht öfter und noch etwas vernehmlicher sagen sollen.

Time and Tide, 6. April 1940

Nachwort

Einer Auswahl von Orwells essayistischem Werk ließe sich eines entgegenhalten: was er schrieb, sollte man, dreißig Jahre nach seinem Tod, nicht nochmals auflegen müssen. Seine Verbindung von Erfahrung, humanem Denken, Gerechtigkeit und common sense hätte – nach Hitler, Stalin, Hiroshima, Vietnam, Nixon – Allgemeingut werden und sich von selbst verstehen müssen. Sie versteht sich nicht von selbst, ja wir wenden uns offenkundig wieder mehr davon ab. Die Mächtigen dieser Welt, wie auch die Massen, versteifen sich darauf, Orwells Aktualität neu zu bestätigen. Eine Gesellschaft, wie sie Orwell sich wünschte, wäre eine, die ihn nicht mehr nötig hätte.

Wir haben ihn noch nötig, leider. Es täte gut, seine leidenschaftlich unterkühlte Stimme zu den Fragen zu vernehmen, die er nicht voraussahnen konnte. Noch immer würde er überall anstoßen. Bei den Herrschenden ohnehin, den Etablierten, den Bewahrern der ererbten Ungleichheiten. Mit denen setzte er sich gar nicht so sehr auseinander. Daß der Kolonialismus ausgespielt hatte, daß allzu krasse Standesunterschiede verschwinden müßten, daß kirchliche Bevormundung überholt sei, all dies war gelegentlich wieder zu erwähnen, mußte aber nicht mehr im einzelnen nachgewiesen werden. Vielleicht hat sich Orwell gerade da, in der Unterschätzung herkömmlicher Despotien, am meisten getäuscht (in unberechtigtem Optimismus hielt er etwa den antisozialen und lebensfeindlichen Katholizismus für einen beinahe possierlichen, fast harmlosen Anachronismus). Orwells Stoßrichtung galt vor allem denen, die ihm näher standen, die wie er Welt und Gesellschaft verändern, menschenwürdig machen wollten, sich aber dabei in sture Ideologien verrannten, zu Selbstzwecksekten isolierten, alte Übel mit neuen austreiben wollten, galt denen, die Vernunft hinter Parteiräson abstellten, und besonders allen, die an der Wirklichkeit vorbeidekretierten, das Durchführbare aus den Augen verloren oder

Programme für wichtiger hielten als tatsächliche Verbesserungen. Als Sozialist wußte er, daß vor allem den Sozialisten auf die Finger zu sehen war, daß deren Fehler die folgenschwersten sein würden. Wie ein im Ansatz notwendiger Impuls in der Sowjetunion ins Gegenteil verkehrt wurde, ging ihm schon auf, als viele seiner aufgeweckten Zeitgenossen noch gläubig scheuklappernd den aufgehenden Stern im Osten anbeteten.

In der besten britischen Art war Orwell empirisch, ging aus von dem, was er erlebt und erfahren hatte, in der Beamtenzeit in Burma, in den Kohlengruben Nordenglands, in den Niederungen von Paris und London, im Spanischen Probekrieg. Und er ging aus von seinen persönlichsten Reaktionen, von dem, was er in sich erkannte, auch an Schwächen, an Grausamkeiten, an Vorurteilen. Es kann Fälle geben, wo man, als kolonialer Polizeioffizier, gegen jede Vernunft, gegen seinen Willen, einen Elefanten erschießen muß oder zu müssen glaubt und wo man sich darüber schämt. Orwell beschönigt das nicht, er versteht. Er versteht auch den Faschismus in jedem von uns, gibt ihn zu und kann ihn deswegen viel überzeugender aufs Korn nehmen als die, die ihn nur bei andern suchen.

Es war Orwell klar – was Politiker noch immer nicht gemerkt haben –, daß Beschwörungen, Appelle, Predigten, Anklagen recht wenig ausrichten. Und Beschimpfungen schon gar nichts. Es nützt kaum etwas, seinen Gegner als Bösewicht darzustellen und zu beteuern, daß man über ähnliche Anfechtungen selbst erhaben ist. Es nützt nicht einmal sonderlich, erwiesene Greueltaten ausführlich zu dokumentieren. Viel erreichen läßt sich mit Schreiben sowieso nicht, nicht mit Pamphleten, Essays, Kolumnen, nicht einmal mit Bestsellern. Millionenauflagen von *Farm der Tiere* und *1984* verhindern Aufrüstung, Zensur, Rassenhaß, Schauprozesse, Mauern, Datenerfassung, Folterung nicht, weder Terrorismus noch Terroristenhysterie. Es braucht schon viel, um nur ein paar Denkende umzustimmen.

Aufklärerische Prosa ist Macht-los, die Bandbreite menschlicher Entwicklungsmöglichkeit schmal, unsere Überlebenschance nicht übertrieben groß. Gleichwohl ist Orwell noch ein Residuum an Zuversicht erhalten geblieben. Vielleicht lernt die Menschheit nach

Auschwitz doch, sich vernünftig zu verhalten. Wir haben keine Wahl, als die noch so geringen Möglichkeiten auszunützen.

Orwell versucht es mit leiser Würde und Bescheidenheit. Ihm ging der Dünkel ab, der sonst Kultur- und Zeitkritiker auszeichnet, das angebliche Über-der-Sache-Stehen. Er versucht alles einzubeziehen, fair zu argumentieren, nicht zu verharmlosen oder zu vereinfachen, und er geht – ganz im Gegenteil zu der damals aufkommenden, im großen Stil betriebenen Propaganda – auf die Argumente eines Gegners ein. Er unterstellt, daß auch der Gegner Gründe haben könnte, vielleicht sogar recht hat, ja sogar irgendwie recht haben muß, um überhaupt zum gewichtigen Gegner geworden zu sein. So kann Orwell Hitlers *Mein Kampf* besprechen, ohne seinen Abscheu noch überlaut zu beteuern. Er ist aufgeschlossen genug, um etwas zu erkennen, womit Hitler die Massen tatsächlich anspricht, und um daraus abzuleiten, daß die bloße Erfüllung materieller Bedürfnisse und hedonistischer Wohlstand uns *allein* nicht ausreichen oder erfüllen.

So umgibt Orwell ein berechtigter Ruf von Redlichkeit, von Integrität, von einer Fairneß, einem urdemokratischen Anstand. Dabei braucht er gar nicht immer recht zu haben, gerade er zeigt uns, daß es letztlich so etwas gar nicht gibt – aber sein Bemühen bleibt vorbildlich. »Ein Zitat aus Orwell«, schreibt Richard Schmid zutreffend im *Merkur,* »ist heute in England die wirksamste Waffe in jeder Diskussion. Es hat sich eine einzigartige Autorität um ihn gebildet.« So ist also einem Autor, etwas spät, Gerechtigkeit widerfahren. Doch daß ausgerechnet George Orwell zu einer Autorität verkehrt worden ist, hat auch etwas tief Beunruhigendes: so wäre er also ohne sein Zutun durch eine Ironie des Schicksals selbst verneunzehnhundertvierundachtzigt worden. Dagegen hätte er sich gewehrt. Eine Orwell-Orthodoxie darf es nicht geben, nicht um ihn, der so konsequent gegen »all die kleinen miefigen Orthodoxien«, wie er's nannte, ins Feld gezogen ist.

Gerade die Schule könnte Orwell gut gebrauchen, nicht nur den Verfasser der *Farm der Tiere* und *1984,* sondern gerade die Aufsätze. Es ließe sich daraus verschiedenes lernen: unbequemen Differenzierungen nicht aus dem Weg zu gehen; vor missionarischem

Eifer die Wirklichkeit nicht zu vergessen; sich in klarer Sachlichkeit auszudrücken. Aber vor allem das Diskutieren selbst: die Technik, die Gegenargumente wirklich ernst zu nehmen, sie einmal durchzuspielen und *dann*, wenn's geht, zu widerlegen. Die Anlässe, an denen Orwell dies durchexerziert, sind zum Teil – zum kleinen Teil – überholt, das Verfahren selbst nicht.

Zu einem Orwell-Lesebuch sind natürlich die großen politischen Fabeln zu ergänzen. Auszüge daraus waren aus Copyright-Gründen untersagt, doch sind sie ja bekannt und verbreitet genug. Die vorliegende Auswahl bringt sozusagen Vorstudien zu *1984*; sie beschränkt sich auf den essayistischen und journalistischen Orwell, den es im deutschen Sprachgebiet noch zu entdecken gilt. Dabei fiel die Auswahl nicht leicht. Lesenswert ist eigentlich alles, wie zeitgebunden auch immer, doch schloß sich vieles aus, was eines ausführlichen Kommentars bedurft hätte, um dem Leser der achtziger Jahre noch verständlich zu sein.

Die Einteilung in Sachgruppen hat etwas Zufälliges an sich. Klassierungen sind immer Notbehelfe. Fast alles, was Orwell schrieb, war persönlich, oft eigenste Erfahrung, und fast alles war im weitesten und besten Sinn politisch, aus der Sicht des überzeugten Sozialisten, der um die Gefährdung des Sozialismus weiß. Er war auch einer der ersten, die betonten, daß sich niemand aus der Politik heraushalten kann.

Und gerade da werden Orwell-Adepten in der Sammlung einen der berühmtesten, meistanthologisierten Aufsätze vermissen, »Politics and the English Language«, der lange vor den linguistischen Enthüllungen der sechziger Jahre die innige Verwebung von Sprache und Politik beschreibt. Die Politik ». . . ist eine Masse von Lügen, Ausflüchten, Wahnsinn, Haß und Schizophrenie«, meint Orwell, und das schlägt sich auf die Sprache nieder, besonders die geschriebene, und wird auch wiederum durch die Sprache gefestigt. Er zeigt an Beispielen, daß »politische Rede weitgehend die Rechtfertigung des nicht zu Rechtfertigenden« ist. Die Bombardierung ungeschützter Dörfer kann als »Pazifikation« vertuscht werden, die Vertreibung von Millionen »Grenzbereinigung« heißen, Hinrichtungen oder Arbeitslager sind die »Eliminierung unzuverlässiger Elemente«, usw. Auch hier hat die jüngere Geschichte in gewohnt sarkastischer Weise reichlich neue Exempel beigesteuert.

Von diesen Beobachtungen ist heute viel zum Gemeinplatz geworden, und doch ist Orwells Schilderung so aktuell wie je. Nur bleibt der Aufsatz allzusehr aufs Englische ausgerichtet, ist zu sehr in der Nachkriegszeit verhaftet, als daß er ohne Verluste ins Deutsche herübergeholt werden könnte, wo die Verweise zwar noch viel eher angebracht wären. Orwell führt ein paar Paradebeispiele von schwammiger Prosa, schiefer Metaphorik und klischeehafter Ausdrucksweise an, die, wenn sie adäquat deutsch wiedergegeben wären, im Vergleich zu gegenwärtiger politischer, wirtschaftlicher oder geisteswissenschaftlicher Prosa sich gar nicht so schlecht ausnähmen und eigentlich recht lesbar und verständlich wirken würden.

Angesichts des politischen Klimas braucht man sich über den sprachlichen Niedergang nicht zu wundern; doch Orwell hat eingesehen, daß der übliche puritanische Rückzug auf die gesicherten Normen von einst keine Besserung brächte. Mit seinem praktischen Sinn bietet er ein paar ganz konkrete Richtlinien an (durchaus nicht neue) zur Vermeidung der gröbsten Umständlichkeiten und Phrasen. So rät er, »nie eine Metapher, ein Bild oder eine Redewendung zu gebrauchen, die man häufig gedruckt vorfindet«, nie ein längeres Wort einem kürzeren vorzuziehen, nicht unnötigerweise fremde Wendungen, Fachjargon usw. zu benützen und jedes Wort, das ausgelassen werden kann, auch auszulassen. Die paar Ratschläge werden niemand zum großen Stilisten erheben und auch die Gesellschaft nicht verändern; einen kleinen Gesinnungswandel aber könnten sie bereits herbeiführen: gewisse Aussagen wären schon nicht mehr möglich – etwa die meisten Ausführungen von Verbandsvertretern oder Außenministern. Doch dann stellt Orwell typisch entwaffnend seine eigenen Vorschriften mit der letzten Regel in Frage: »Brich lieber eine dieser Regeln, als etwas völlig Plumpes hervorzubringen.«

Natürlich hat hier Orwell auch seine eigene Sprache dargestellt, diesen so erfrischend sparsamen, unaufdringlichen Ausdruck, die lebendige Illustration, eine zeitlos ansprechende Prosa ohne Mätzchen, ohne Anmaßung. Eine Sprache, die so klar ist, daß ihre Klarheit nicht mehr auffällt.

Sie macht Orwell zum großen Schriftsteller; sie erhält *Farm der Tiere* und *1984* lebendig. Als Literaturkritiker war sich Orwell auch bewußt, daß die richtige Auffassung in der Kunst nicht den Ausschlag gibt, daß das Wie und die Form mindestens so wichtig sind. Mehr als die meisten Engagierten bewahrte er einen Sinn für Qualitäten, er spürte und anerkannte fairerweise auch bei der ihm vorangehenden Generation von Schriftstellern – mit Lawrence, Eliot und Joyce – einen zeitgemäßen Ton, neue Darstellungsmöglichkeiten, eine Sensibilität, wie sie den programmatischen Weltverbesserern der dreißiger Jahre oft fehlten. So war er einer der ganz wenigen Engländer, die den damals noch fast ganz abgelehnten Joyce würdigten. Ähnlich hat Orwell Verständnis für ihm gar nicht so fern liegende, möglicherweise berechtigte Einwände, die der Moralist Tolstoi gegen Shakespeare vorgebracht hatte. Aber er zeigt, daß derart moralische oder politische Einwände unerheblich bleiben und dem Erlebnis Shakespearescher Dramen keinen Abbruch tun. Totalitarismus, selbst der einer politischen Relevanz, hat in der Literatur nichts zu suchen.

Auch als Kritiker bleibt Orwell frei von brancheneigener Überheblichkeit. Er sieht sich selbst nicht als Ausnahme über den Dingen. In einer Rezension bespricht er etwa einen Band mit späten, unbedeutenden, reichlich biederen Essays von John Galsworthy. Galsworthy gehörte einer Richtung an, die Orwell nicht lag und nicht liegen konnte; gegen sie mußten Leute seines Schlags rebellieren. Und doch gesteht er ein, daß auch Galsworthy die Engländer einmal sozial aufgerüttelt hatte, und er faßt zusammen: »Galsworthy war ein schlechter Schriftsteller, und ein paar innere Probleme, die seine Sensibilität schärften, machten ihn beinahe zu einem guten; sein Mißvergnügen heilte aus, und er fiel zurück in seine ureigene Kategorie.«

Damit ist eine Meinung auf die kürzeste, prägnanteste, etwas bösartige Formel gebracht. Orwell könnte sich zufrieden arrogant im Sessel zurücklehnen. Doch er fügt einen Satz nach: »Es lohnt sich, darüber nachzudenken, in welcher Form dies auch mit einem selber geschieht.«

Fritz Senn

George Orwell
im Diogenes Verlag

● **José Guadalupe Posada**
Auswahl von Anton Friedrich, mit einem
Vorwort von Hugo Lötscher.
kunst-detebe 7

● **Friedrich Karl Waechter**
Wahrscheinlich guckt wieder kein
Schwein
Die besten aus den »100 besten von Professor
Göttlich«.

● **Tomi Ungerer**
politrics
Die politischen Zeichnungen, Plakate und
Cartoons, gesammelt von Anton Friedrich.
kunst-detebe 10

Babylon
The Book To End All Books

Diogenes Taschenbücher

Numerisches Verzeichnis

detebe-Kassetten

Diogenes Kinder Taschenbücher

Diogenes Kunst Taschenbücher

mini-detebes

kinder-mini-detebes

*Titel mit * sind Erstausgaben oder deutsche Erstausgaben.*
Titel mit o sind auch als Studienausgaben empfohlen.